中国人民大学科学研究基金

（中央高校基本科研业务费专项资金资助）项目（18XNLG09）

"农村社会学与乡村振兴的理论和实践研究"成果

"十四五"时期国家重点出版物出版专项规划项目
农村社会与乡村振兴研究丛书

百姓民生
百村调查报告

陆益龙 等 / 著

People's Livelihood：

A Survey on
Hundred Villages

中国人民大学出版社
·北京·

前　言
关注民生，践行科学

2012 年，在郑杭生先生的建议下，中国人民大学启动了"千人百村"调查这一大学生社会实践活动。设计此项以农村民生状况为主题的大型抽样社会调查，一来是想让年轻的大学生走进农村，深入了解基层；二来是想让大学生在进行问卷调查及社会实践的过程中增强民生意识和提升科学素养，达到"治学为民"的目的。

2012 年"千人百村"调查实践活动的主要内容是通过抽样调查研究我国农村民生状况，聚焦于农村的教育、医疗和养老。开展关于农村社会民生状况的抽样社会调查，主要宗旨是"关注民生，践行科学"。改革开放以来，中国经济经历了长期持续快速增长，创造了世界经济奇迹，但农村社会发展究竟达到何种境界，如果不深入农村进行调查研究，就不会有全面正确的认识。在对快速转型中的农村社会的认识方面，也有多种多样的看法和观点，其中较多的认识主要是基于直觉经验或个案和局部调查经验获得的。要客观、全面地认识和理解农村社会发展的状况和问题，需要运用更加合理、更为科学的调查研究方法。对当前中国农村民生状况开展调查，是为了从宏观层面把握总体的状况和趋势。与此同时，对农村民生的调查也是为了改善农村民生，服务农村社会发展。

对农村教育、医疗和养老等民生问题的关注和调查研究，有着重要的现实意义。在社会快速转型、现代化和城镇化不断加速的背景下，我国农村社会发展面临着诸多挑战和困境，"三农"问题特别是农村民生发展问题依然较为突出。破解农村社会发展的难题，需要进行科学的探索、研究和实践。当前，在农村民生发展问题中，农村的教育问题、医疗卫生问题及养老问题显得尤为突出。因为，伴随着农村"大转型""大流动"，大量青壮年劳动力外出务工，农村社会出现"空巢化"的趋势，留守在农村的老年人、妇女和儿童，直接关系着农村养老、教育形势和需求的变革，也在较大程度上与医疗卫生服务密切关联。在这种形势下，如何妥善解决农村的教育、医疗和养老问题，直接关系到广大农民的切身利益，也关系到整个社会的和谐发展。只有深入农村社会实际，广泛开展调查研究，并在此基础上进行科学分析，才能探寻到新形势下农村民生发展问题的解决之道。

"千人百村"调查虽是作为大学生的一项社会实践活动来实施的，但具有重要的科学研究价值，特别是对从总体上来把握当下农村社会的教育、医疗和养老等方面的民生状况、需求和问题，具有非常重要的参考意义。具体而言，"千人百村"调查的科学意义主要表现在这样几方面：

首先，此次所调查的百村样本是按照科学的随机抽样原理抽选出来的，而不是让学生随意选择村庄进行调查。在 100 个村庄样本中，90 个村庄是根据分层抽样方法抽选出的，具体方式为：从我国东、中、西部随机抽选出 9 个省/自治区/直辖市，然后分别从每个省/自治区/直辖市里随机抽选出 10 个村委会，共抽取 90 个村委会。另 10 个村庄为权威机构评选出的"中国十大名村"，作为自代表样本。

其次，社会调查实施过程是严格按照科学的、标准化的程序推进的。与一般调查活动不同，此次大学生按照科学的社会调查程序进入样本村庄，并运用科学的随机抽样方法选取被访者进行调查。在调查的实施过程中，活动的组织者、指导老师等向学生提供了协助和调查方法指导，让学生能够按照随机实验的原理进行抽样，并按照社会调查研究方法原理进行问卷调查。这在一定程度上保证了社会调查数据的质量和可靠性。

在问卷调查完成之后，专业的数据公司提供了数据的录入、清理服务和支持，保证了数据的质量。

最后，为了更好地分析和呈现农村民生状况的调查结果，我们专门邀请和组织了具有较为丰富农村社会研究经验的学者参与数据分析和撰写工作，他们分别是中国人民大学社会学理论与方法研究中心的奂平清教授、《新华文摘》杂志社的刘仲翔编审、中共中央党校的王道勇教授和北京科技大学文法学院的邢朝国教授。他们不仅呈现了调查结果，也提供了相关方面的独到理解。本书写作的具体分工是：本人撰写第一章和第二章，奂平清教授撰写第三章和第四章，刘仲翔编审撰写第五章和第六章，王道勇教授撰写第七章和第八章，邢朝国教授撰写第九章和第十章。在此向四位教授致以诚挚感谢！同时向为 2012 年"千人百村"调查实践活动做过贡献的所有人表示诚挚的感谢！

时光荏苒，从 2012 年到 2024 年，一转眼功夫过去了 12 年，在此期间，提议并指导此项调查的著名社会学家郑杭生先生已于 2014 年 11 月驾鹤西去，而这份调查报告一直搁置未能出版发表，如今将这本书出版出来，也是对郑老师的一种追思。

本书所用的数据是 2012 年中国人民大学组织的"千人百村"调查，距离今天也算比较久了。在百年未有的大变局年代，人们真切感受到了日新月异，或许会把十年前的数据看作很旧的数据。其实，在这样快速变迁的社会中，如果我们换个角度去看，一些"旧"的东西也会有特殊的意义和价值。就像坐在高速行驶的高铁上，经过很多风景如画的地方，我们还没来得及拍照记录，风景就已经飞驰而过，心中难免有些遗憾。

在追求创新发展的新时代，更新固然是件好事，但并不意味着我们要不停地更新，更不代表旧的东西会失去价值。在社会学的调查研究中，最新的数据能够让我们把握前沿动态，但不同时段的调查同样能够让我们记忆和了解那个时代的特征。正如我们今天重读李景汉的《定县社会概况调查》、费孝通的《江村经济》，书中的调查信息反映的是很久之前的事了，但我们仍能从中获取丰富的学术和历史营养。

2012 年"千人百村"调查数据可以说有着独到的价值，调查的百村样本是严格按照随机抽样原理抽选出来的，被访者也是严格按照随机抽样方法选取的，问卷访谈是由经过专业培训的大学生用规范方法所做的。作为一项全国性农村抽样调查，2012 年"千人百村"调查数据具有唯一性和独特性。所以，即便该调查距今已有 10 多年时间，但并不意味数据和研究已过时。这些数据资料及其所反映出的问题，既有历史参考价值，也是我们了解中国农村巨变的重要依据。

2012 年"千人百村"调查聚焦农村民生状况，从基层视角和农民主体性角度反映农村社会发展的现实状况和现实问题，其中围绕农村教育、农村医疗和农村养老三个焦点问题，以及与农村社会治理和秩序密切相关的基层纠纷及其解决机制展开调查研究，获得了关于农村民生发展及基层生活状况的第一手资料信息，既为推进农村民生发展研究提供了重要经验材料，也再现了一个观照和关心农村民生的时代特征。

本书的研究和写作得到了中国人民大学科学研究基金项目的资助，在此表示感谢！本书已入选"十四五"时期国家重点出版物出版专项规划项目，谨此致谢！非常感谢中国人民大学出版社人文分社的策划编辑盛杰和责任编辑陈希，她们为本书的出版做了大量工作！

感谢妻子俞敏和儿子陆亮，是他们一贯的大力支持和默默陪伴，激励着我在学术道路上不断前行，在"名利场"中多了分淡泊和从容。

陆益龙

2023 年 11 月 28 日

于时雨园

目　录

第一章　城镇化进程中的村庄现状

农村①之为农村，在于一个个自然村落的存在，生活在那里的大多是农民，他们主要依靠农业维持生计。所以，构成农村社会的三个基本要素就是村庄、农民和农业。然而伴随着社会的现代化，城镇化已经使传统的村庄逐步减少。即便是留存下来的村庄，也已经并正在发生着这样那样的变迁。那么，当今中国的村庄，究竟还保存着怎样的状态呢？

为从宏观层面科学地掌握当代中国农村社会变迁的前沿动态，尤其是了解农村民生现状，中国人民大学启动了"千人百村"调查（简称"千人百村"），组织千名大学生以社会实践的形式参与百村的社会调查研究，所调查的100个村庄是按照分层随机抽样法抽取的。首先按照东、中、西部区域划分原则分别在东部、中部、西部各抽取3个省/自治区/直辖市，东部3个是福建省、山东省和辽宁省，中部3个为湖北省、河南省和河北省，西部3个为广西壮族自治区、重庆市和宁夏回族自治区。然后再从9个省/自治区/直辖市里分别随机抽取10个村委会，共计90个村委会，此外将相关权威机构评选出的"中国十大名村"（简称"十大名村"）作为自代表样本（问卷中将其表述为先进村），总共得到100个村委会样本。调查采用问卷调查形式，包括村民问卷调查部分和村庄问卷调查部分。每个村委会按照等距抽样原则随机抽取30个农村家庭，入户后采用 KISH 表随机抽选被访者，进村、入户及问卷调查由大学生调查组执行。村庄问卷调查选择村委会中的一名成员进行，调查内容主要涉及村庄的基本情况。调查在2012年7月—8月进行，最终获得2 714个有效居民样本和95个有效村委会样本。

---

① 为方便探讨，本书在同等意义上使用"农村""乡村"这两个词语。

一、村庄的自然状况

地理位置和生态环境既构成村落存在的自然条件，也是影响村落发展的重要因素。从此次调查的情况来看（见表1-1），我国村庄的地理类型分布呈现出了这样的特征：第一，西部农村的村庄主要分布在丘陵和山区，而处在平原、高原地带的村庄相对较少。在西部地区，近80%的村庄地处丘陵和山区，仅有13.8%的村庄位于平原地带。第二，中部地区的农村，村庄的地理类型以平原为主，丘陵和山区加起来略占一半。地处丘陵和山区的村庄比例皆为23.3%，有53.4%的中部农村村庄位于平原地带，超过半数。第三，在东部地区，农村的村庄较为均衡地分布于丘陵、山区和平原地带。位于丘陵和山区的村庄的比例都是30.8%，各占将近1/3，地处平原的村庄占38.4%。第四，发展较快的先进村在平原、高原、山区和丘陵地带都有分布。总体来看，有30.1%的村庄地处丘陵地带，共有34.4%的村庄地处山区和高原，分布于平原地带的村庄占35.5%。

表1-1 村庄的地理类型分布情况（2012"千人百村"）

			地理类型				总计
			丘陵	山区	高原	平原	
地区	西部	频数	12	11	2	4	29
		百分比	41.4%	37.9%	6.9%	13.8%	100.0%
	中部	频数	7	7	0	16	30
		百分比	23.3%	23.3%	0.0%	53.4%	100.0%
	东部	频数	8	8	0	10	26
		百分比	30.8%	30.8%	0.0%	38.4%	100.0%
	先进村	频数	1	2	2	3	8
		百分比	12.5%	25.0%	25.0%	37.5%	100.0%
总计		频数	28	28	4	33	93
		百分比	30.1%	30.1%	4.3%	35.5%	100.0%

虽然村庄的地理类型分布特征并不能直接与其社会经济发展关联起来，但通过抽样调查所掌握和了解的村庄地理类型分布情况，在一定程度上代表了村庄的地理形态。

传统村庄的形成，通常是人们在一个聚落位置上聚居的结果，由此也表明村庄的自然条件，无论是平原，还是高原、山区或是丘陵，都能在不同程度上满足村庄居民生存、生产和生活的需要。但是，不同的地理类型及自然条件，对村庄经济社会及文化发展的影响也是不同的。如人类学的文化生态圈理论就认为，文化类型与生态类型有着密切的关系，生活在不同生态圈的人，其生计方式受生态特征制约和决定，不同的生计方式又影响和决定着他们的社会与文化特点。地处不同地理类型的村庄，在生态特征等自然条件上的差别可能并不像文化生态圈理论所强调的那样具有决定性影响，但自然条件是影响村庄社会经济及文化的重要因素。

相对于平原地带，丘陵及山区的村庄由于耕地面积较小，如果以种植业为主要收入来源，比较理想的状态也就是维持温饱。相对于南方平原、丘陵、山区而言，北方一些高原和平原地带，由于受气候条件影响，面临水资源短缺问题，这对农业发展形成了较大制约。所以，**村庄的发展及其未来路径选择，都要充分考虑自身的地理位置和生态环境。**

从村庄的资源条件来看（见表1-2），有近12%的村庄属于矿产资源区。这就意味着这些村庄周围拥有丰富矿产，而且有些矿产资源已经在开采之中。属于矿产资源区只能反映村庄的自然条件特征，至于这样的条件是否有利于村庄经济与社会的发展，则依然受其他复杂因素的制约。

表1-2 村庄是否属于矿产资源区（2012"千人百村"）

	频数	百分比	有效百分比
是	11	11.6%	11.7%
否	83	87.3%	88.3%
小计	94	98.9%	100.0%
缺失值	1	1.1%	
总计	95	100.0%	

通过对村庄地理类型与资源条件的交互分类分析（见表1-3），我们可以看到，处在矿产资源区的村庄都集中在山区和丘陵地带，其中山区地带的村庄占54.5%，丘陵地带的村庄占45.5%，而没有地处高原和平原的村庄属于矿产资源区。就村庄的地理类型与资源条件的相互关系而言，两者呈现低度正相关，相关系数为0.273，且在统计上是显著的。这表明村庄拥有矿产

资源，与其处在山区和丘陵地带有着一定的正相关关系。但由于矿产资源属于工业生产的范畴，所以**对于村庄来说，能否达到俗话说的"靠山吃山"，即依靠矿产资源来发展村庄的效果，则取决于制度或政策等多种因素**。

表1-3 村庄地理类型与资源条件的交互分类（2012"千人百村"）

| | | | 村庄是否属于矿产资源区 | | 总计 |
			是	否	
村庄地理类型	丘陵	频数	5	22	27
		行百分比	18.5%	81.5%	100.0%
		列百分比	45.5%	27.2%	29.4%
	山区	频数	6	22	28
		行百分比	21.4%	78.6%	100.0%
		列百分比	54.5%	27.2%	30.4%
	高原	频数	0	4	4
		行百分比	0.0%	100.0%	100.0%
		列百分比	0.0%	4.9%	4.3%
	平原	频数	0	33	33
		行百分比	0.0%	100.0%	100.0%
		列百分比	0.0%	40.7%	35.9%
总计		频数	11	81	92
		行百分比	12.0%	88.0%	100.0%
		列百分比	100.0%	100.0%	100.0%

注：$R = 0.273$，$p < 0.01$。

表1-4显示了村庄地理位置的另一个重要特征，即村庄是否属于风景区。从调查结果来看，有近15%的村庄位于风景区。这一结果显示，有近15%的村庄可以更好地利用其自然条件，**在发展过程中转变生产方式，开拓乡村旅游资源，让旅游服务业发展成为支撑村庄经济的主导产业**。

表1-4 村庄是否属于风景区（2012"千人百村"）

	频数	百比分	有效百分比
是	14	14.7%	14.7%
否	81	85.3%	85.3%
总计	95	100.0%	100.0%

自然灾害的发生频率也是反映村庄自然状况的重要指标。在自然灾害频繁发生的地区，乡村发展的环境无疑是较为恶劣的。尤其对于以农业为主的村庄来说，灾害对经济生产的影响更为显著。从表1-5的调查结果来看，村庄在这方面的条件并不是很理想，有32.3%的村庄属于自然灾害频发区，接近1/3。这一数据表明，在推进农村发展的过程中，还将面临一个重要挑战，那就是要应对自然灾害。也就是说，**在农村工作中，防灾减灾工作将是重要组成部分，因为有近1/3的村庄经常面临自然灾害的威胁。**

表1-5　村庄是否属于自然灾害频发区（2012"千人百村"）

	频数	百分比	有效百分比
是	30	31.6%	32.3%
否	63	66.3%	67.7%
小计	93	97.9%	100.0%
缺失值	2	2.1%	
总计	95	100.0%	

在社会现代化进程中，一个显著特征就是集镇和城市的不断兴起及扩展。集镇和城市是与村庄形成鲜明对比的人类居住和生活空间。人类社会的城市化过程对村庄的发展产生了巨大的影响，因为任何一个集镇和城市的兴起及扩展，都或多或少地、直接或间接地影响和改变着村庄的经济社会和文化结构。从这个意义上讲，当我们考察村庄的状态时，关注村庄与集镇、城市的关系也就显得尤为重要。

从此次抽样调查的情况来看，在9个省/自治区/直辖市和十大名村的样本中，离最近集镇平均距离最短的是十大名村，平均为1.3公里，平均距离最长的为辽宁省，村庄离最近集镇平均距离为10.6公里。如从省际比较来看，离最近集镇平均距离最短的为河北省，平均为3.6公里。就村庄的总体情况而言，离最近集镇的平均距离为5.1公里，有较多的村庄离最近集镇仅有1公里，中间水平为4公里，标准差为4.9公里。从偏差水平来看，十大名村为1.5公里，偏离平均水平最小，其次是山东省，标准差为2.2公里，表明离集镇距离在村庄之间差别不是很大。标准差最高的是河南省，为7.3公里，其次是辽宁省，为7.2公里，由此说明河南和辽宁两省，离最近集镇距离在村庄之间差别较大（见表 1-6）。

表 1-6　村庄离最近集镇的距离（2012 "千人百村"）　　　　单位：公里

	平均数	众数	中位数	标准差
福建省	5.3	2	4.5	3.6
山东省	3.9	5	4	2.2
辽宁省	10.6	20	10	7.2
河南省	5.5	1	3.5	7.3
河北省	3.6	1	2.5	3.3
湖北省	5.6	4	4	5.7
广西壮族自治区	6	5	5	3.8
重庆市	5	0	5	4.2
宁夏回族自治区	4.4	1	5	3.0
先进村	1.3	0	0.5	1.5
总计	5.1	1	4	4.9

村庄离集镇的距离，既有地理上的意义，又有社会学上的意义。就地理意义而言，离集镇的距离表明的是村庄的位置状况及地理特征。一般而言，较多的村庄距离集镇较近，则表明村庄的地理分布较为集中，这与该地区的地形特点有一定的关联，地形平坦宽阔，交通便利，通常有利于集镇的成长。就社会学意义而言，集镇及其周围依托该集镇的村庄是构成乡村"基层市场社区"或共同体的基本要素。[1] 费孝通关注到了传统村落与集镇中心的关系，发现村庄基本上以中心集镇为圆心，以 1 天内步行能往返一趟的距离为半径，分布在集镇周围。[2] 从调查情况来看，我国村庄离最近集镇的距离大体在 5 公里左右。东北地区（辽宁省）村庄的分布相对较分散，距离最近集镇距离超过 10 公里，华北地区（河北省）乡村集镇较为发达，基层市场社区的半径平均为 3.6 公里。

表 1-7 的数据反映的是村庄离最近城市（县城）的距离。调查结果显示，村庄离最近城市（县城）距离的总体平均水平为 28.5 公里，平均标准差

---

① 施坚雅. 中国农村的市场和社会结构. 史建云, 等译. 北京：中国社会科学出版社，1998：38.

② 费孝通. 江村经济. 北京：商务印书馆，2007：206.

为 24.7 公里，较多的村庄离最近城市（县城）的距离为 30 公里，中间水平为 20 公里。

表 1－7　村庄离最近城市（县城）的距离（2012 "千人百村"）　　单位：公里

	平均数	众数	中位数	标准差
福建省	28.8	20.0	25.0	16.1
山东省	18.4	6	15	11.4
辽宁省	27.6	30	30	14.4
河南省	29.6	10	18	31.5
河北省	12.4	5	7	10.4
湖北省	39.2	30	35.5	20.1
广西壮族自治区	39.9	40	40	24.8
重庆市	46.6	7	45	33.1
宁夏回族自治区	25.1	25	15	32.7
先进村	9.6	3	5	10.1
总计	28.5	30	20	24.7

从比较的角度看，依然是十大名村离城市（县城）的平均距离最近，为 9.6 公里，比总体平均数短约 2/3。对于具体省市，河北省的村庄离城市（县城）平均距离最短，为 12.4 公里；重庆市的村庄离城市（县城）平均距离最远，为 46.6 公里。其次是广西壮族自治区和湖北省，平均距离分别为 39.9 公里和 39.2 公里，比总体平均水平远 10 公里以上。

标准差代表各村庄与平均水平的平均偏离程度，实际上也反映了村庄之间的差异程度。从标准差来看，重庆市的标准差最大，达到 33.1 公里；其次是宁夏回族自治区和河南省，分别为 32.7 公里和 31.5 公里，表明这几个省／自治区／直辖市的村庄与城市（县城）的距离之间差异较大。

村庄与城市（县城）的距离，既反映乡村与城市之间的客观地理位置距离，同时也在一定程度上反映村庄所在地区的城镇化发展水平。尽管城市（县城）的发展具有一定的历史延续性，也就是说城市（县城）的建制受制于行政管理体制，通常变动较小，但不可否认的事实是，现代社会城市总是在不断地扩张和发展，城市的发展不仅在改变城市，也在改变其与乡村的关系。

从十大名村的发展经验来看，尽管它们分布于不同的地理区域，但它们与集镇和城市（县城）的距离都是最短的。这一共同的特点在一定意义上说明了城市之于村庄发展是非常重要的。村庄要么通过提升自身的市场水平和城镇化程度来实现新的发展，要么利用外部市场和城市的力量及资源来拉动发展。调查结果也在一定程度上反映出，距离城市较远的村庄主要在中西部地区，这与这些地区相对滞后的城镇化发展水平的现实基本上相吻合。

村庄与城市之间距离的社会意义是辩证的。一方面，村庄与城市之间距离太远，容易形成城市与乡村的对立，既不利于乡村发展，也不利于城市发展；另一方面，村庄如果与城市没有距离，则意味着村庄走向终结。所以，**要保持村庄与城市的适度距离，可能的路径或许是村庄与城市的共同发展或双向发展。**

通过对东、中、西部不同区域的村庄与最近集镇和城市（县城）平均距离的分析（见图1-1），可以看到，在离最近集镇平均距离方面，东部地区由于辽宁省的平均水平较高，所以平均距离最长，中部平均距离最短，不过东部、中部和西部在此方面的差别并不大。而在离最近集镇平均距离的村庄间差异上，中部地区最大，西部地区最小。

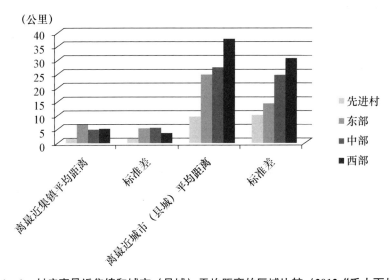

图1-1 村庄离最近集镇和城市（县城）平均距离的区域比较（2012"千人百村"）

在村庄离最近城市（县城）平均距离方面，十大名村及东部、中部和西部地区的村庄呈现出明显的阶梯状，即十大名村平均距离最短，东部比中部、中部比西部都短，而且与西部相差较大。在标准差方面，十大名村的标准差最小，东部比中部小、中部比西部小。这一结果反映了，与城市（县城）平均距离方面，村庄间的差异程度在十大名村最低，然后是东、中、西部依次由低到高。

调查所显示的村庄的位置及地理分布状态虽是一种客观存在，是不以我们的意志为转移的，也是难以改变的。但是，通过抽样调查来了解和把握村庄的这一分布形态，对于从宏观角度更好地认识乡村、更准确地探寻乡村发展之路，或许能提供有价值的参考。因为毕竟乡村社会经济与文化的发展，与这些自然的、客观的条件是不可分割的。

二、村庄的社会经济结构

传统乡村社会有着自身特有的社会结构，在这个结构中，宗族和家族是其重要的制度和组织构成。作为制度，宗族和家族通过一套规则和习惯法架构起乡村社会的秩序框架；作为组织，宗族和家族又通过一个个有着实际或虚构的血缘关系的家庭构成乡村社会的空间结构。所以，宗庭和家族成为传统乡村社会"地方自治的基础和前提，国家与农民的必经中介"[1]。

新中国的农村发展历程，则主要坚持彻底铲除乡村家族制度和家族势力的原则。建国初期的农村土地改革没收宗族祠堂的公地，可以说是从经济基础上取缔了家族作为农村社群而存在的基础。随后的合作化运动及人民公社化运动，又进一步从行政管理和乡村社会治理层面用国家公共权力取代了乡村的自治与家族管理。特别是在"文化大革命"期间，农村掀起的"破四旧"、移风易俗等运动，将家族制度的信仰基础"祖先崇拜"纳入封建迷信活动范畴而加以打击和废除，大量的家族祠堂、家谱被拆除和焚烧，民间的祭祀活动受到严格监管。这一系列措施可以说在文化上摧毁了家族制度。

然而，改革开放后一些乡村的家族制度和家族势力似乎重新出现了，有人将其视为宗族和家族的"复兴"。[2] 那么，就现实的社会基础而言，中国乡村村庄内的家族构成的社会基础究竟如何呢？是否真的会出现家族势力崛起的局面呢？

---

① 杨善华，刘小京. 近期中国农村家族研究的若干理论问题. 中国社会科学，2000（5）.
② 朱虹. 乡村宗族文化兴起的社会学分析. 学海，2001（5）.

费孝通认为乡土社会中的家族实际是一种"社群的社群"①，即指家族在乡村属于社会性的群体组织，因而其存在依托于一定的社会基础。这个基础就是家庭及家庭的扩大，或有一定血缘关系的家庭网络。

村庄内的人口姓氏结构是反映乡村家庭间血缘关系的重要指标，也能在一定程度上反映出家族形成的社会基础。一般来说，如果一个村庄内一个大姓的人口占大部分，或两个、三个大姓占大部分，那么家族形成的社会基础相对较强，即容易形成单一大家族、两大竞争家族和三大制衡家族的现象。如果村庄由多个大姓构成，且在人口比例上占大部分，那么一般情况下就不具备家族形成的社会基础。当然，姓氏及人口构成只是村庄家族形成的一个条件，而不是充分条件。

表1-8反映的是中国乡村村内的姓氏结构。从调查结果看，12.9%的村庄没有什么大姓，有一个大姓的村庄占7.5%，有两个大姓的村庄占23.7%，有三个大姓的村庄为19.4%，有四个及以上大姓的村庄占36.5%。如果把无大姓和四个及以上大姓的村庄视为不具备家族形成社会基础的村庄，那么就有近40%的村庄内很难形成家族。

表1-8 村内有几个大姓（2012"千人百村"）

	频数	百分比	有效百分比
无	12	12.6%	12.9%
一个	7	7.4%	7.5%
两个	22	23.2%	23.7%
三个	18	18.9%	19.4%
四个及以上	19	35.8%	36.5%
小计	93	97.9%	100.0%
缺失值	2	2.1%	
总计	95	$M=3.2$	

考察村内最大姓氏在村庄总人口中所占比例，可以进一步了解村庄人口结构的社会文化特征。如果一个大姓在村庄总人口中所占比例很高，也就意味着该村具有良好的家族形成的社会基础；而如果大姓在村庄总人口中所占

---

① 费孝通. 乡土中国. 北京：三联书店，1985：39.

比例较小，就难以为家族势力提供基本的社会支持。特别是在农村推行村民委员会自治选举的情况下，没有一定比例的同家族人口的投票支持，家族势力难以深入基层组织。

从表1-9的结果来看，村内最大姓氏所占人口比例在50％以下的达到69％，在50％以上的有31％。由此看来，近1/3的村庄具有良好的家族形成的社会基础。或许正因为乡村居民在居住上具有这种社会关系的亲缘性，乡村家族制度或家族势力尽管经受过多种压制，依然能在有些地区形成和存在。**不过，在看待乡村家族现象上，可以采取一定宽容态度。作为一种社群力量，既然它的形成和存在是一种现实，那么就要在承认现实的基础上加强引导，以便使这种力量在社会中发挥正能量。**

表1-9　村内最大姓氏人口的比例（2012"千人百村"）

	频数	百分比	有效百分比
25％以下	26	27.4％	29.9％
25％～50％	34	35.8％	39.1％
50％～75％	16	16.8％	18.4％
75％以上	11	11.6％	12.6％
小计	87	91.6％	100.0％
缺失值	8	8.4％	
总计	95	$M=41.6$	

土地和劳动力是基本生产要素，也是反映村庄经济特征的重要指标。通过对村庄人均耕地面积和劳动力结构的考察，可以了解和认识乡村经济的基本特征。

表1-10的调查结果显示，有3.2％的村庄人均耕地为0，即意味着村民已经没有耕地。46.8％的村庄人均耕地面积在1亩以下，接近半数；38.3％的村庄人均耕地面积为1～2亩，人均耕地面积在3亩以上的仅为6.4％。

表1-10　村庄人均耕地面积（2012"千人百村"）

	频数	百分比	有效百分比	累计百分比
无耕地	3	3.1％	3.2％	3.2％
1亩以下	44	46.3％	46.8％	50.0％
1～2亩	36	37.9％	38.3％	88.3％
2～3亩	5	5.3％	5.3％	93.6％

续表

	频数	百分比	有效百分比	累计百分比
3 亩以上	6	6.3%	6.4%	100.0%
小计	94	98.9%	100.0%	
缺失值	1	1.1		
总计	95	$M=1.3$		

从村庄人均耕地面积情况可以了解到，大多数村庄及村民依然处于小农生产的状况之中，因为对于人均耕地面积不足 1 亩以及 2 亩以下的村民来说，以家庭为单位来发展现代农业并不是理想的选择。所以，农村出现的维持小农生产与外出兼业现象，正是对村庄人均耕地面积较小这一现实的反映。较多的农村家庭并不乐意在有限的耕地上进行大量的资金和劳动力的投入，他们更多地倾向于外出打工，即通过向农业外转移的途径来增加家庭收入。如果按平均水平即人均耕地面积 1.3 亩来计算，再按农村家庭的人口平均规模 3.9 人和 2.8 个整半劳动力来测算[1]，那么农村平均每个家庭的耕地面积为 5.07 亩，平均每个整半劳动力只需耕种约 1.8 亩的土地。如果按照多数农村家庭以种植粮食作物为主来推算，每亩耕地每年比较理想的产出量为 1 500 斤左右，每户每年的总产量在 7 600 斤左右。如果按照 2012 年主产区小麦、早籼稻、中晚籼稻、粳稻、玉米、大豆的平均收购价的平均水平 1.4 元/斤来计算，每个农村家庭的主要农业毛收入在 10 600 元左右，人均农业毛收入为 2 700 元左右。一些研究结果显示，北方粮油生产成本与纯收入的比值为 1 ： 1.23。[2] 如果按照这一标准测算，那么种植粮油作物的农村家庭农业纯收入为毛收入的 55.2%。这样，农村家庭人均农业纯收入就只有不到 1 500 元（2 700×55.2%）。

进一步分析不同区域村庄人均耕地情况可以看到（见图 1－2），没有耕地的三个村庄都属于先进村，分别是山东省烟台市的南山村、江西省南昌市的进顺村、上海市的九星村。这些村庄虽有村委会的编制，但事实上已经被城镇化了。人均耕地在 1 亩以下的村庄，东、中、西部地区的比例都相对较高，且差异不大；人均耕地面积在 1～2 亩的村庄，中部地区的比例较高，

---

① 国家统计局. 中国统计年鉴 2012. 北京：中国统计出版社，2012.

② 朱四光，等. 北方 9 种粮油作物生产成本及效益的调查分析. 农业经济，2011（1）.

东、西部则相当；而人均耕地面积在 2 亩以上的村庄只在东部和西部地区，中部地区则没有。由此看来，相对于东部和西部地区而言，中部地区的村庄人均耕地面积要更小。**面对多数村庄人均耕地面积较小这一现实，在农村发展问题上，矛盾的主要方面其实不是大量农民外出会影响到农业生产，而是如何让农民利用现有劳动力和有限的耕地实现收入的持续增长，如何在村庄劳动力向外流动的同时让村庄内的经济效率得到不断提高。解决这些问题，并非一两项政策或措施就能做到的，而是需要有更宏观的制度创新。**

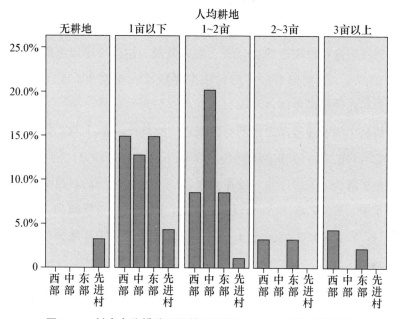

图 1-2　村庄人均耕地面积的区域比较（2012"千人百村"）

表 1-11 显示的是村庄中从事农林牧渔的劳动力所占比例的基本情况。从调查结果来看，村庄中参与农业生产的劳动力在总劳力中所占比例平均为 48.6%，不到一半。也就是说，农村一半以上的劳动力并不从事农业，大量劳动力已经转移到农业外就业，也就是外出打工。

表 1-11　村庄农业劳动力所占的比例（2012"千人百村"）

	频数	百分比	有效百分比	累计百分比
无农业劳动力	4	4.2%	4.4%	4.4%
1%～25%	17	17.9%	18.7%	23.1%
26%～50%	33	34.7%	36.2%	59.3%

续表

	频数	百分比	有效百分比	累计百分比
51%~75%	17	17.9%	18.7%	78.0%
>75%	20	21.1%	22.0%	100.0%
小计	91	95.8%	100.0%	
缺失值	4	4.2%		
总计	95	100.0%	$M=48.6$	

就农业劳动力比例分布情况来看，也有部分先发展起来的村庄已经没有农业劳动力，这样的村庄占4.4%。较多的村庄农业劳动力所占比例为26%~50%，这些村庄达到36.2%。农业劳动力超过一半以上的村庄依然不少，占40.7%，表明仍有较多的村庄主要依靠农业生产，或者说农业仍是40%左右村庄的经济主体。

分析村庄的农业劳动力比例的区域之间的差异，我们可以看到（见图1-3），十大名村的农业劳动力比例在25%以下。农业劳动力比例在1%~25%之间的，东部地区的村庄相对较多；在26%~50%之间的，西部地区的村庄明显多于中、东部；在51%~75%之间的，西部地区村庄较少，而中、东部彼此相当；农业劳动力比例超过75%即3/4以上的，中部地区村庄最多，其次是西部和东部。

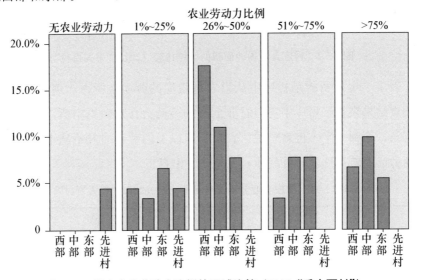

图1-3 村庄农业劳动力比例的区域比较（2012"千人百村"）

结合前面对村庄人均耕地面积情况的调查结果，**中部地区村庄发展面临的任务可能更为艰巨。一方面，中部地区村庄人均耕地面积基本在 2 亩以下，而从事农业生产的劳动力比例相对较高，因此它们既面临着如何促进农业发展的问题，又面临如何转移和消化农业劳动力的问题。**

农村妇女的留守问题曾是社会关注的一个热点问题，改革开放后的农村进入了一个大流动的时代，村庄的人口流动性大幅提高，大量村庄成为"流动的村庄"[①]，大批农民处于向外流动和不确定性之中。而在村庄流动的同时，还存在着妇女、老人和儿童留守村庄的所谓"386"现象。这一现象意味着村庄中的中青年男性劳动力普遍外出打工，只留下妇女和老人从事农业生产，也就是说妇女是村庄农业劳动力的主体部分。那么，通过社会调查是否能验证人们的设想呢？妇女究竟在农业生产中处于何种地位呢？或许，我们从女性在村庄农业劳动力中的比例中可以得到一些理解和认识。

从表 1-12 的调查结果中可以看到，78.4%的村庄中女性在农业劳动力中的比例低于 50%，即大多数村庄从事农业劳动的女性并没有超过男性。女性在农业劳动力中比例超过 75%的村庄仅为 4.5%，超过半数的占 21.6%。这一结果说明，农村妇女的留守问题及农业生产靠女性的问题在乡村是存在的，不过比例仅为 20%左右。

表 1-12　村庄女性在农业劳动力中的比例（2012 "千人百村"）

	频数	百分比	有效百分比	累计百分比
无	6	6.3%	6.8%	6.8%
1%～25%	14	14.7%	15.9%	22.7%
26%～50%	49	51.6%	55.7%	78.4%
51%～75%	15	15.8%	17.1%	95.5%
＞75%	4	4.2%	4.5%	100.0%
小计	88	92.6%	100.0%	
缺失值	7	7.4%		
总计	95	100.0%		

如果说流动或外出打工已成为农业劳动力从业状况的一大特征，那么农

---

① 陆益龙. 流动的村庄：乡土社会的双二元格局与不确定性：皖东 T 村的社会形态. 中国农业大学学报（社会科学版），2008（1）.

业劳动力流动究竟处在什么样的水平之上呢？从实际调查情况来看（见表1-13），除6个村庄之外（6.5%），其余村庄都有不同比例的劳动力向外流动。其中外流劳动力占1%～25%的村庄有29.4%，有40.2%的村庄外流劳动力比例为26%～50%，外流劳动力比例为51%～75%的村庄占17.4%，仅有6.5%的村庄外流劳动力比例超过75%。

表1-13 村庄外流劳动力在农业劳动力中的比例（2012"千人百村"）

	频数	百分比	有效百分比	累计百分比
无	6	6.3%	6.5%	6.5%
1%～25%	27	28.4%	29.4%	35.9%
26%～50%	37	38.9%	40.2%	76.1%
51%～75%	16	16.8%	17.4%	93.5%
>75%	6	6.3%	6.5%	100.0%
小计	92	96.8%	100.0%	
缺失值	3	3.2%		
总计	95	100.0%		

调查结果反映出，多数村庄（76.1%）劳动力外出流动水平在50%以下，这就意味着乡村中多数劳动力依然居住和生活在村里。劳动力外出流动超过半数的村庄不超过1/4，表明部分村庄已经主要依靠非农业或向外流动来维持经济生活。没有劳动力向外流动的村庄主要是先进村，即已经发展起来的村庄。这一结果说明，当村庄自身发展起来，实现了城镇化、非农化之后，劳动力也就不会向外流动了。

从区域比较的角度看（见图1-4），在西部地区，没有劳动力外流的村庄几乎已不可见，而先进村则基本没有劳动力外出打工。外流劳动力比例在1%～25%之间的村庄，中部地区最多，其次是东部地区；外流劳动力比例在26%～50%之间的，东、中、西部差异并不大；而外流劳动力比例超过50%的村庄，东、中、西部呈现出明显的阶梯状，即西部多于中部、中部多于东部。

通过比较可以看出，村庄劳动力外流具有明显的区域差异。西部地区农村居民外出打工的比例较高，主要因为农业及地方经济发展相对滞后，农村居民为了获得更高收入，必须远走他乡去外面挣钱。而在发展起来或城镇化了的先进村，由于本地经济发达，因此很少有人外出打工。

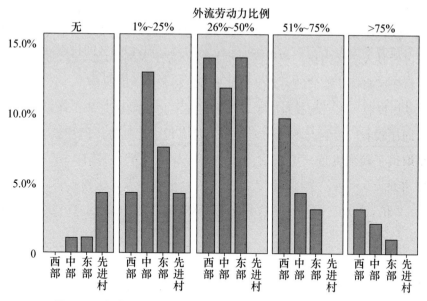

图 1-4　村庄外流劳动力比例的区域比较（2012 "千人百村"）

表 1-14 是关于村庄人均年收入情况的调查结果。从数据来看，66.7%
的村庄人均年收入水平在全国农村居民人均纯收入水平（6 977 元）以下，也
就是说有 2/3 的村庄人均年收入没有达到官方统计的农村居民人均纯收入的
水平。当然，由于此次调查对象为村委会的主任或委员，或是村支书，他们
所报告的人均年收入水平的数字主要是他们根据自己的经验和直觉提供的一
种估算。村干部所估算的农村居民人均年收入水平，虽不一定非常精确，但
总体来看也能反映大体水平。

表 1-14　农村居民人均年收入（2012 "千人百村"）

	频数	百分比	有效百分比	累计百分比
6 977 元以下	58	61.1%	66.7%	66.7%
6 977 元~1.5 万元	22	23.2%	25.3%	92.0%
1.5~3 万元	2	2.1%	2.3%	94.3%
3~4.5 万元	4	4.2%	4.6%	98.9%
4.5 万元以上	1	1.0%	1.1%	100.0%
小计	87	91.6%	100.0%	
缺失值	8	8.4%		
总计	95	100.0%		

注：6 977 元为国家统计局公布的 2011 年全国农村居民人均纯收入水平。

　　此外，我们也可看到，人均年收入在 1.5 万元以上的村庄达到 8%，25.3% 的村庄人均年收入在 6 977 元～1.5 万元。由此表明至少有 1/3 的村庄中居民的收入已达到相对理想的水平，因为对于人均年收入在 7 000 元以上的农村居民来说，他们的实际生活水平可以得到较大的改善。

　　从居民收入水平增长角度来看，乡村发展的成就则是非常理想的。尽管从横向比较看，乡村与城市的差距较大且有拉大之趋势，但从纵向比较看，还是取得了较大发展。国家统计局公布的数据显示（见图 1-5），1990—2011 年的 21 年间，农村居民人均纯收入水平从 686 元达到 6 977 元，增长了 10.2 倍，2000—2011 年农村居民人均纯收入增长到 310%，年均增长 28.2%。

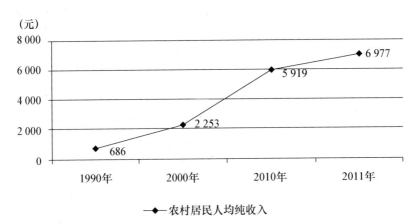

图 1-5　农村居民人均纯收入的变化情况

资料来源：中国国家统计局 . 中国统计年鉴 2012. 北京：中国统计出版社，2012.

　　无论从官方统计数据还是从调查数据来看，目前农村居民的收入水平显然有了较大幅度的增长。由此可以推断，农村改革不仅推动了农村的变迁，也让农村居民享受到了一定的实惠或福利。**尽管城乡收入差距依然较大，农村居民收入水平仍有较大的提升空间，但这些都不能否定农村改革所取得的成果。既然农村改革的积极作用是明显的，那么就需要坚持改革这一基本方向，通过改革来解决尚未解决的"三农"问题。**

　　如果对农村居民收入水平加以区域比较，或许我们能从中进一步了解和认识如何"因地制宜"地解决"三农"问题。

　　从表 1-15 的统计分析结果来看，村庄的人均年收入水平与地理类型的相关性较大，山区、高原地区的农村居民人均年收入水平明显较之平原地区低。丘陵地区 85.7% 的村庄人均年收入在全国平均水平（6 977 元）之下，山区有 84.6% 的村庄在全国平均水平之下，高原地区只有 46.2% 的村庄，平原地区则没有。此外，丘陵地区农村，几乎所有村庄的人均年收入皆在 1.5 万元以下。而在高原地区，有 46.2% 的村庄人均年收入水平为 6 977 元～1.5 万元，而且还有 7.6% 的村庄人均年收入水平在 3 万～4.5 万元，表明平原地区农村居民的收入状况比其他地理类型区域好。

表 1-15　村庄人均年收入的地理类型比较（2012"千人百村"）

| | | 地理类型 | | | | 总计 |
		丘陵	山区	高原	平原	
6 977 元以下	频数	24	22	12	0	58
	在收入中的百分比	41.4%	37.9%	20.7%	0.0%	100.0%
	在区域中的百分比	85.7%	84.6%	46.2%	0.0%	66.7%
6 977 元～1.5 万元	频数	3	4	12	3	22
	在收入中的百分比	13.6%	18.2%	54.6%	13.6%	100.0%
	在区域中的百分比	10.7%	15.4%	46.2%	42.9%	25.3%
1.5 万～3 万元	频数	1	0	0	1	2
	在收入中的百分比	50.0%	0.0%	0.0%	50.0%	100.0%
	在区域中的百分比	3.6%	0.0%	0.0%	14.3%	2.3%
3 万～4.5 万元	频数	0	0	2	2	4
	在收入中的百分比	0.0%	0.0%	50.0%	50.0%	100.0%
	在区域中的百分比	0.0%	0.0%	7.6%	28.6%	4.6%
4.5 万元以上	频数	0	0	0	1	1
	在收入中的百分比	0.0%	0.0%	0.0%	100.0%	100.0%
	在区域中的百分比	0.0%	0.0%	0.0%	14.2%	1.1%
总计	频数	28	26	26	7	87
	在收入中的百分比	32.2%	29.9%	29.9%	8.0%	100.0%
	在区域中的百分比	100.0%	100.0%	100.0%	100.0%	100.0%

注：$R=0.528$，$p<0.001$。

调查结果验证了人们关于农村发展的区域差异的一般观点，同时也给我们提供了一些启示，即在寻求"三农"问题解决和农村发展之路时，需要分区域、有重点地推进符合各地区实际需要的政策措施，这样或许能够提高政

策的针对性和有效性。

　　传统社会里的村庄主要依靠农业来维持自给自足的生活。当然农民也需要市场来供给自己不能生产的一些物资，如盐、金属工具等，但他们靠基层市场体系就基本能满足这些需求。[①]　所以，农业之于传统村庄而言乃是基础和根本。今日之村庄，此种结构特征是否依旧呢？农业之于村庄经济而言有何变化呢？为了解村庄经济结构的变迁情况，我们调查了村庄农业（农林牧渔）产值和村庄非农业产值，在此基础上分析了村庄非农业产值在总产值中所占比例（见表1-16），以考察村庄的经济结构。

表1-16　村庄非农业产值在总产值中所占比例（2012"千人百村"）

	频数	百分比	有效百分比	累计百分比
0	12	12.6%	16.4%	16.4%
1%~25%	14	14.7%	19.2%	35.6%
26%~50%	19	20.0%	26.0%	61.6%
51%~75%	11	11.6%	15.1%	76.7%
>75%	17	17.9%	23.3%	100.0%
小计	73	76.8%	100.0%	
缺失值	22	23.2%		
总计	95	$M=43.1$		

　　从分析结果来看，在73个有效村庄个案中，非农业产值比例平均为43.1%，接近一半，即意味着非农业之于村庄经济，已逼近农业的地位，成为村庄经济的另一半。换个角度看，农业之于村庄来说，其重要性及地位已明显在发生变化。调查结果所反映出的现实是近40%的村庄的非农业产值比例超过50%，即超过农业产值，表明农业在村庄经济中的主体地位正在发生变化。

　　村庄农业与非农业产值比较所反映出的农村经济结构变迁的现实，对于我们理解当下的村庄及其未来发展而言意义非常重大。因为经济是基础，随着村庄经济结构的变化，社会与文化也将不可避免地出现变迁。很显然，旨在促进农村发展的各项努力，无不需要在此基础上去推进实施。

---

　　① 陆益龙. 从乡村集市变迁透视农村市场发展：以河北定州庙会为例. 江海学刊，2012（3）.

村庄经济的宏观调查中，虽然被访村干部所提供的数据并不一定很精确，但从统计学的角度看，这些数据也能从宏观和总体上反映农村的现状。因而对于认识农村经济现状及其变迁具有参考意义。

三、村庄的建设与现代化

2006 年，中共中央提出把"建设社会主义新农村"作为新时期农村工作的战略任务，此后各级地方政府纷纷出台了推动新农村建设的多种政策措施，由此掀起了农村建设的高潮。那么，通过新农村建设战略的实施，村庄面貌究竟发生了怎样的变化呢？为了解新农村建设的成就或影响，以及村庄所发生的变化，"千人百村"对村庄的一些重要建设进行了专门的考察，主要涉及村庄的基础设施建设情况、公共设施与机构建设情况、村庄治理及社会组织建设情况。

表 1-17 反映的是村庄中的一些主要公共服务设施的建设情况，这些设施与村民的日常生活有着密切的关系，是否拥有这些设施在一定程度上反映了村庄的生活条件及现代化发展水平。

表 1-17　村庄公共服务设施建设情况（2012"千人百村"）

	有	没有
便利店（小商店/小卖部）	90（94.7%）	5（5.3%）
超级市场	19（21.6%）	69（78.4%）
百货商场	10（11.2%）	79（88.2%）
农贸市场	20（22.7%）	68（77.3%）
银行/信用社	24（26.7%）	66（73.3%）
医院/医疗服务站/卫生室/诊所	86（91.5%）	8（8.5%）
幼儿园	42（46.2%）	49（53.8%）
小学	53（57.0%）	40（43.0%）
体育健身场所	44（50.0%）	44（50.0%）
老年活动室	34（39.1%）	53（60.9%）
图书室（馆）	64（69.6%）	28（30.4%）
公园	11（12.6%）	76（87.4%）
养老院	11（12.5%）	77（87.5%）

从农民基本生活条件的角度看，绝大多数村庄的公共服务设施能够较好地满足日常生活需要，例如，94.7%的村庄都有便利店、91.5%的村庄设有卫生设施，这样，农村居民大多数日常用品及常见病治疗基本上可以在村庄之内得到解决。

然而，村庄生活方式的城镇化发展程度并不高。所谓村庄生活方式的城镇化，是指农民在生活方式上，趋于与城镇居民拥有相似或相近的条件，即越来越发挥市场和公共服务在生活中的作用。[①] 表1-17的调查结果显示，拥有银行、超市、百货商场、农贸市场和公园的村庄不多。

在文化服务方面，所显示的调查结果还较为理想。有69.6%的村庄有图书室，50.0%的村庄有体育健身场所，39.1%的村庄有老年活动室。因此，从公共建设的角度来看，乡村文化建设和文化生活并不像一些学者所做的危言耸听的判断那样，显示出"公共性消解"的加剧。[②] 仅仅凭直觉或对个别村庄的走访而轻易做出对全国农村现状的判断，存在较大误解和误判。抽样调查所反映的乡村文化建设的现实并不是如此悲观，文化服务设施建设所发生的变化，是从中央政府到地方政府乃至基层组织关注乡村文化建设和文化生活的结果，由此我们并没有发现公共性在远离乡村文化，恰恰相反，公共性是在不断加强，因为由国家力量推动的新农村建设就包含了乡村文化建设。

出乎人们预料的是，调查所反映的农村义务教育服务并不是非常理想。一般情况下，农村每个行政村基本上都有一所小学。然而调查显示只有57.0%的村庄设有小学。或许，小学的减少，导致了近年来小学生交通问题的出现。一些乡镇政府为了缩减教育支出，对村庄小学进行了大量合并。村庄小学的并校现象是对这一较低比例的现实解释，随着农村人口结构的变化，村庄学龄儿童的数量逐年减少，加上外出打工子女在迁入地入学人数增多，由此导致村庄小学招生规模逐年下降。于是，基层教育主管部门认为将招生规模极小的小学合并到中心小学，既能发挥乡镇中心小学的优势资源，也能节省办学成本。但是，需要指出的是，这种小学并校行为其实并非理想的选择，至少对学龄儿童及其家长来说，增加了新的困难和挑战。近些年来，媒体关于

---

① 陆益龙. 多元城镇化道路与中国农村发展. 新华文摘, 2010 (10).

② 吴理财. 乡村文化"公共性消解"加剧. 人民论坛, 2012 (4).

中小学生丧生于上学途中的交通事故的报道明显增多，说明相对于以前，村庄的并校问题增大了儿童上学的安全风险。所以，各级政府需要重新审视并校特别是小学并校问题。与此同时，需要研究和制定村庄人员流动性提高和学龄儿童规模降低情况下农村义务教育的发展模式。

此外，在公共服务设施方面，我们还能发现村庄的养老服务条件不够理想。仅有 12.5% 的村庄设有养老院，当然这一事实也较为符合农村的实际和农村居民的生活方式，因为农村居民的观念和生活习惯，绝大多数老年人依靠家庭养老。尽管现实如此，但作为由公共力量推进的新农村建设，依然需要加大力量来改变农村养老现状。农村老年人之所以接受家庭养老这一现实，不仅仅是因为他们习惯或更愿意接受家庭养老，而且也因为他们除了依靠家庭外，很难获得公共的或社会的养老支持。随着村庄公共养老机构及服务不断发达和完善，也会有越来越多的农村老年人愿意选择社会养老，从公共服务中得到更多的福利。

从农村发展趋势来看，随着中国人口的老龄化，农村老年人问题可能更为突出和严重，因为农村大量的青壮年外出打工，留守在村庄的老年人的老年生活和扶助面临诸多困难。因此，从不断改善农村老年人生活及福利的角度看，加大农村养老公共服务设施和机构建设的力度已非常必要。从理论上讲，为满足农村老年人的养老需求，建成养老院的村庄至少应达到1/3，即相邻的三个村庄中应建有一个养老院。当然，比较理想的状态是每个村庄都需要建成符合村庄实际情况的养老机构。

表 1-18 中的数据显示的是村庄离最近的一些基础设施的平均距离。对这些问题的调查，主要是为了了解村庄及周边的基础设施建设情况。离主要基础设施距离越远，表明农村居民从这些设施中得到福利的难度更大，同时也意味着基础设施建设还不太完善。相反，距离越近则在一定意义上反映了基础设施建设比较完善。

表 1-18　村庄与基础设施平均距离（2012"千人百村"）　　单位：公里

	西部村庄	中部村庄	东部村庄	先进村	总体情况
最近的小学	2.1	1.9	2.0	0.7	1.9
最近的初中	7.1	5.7	5.0	1.0	5.6

续表

	西部村庄	中部村庄	东部村庄	先进村	总体情况
最近的高中	23.7	22.7	15.4	4.3	19.6
最近的医院（卫生院）	4.5	5.3	5.0	1.1	4.7
最近的百货商场	13.0	13.2	10.5	1.1	11.4
最近的邮局	6.8	9.3	8.0	1.7	7.5
最近的银行	6.5	7.0	7.2	0.4	6.4
最近的公共汽车站	8.2	7.6	2.4	0.3	5.8
最近的长途汽车站	23.7	21.6	13.7	7.4	18.8
最近的火车站	71.2	45.5	30.3	78.9	51.8

从调查的结果来看，在教育设施方面，村庄离最近小学的平均距离为1.9公里，而且除了先进村的距离较近外，东、中、西部之间差别不大。离最近初中的平均距离为5.6公里，西部地区农村要更远，平均为7.1公里。村庄离最近高中的平均距离为19.6公里，西部和中部地区距离更远，都超过20公里。而在发达的先进村，平均距离则仅有4.3公里。由此看来，在义务教育阶段之外，农村特别是中、西部农村居民的子女在获得高中教育方面存在着相对更大的困难；同时也从一个角度表明，农村较多地方的教育发展依然有很大局限。

在医疗卫生方面，村庄离最近医院的平均距离为4.7公里，区域之间的差别不大，只是发达的先进村距离医院更近，平均距离为1.1公里。先进村多是经济发达、工业化和城市化程度较高的村，所以先进村在这些方面与其他村庄的差别，一定意义上也反映了农村与城市之间的差距。

在与生活相关的基础设施方面，如百货商场、邮局和银行等，农村居民一般都需要到附近的集镇去获得相关服务。除先进村距离这些设施非常近之外，多数村庄并不会建设此类生活设施。

在农村交通出行方面，中西部地区农村的交通便利程度与东部地区相比明显存在一定差距。在离最近公共汽车站、长途汽车站和火车站的距离方面，东、中、西部呈现出明显的阶梯状，东部近西部远。总体来看，农村的公共交通状况一般，离最近公共汽车站的平均距离为5.8公里，相当于到附近集镇的距离。从现实来看，农村较多地方并没有公共交通服务，交通运输通常由个体营运人承担。不过，如果从纵向比较的角度看，农村的交通出行条件总体上已经有了很大改善。随着"村村通"工程的推行，各个村的村委会驻地都修通了村级公路，这为农村交通运输服务市场创造了基本条件。有了发达的乡村公路，就出现了个体交通营运人，他们为居民出行提供了很多便利。

在表1-19中，第1和第2项主要反映的是现代管理组织的发展状况，村民志愿者组织反映的是社会组织发展状况，农业协会代表经济组织建设状况，村民文体组织则反映了文化组织发展状况。从对村庄的调查结果来看，村庄的现代管理组织并未广泛发展起来，有物业管理公司和业主委员会等机构或组织的村庄在8%及以下。目前，物业管理公司和业主委员会主要在城市发展较快，随着住房市场化及房产商品化改革，管理房产物业的专业化组织随之产生，在一些新兴商品房小区，也发展起业主委员会之类的社区组织。但是，在农村地区，这种现代管理组织似乎与其社会经济发展不太吻合，因而未普遍发展起来，这是农村现实所决定的。

表1-19 村庄组织建设情况（2012"千人百村"）

	有	没有
物业管理公司	7（8.0%）	81（92.0%）
业主委员会	5（5.7%）	83（94.3%）
村民志愿者组织	26（29.5%）	62（70.5%）
农业协会（互助组）	33（37.1%）	56（62.9%）
村民文体组织	43（48.9%）	45（51.1%）

有29.5%的村庄发展出了村民志愿者组织，虽然比例不是很高，但这一数字反映出农村社会组织建设有了很大变化。志愿者组织是现代社会提高社会自治和促进社会团结的一种重要组织形式，在相对分散和自给自足的乡村社会，村民能组织起志愿者组织显然是一种社会进步的表现。

37.1%的村庄有农业协会之类的合作组织，表明农村居民的经济活动的组织化、合作化程度达到了一定水平，并非完全分散的个体家庭经营和无组织化。随着一些村庄农业生产逐步走向市场化和现代化，农村经济组织还将不断得到发展。

在文化组织发展方面，有48.9%的村庄成立了村民文体组织，将近一半。由此看来，相对于社会组织和经济组织而言，农村在文化组织建设方面较为领先。或许这是因为对于农村居民来说，发展文化组织较为容易一些，而且文化组织的发展更为符合他们的生活需要。

村庄在基层组织建设方面，从图1-6的调查结果来看，90%以上村庄的自治组织建设基本属于正常，他们按照《中华人民共和国村民委员会组织法》的规定，三年举行一次换届选举。① 正常情况下，2009年以后举行最近一次村委会选举属于正常情况。调查结果显示，91%的村庄是在2009年以后举行最近一次村委会选举的，5%的村庄是在2009年以前举行最近一次选举的，还有4%的村庄报告本村未曾举行过村委会选举。由此来看，一些村庄的基层自治组织建设并没有按照常规制度推进，其中的原因可能比较复杂，而调查未涉及没有举行选举或推迟选举的原因，所以我们不得而知。

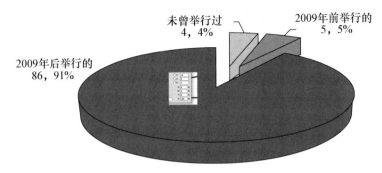

未曾举行过
4，4%

2009年前举行的
5，5%

2009年后举行的
86，91%

图1-6　村庄最近一次村委会选举的时间（2012"千人百村"）

从对调查结果的分析中，我们可以了解到农村现代化建设的总体状况。通过新农村建设，村庄的公共设施和基础设施等物质条件，较之改革开放前的农村，已有了很大的改善。尽管农村建设与发展尚未达到理想的程度，但较多的村庄及农民已经在国家推动的新农村建设中获得了相应的收益。

四、村庄发展中的问题

在社会不断走向现代化、全球化的过程中，村庄作为农村社会的存在形态，虽与现代城市有着较大差异，但也会在这一过程中受到不同程度的影响。就社会发展的大背景及大趋势而言，村庄的发展可以说是一个大问题，而且

---

① 根据2018年修正的《中华人民共和国村民委员会组织法》，村民委员会每届任期五年，届满应当及时举行换届选举。本书所使用的数据来自2012年"千人百村"，为准确传达研究结果，相关表述未做更新。

在发展中也会面临一系列的问题。那么，在现实中，村庄主要反映了哪些问题呢？此次调查主要从两个方面考察和询问了村庄面临的问题：一是村庄内的矛盾纠纷问题；二是农村的三大民生问题，即教育、医疗和养老中的突出问题。

之所以要考察村庄的矛盾纠纷问题，主要目的是从村庄基层角度、从宏观维度来准确地把握和了解农村社会发展中社会关系的状态及趋势，通过科学的抽样调查来检验当前一些流行观念及学术观点的可信范围。在一些媒体中，关于农村社会矛盾问题的报道和采访倾向于认为当前中国农村社会矛盾在增多、在激化、在影响社会稳定。[①] 此外，**一些农村研究的学者对农村社会矛盾形势的研判，通常是在个案基础上进行的。从个别现象来研判全国农村社会的总体特征，这在方法论上存在很大的问题和局限。**[②] **所以，关于"三农"问题的研究，需要用科学的调查研究方法，而不能停留在感性的调查和个案研究之上。如果想推论全国农村的发展状况，必须要在调查研究方法上不断追求科学性和可信度。**

表 1-20 是对 95 个村庄干部就 12 类纠纷而进行的问卷调查的统计分析结果。从数据来看，村庄一年内发生的矛盾纠纷次数平均为 17.7 次，标准差为 49.7，说明村庄之间差异很大。具体来看，没有发生矛盾纠纷的村庄占 37.9%，即超过 1/3 的村庄其实并未发生过矛盾纠纷事件。发生纠纷次数在 1～25 次的村庄占 51.6%，发生纠纷次数在 26 次以上的为 10.5%，如果把每月发生 2 次以上矛盾纠纷的村庄视为矛盾纠纷频发村，那么这样的村庄也不过 10%左右。

表 1-20　村庄一年内发生的纠纷次数（2012"千人百村"）

	频数	有效百分比	累计百分比
无纠纷	36	37.9%	37.9%
1～25 次	49	51.6%	89.5%
26～50 次	3	3.2%	92.6%
50 次以上	7	7.3%	100.0%
总计	95	100.0%	

注：未填答项赋值 0，$M=17.7$，$St.D.=49.7$。

① 如《新京报》2011 年 11 月 5 日刊发了题为《学者称土地纠纷已成影响农村稳定的首要问题》的专访。

② 于建嵘. 农民有组织抗争及其政治风险：湖南省 H 县调查. 战略与管理，2003（3）.

如果再从村庄一年内具体纠纷的发生情况看，我们选择了三种具体纠纷进行了进一步分析，它们是计划生育纠纷、干群纠纷和土地纠纷，这些是公众及媒体常关注的农村矛盾纠纷。那么，从抽样调查的结果看，农村中这些纠纷的发生状况究竟如何呢？

首先，图1-7的分析结果显示，计划生育纠纷并非村庄频发的纠纷，村庄发生计划生育纠纷的平均次数为0.6次。在63个有效个案中，有51个村庄报告并没有发生此类纠纷，达到80.9%。由此看来，农村的计划生育工作已不再是引发纠纷的重要根源之一，村民与村干部、村民与基层政府之间因计划生育问题而发生的争执和冲突显然已经减少，此类矛盾关系也得以缓解。

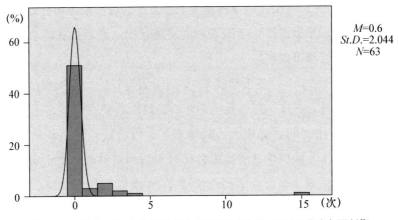

图1-7 村庄一年内发生计划生育纠纷的次数（2012"千人百村"）

其次，在干群纠纷方面（见图1-8），村庄中发生的此类纠纷更少，一年平均发生0.37次，比计划生育纠纷少。在63个有效个案中，有54个村庄没有发生干群矛盾，达到85.7%。这一结果也较为符合农村现实，因为自2006年中央政府取消农村税费之后，村干部不再履行收税费的职能，而是转向执行上级政府的惠农政策的职能，即从"索取者"角色转换为"施予者"角色，村干部这种角色的重大转变无疑也消除了许多以往因收税费而与村民发生的纠纷。

图1-9显示的是人们较为关注的农村土地纠纷问题。从调查结果来看，村庄的土地纠纷确实较之计划生育、干群纠纷来说发生更加频繁，平均发生次数为4.76，远远高于前两种纠纷，而且没有发生土地纠纷的村庄也明显减

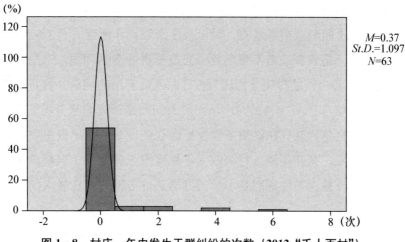

图 1 - 8　村庄一年内发生干群纠纷的次数（2012"千人百村"）

少。在 68 个有效个案中，有 36 个村庄报告没有发生土地纠纷，占 52.9％。
此外，在土地纠纷方面，村庄之间的差异较大，有些村庄甚至报告一年发生
50 次和 90 次土地纠纷。不过总体来看，发生土地纠纷的村庄依然没有超过
半数，为 47.1％。这一数据说明，**农村土地纠纷问题较为突出，但并不意味
着所有村庄都面临这一问题，只是这一问题涉及的范围相对较广。**

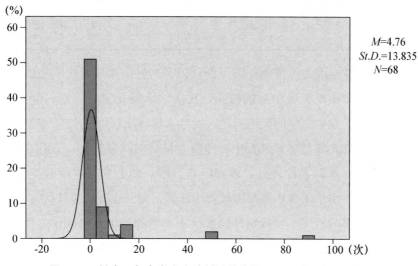

图 1 - 9　村庄一年内发生土地纠纷的次数（2012"千人百村"）

　　至于农村的民生问题，此次"千人百村"关注的焦点是三大民生问题：
教育、医疗和养老问题。选择聚焦这三个民生问题，主要考虑到这三个问题
对于农村社会的发展更为迫切、更为重要，当然这并不是指其他的民生问题

不重要，而是希望重点考察和了解这三个方面的问题。

从表1-21的调查结果来看，对于村庄来说，在教育方面所面临的主要有三大问题：一是教育经费不足问题，二是学生的交通问题，三是师资力量薄弱问题。有30.4%的村庄分别认为教育方面最突出的问题是教育经费不足和学生到校困难，有17.4%的村庄认为最大问题是师资力量薄弱。前两个问题反映的是农村基础教育在物质条件上所存在的困难，由于较多农村地区经济发展水平有限，尤其是缺乏村级收入，教育投入完全靠上级财政拨款，这使得村庄在改善教育条件特别是小学的办学条件方面，存在较大的经费不足问题。

表1-21 村庄教育面临的最大问题（2012"千人百村"）

	频数	百分比	有效百分比	累计百分比
教育经费不足	28	29.5%	30.4%	30.4%
师资力量薄弱	16	16.8%	17.4%	47.8%
学生到校困难（交通）	28	29.5%	30.4%	78.2%
辍学现象严重	1	1.0%	1.1%	79.3%
其他	19	20.0%	20.7%	100.0%
小计	92	96.8%	100.0%	
缺失值	3	3.2%		
总计	95	100.0%		

此外，同样也因为经济条件的限制，较多的村庄难以解决学生的到校困难问题。尤其是在没有设小学的村庄，村内的学龄儿童必须到村外上小学，由此也就出现了学生上学的交通问题，而这又是村庄难以解决的问题。

在乡村教育尤其是小学教育中，师资力量薄弱问题其实一直存在着。由于一些村庄教育基础条件较差，教育经费有限，加上乡村教师的待遇较差，所以较多的村庄小学不仅不能吸引教师来任教，而且也无法留住优秀的教师。长期以来，较多的村庄小学特别是偏僻村庄小学都是由本村的民办教师或代课教师承担起小学教学任务的，这些小学中有些课程实际上缺乏教师。相对于城市里的小学教育，村庄小学的教育质量明显存在较大差距，其中一个重要原因就是村庄小学缺乏标准的师资力量配备。

教育问题实质上属于公共问题，所谓公共问题，即政府在提供公共品的过程中存在的缺陷。基础教育是政府必须提供的基本公共品，这种公共品就像任何产品一样，都应该执行一个基本的标准。那么，一些农村地区基础教育所存在的严重问题，如校舍破陋、教师缺乏、学生到校困难等，某种意义上可以说是政府提供了不合格的公共品。

既然乡村教育中存在的问题属于公共问题，那么只有依靠公共力量即政府的主导作用才能解决。例如，农村孩子上学的交通问题，如果依靠家庭和村庄来解决，那么解决措施只会是短期的、存在风险的。只有通过政府统一规范，确立小学的基本办学标准，明确经费投入的标准、来源、拨付和使用办法，主管部门的职责，在什么样的人口及居住条件下需要建立小学，建立什么样的小学，配备什么样的师资力量，哪个部门来负责管理等，类似的乡村教育问题才能迎刃而解。

表 1-22 显示的是村庄在医疗卫生方面所面临的最突出问题。从分析结果可看出，村庄的医疗卫生主要有两个突出问题：第一是医疗费用过高（34.0%），第二是医疗水平和质量太低（30.9%）。除这两个较为突出的问题之外，诊所医院不足（11.7%）以及其他问题（17%）也受到了村民的关注。

表 1-22　村庄医疗卫生面临的最突出问题（2012"千人百村"）

	频数	百分比	有效百分比	累计百分比
诊所医院不足	11	11.6%	11.7%	11.7%
医疗费用过高	32	33.7%	34.0%	45.7%
看病难	6	6.3%	6.4%	52.1%
医疗水平和质量太低	29	30.5%	30.9%	83.0%
其他	16	16.8%	17.0%	100.0%
小计	94	98.9%	100.0%	
缺失值	1	1.1%		
总计	95	100.0%		

某种意义上说，调查结果与农村的现实高度吻合，因而也易于理解。对于经济收入有限的农村居民来说，医疗费用问题自然是困扰他们的首要问题。如果家庭收入的很大一部分用于支付医疗费用，就会大大地影响他们的生活水平的提高。所以，对于较多的农村家庭来说，他们畏惧看病，主要是因为担心医疗费用太高。如今，虽然各地农村正在推行新型农村合作医疗（新农合），这一政策的重要目标之一在于减轻农村居民的医疗费用负担，转移部分医疗费用的风险。但从现实来看，该政策的社会效应还不够普遍，尚未改变

较多居民对医疗费用的担忧。

同时，农村医疗水平和质量太低问题的存在也是一个基本事实。村庄的诊所和医院的医疗设施等硬件条件较差，而且诊所和医院也严重缺乏高水平的医生，所有这些都决定了农村医疗卫生服务的质量处于较低水平，这在一定程度上制约了农村医疗卫生系统满足农村居民的需求。

随着人口结构的变化，随着社会人口流动的增多，农村老年人的养老问题将变得越来越突出。那么在现实中，农村老年人所面临的最大困难是什么呢？从表1-23的数据中我们可以看到，农村老年人面临的首要问题是经济生活困难，其次是精神上的孤独，然后是其他问题和看病难问题。

表 1-23 村庄老年人面临的最大困难（2012"千人百村"）

	频数	百分比	有效百分比	累计百分比
经济生活困难	45	47.4%	47.4%	47.4%
看病难	10	10.5%	10.5%	57.9%
行动缺少扶助	7	7.4%	7.4%	65.3%
精神上的孤独	17	17.9%	17.9%	83.2%
其他	16	16.8%	16.8%	100.0%
总计	95	100.0%	100.0%	

有47.4%的村庄报告农村老年人最大的困难是经济生活困难，表明老年人的经济支持问题在农村较为普遍存在。经济生活困难之所以成为农村老年人老年生活中最大的问题，是因为城市老年人大多有退休金或养老金，而农村老年人在不能从事农业生产劳动以后，除政府的少量补贴之外，就没有任何经济收入了。因此，在经济上他们只能依靠家庭或子女的支持，一旦这一经济支持受阻，老年人的生活就会陷入困境。尽管多数农村家庭承担了养老义务，但家庭养老毕竟属于非制度性的养老模式，难以排除因家庭差异而产生的老年人生活质量低下问题。所以，对于农村老年人来说，他们最担忧的还是养老的经济支持问题。

17.9%的村庄报告农村老年人最突出的问题是精神上的孤独，这在一定程度上也是对农村现实的反映。由于越来越多的农村青壮年离开村庄，农村出现了较多空巢老人家庭。那些留守在村庄的老年人，不仅仅生活上面临诸多困难，而且由于身边缺少亲人关照，精神上也极为孤独。

某种意义上说，农村老年人遇到的问题并非个别问题，而是结构性问题。所谓结构性问题，是指随着社会结构发生变化而产生的问题。不可否认的事实是，农村社会已经并正在发生结构转型，现代化、城镇化、市场化乃至全球化都在不同程度上影响着农村社会的结构变迁。当下的农村已不再是封闭半封闭的传统乡土社会，而是从乡土走向后乡土。[①] 在农村社会发生转型的过程中，农村老年人问题也具有明显的转型特征，即传统的家庭养老和老年人支持模式已经难以适应农村社会变迁的需要。农村老年人养老问题的出现，主要不是道德问题，而是结构不对称问题。一方面，农村劳动力流动是一个不可逆的趋势，因而空巢老人家庭也将随之增多；另一方面，农村尚未建设起完善的社会养老保障系统，缺乏家庭支持的农村老年人的养老问题也就变得越来越突出。**解决农村养老问题，关键在于加快推进农村的社会建设，以适应农村社会快速变迁过程中不同阶层群体的新需求。**

五、小结

村庄是农村社会存在的一个基本形态，农村之为农村者，在于村庄的存在。尽管村庄的物质形态和社会形态都在发生不同程度的变迁，但有村庄的地方，依然被人们视为农村。例如在我们所调查的十大名村里，他们大多已经实现了城镇化，但由于村庄以一种概念的、制度的形态存在着，所以仍然在农村的范畴之内。或许，目前有较多的村庄正是以这样一种存在方式，在规避城镇化所导致的"村庄的终结"。村庄以符号的形式存在且在体制内仍享有合法性，那么似乎村庄也就没有走向终结。一些城市中的"城中村"，以及"超级村庄"的出现[②]，实际上就是在工业化、城镇化过程中，农村变迁所产生的一种"奇特"产物。

在人类学者看来，村庄是一种传统的地方，其存在依靠一些共占的环境及共同的仪式来维系。[③] 而在现代化、工业化、城镇化的过程中，中国的

---

① 陆益龙. 乡土中国的转型与后乡土性特征的形成. 人文杂志，2010 (5).

② 折晓叶. 村庄的再造：一个"超级村庄"的社会变迁. 北京：中国社会科学出版社，1997：358.

③ 王斯福. 什么是村落?. 中国农业大学学报（社会科学版），2007 (1).

村庄究竟会走向何方？孟德拉斯的"农村的终结"命题之于当代中国农村是否成立？① 如果说中国广阔的农村地区最终都被城镇化了，农村于是也随之走向消失，那么这一过程又是如何推进的呢？如果说现代化和城镇化过程并不会致使农村的消失，那么又该如何在城镇化背景下维持农村尤其是村庄的存在呢？所有这些问题其实都是关系到社会发展的战略性大问题，轻易对这样的问题做出判断，或是轻率提出理想化的模式都是危险的。即便我们的判断是根据人类社会现代化、城市化的已有历史经验而做出的，也不一定是科学、可靠的。

对于关心农村未来命运的研究者来说，最稳妥的事就是尽量准确地把握农村发展的现实状况，并尽量科学地解释现实中的问题、预测未来发展趋势。

对村庄的抽样调查，其目的正是科学地、系统地、宏观地了解和把握中国农村发展的现实状态，避免根据个案研究而对农村发展宏观状态及趋势做出误判。在农村研究方面，以往的研究偏重于个案研究，研究者更加相信田野工作方法，以至于这一领域的研究者越来越依赖于田野工作甚至是短暂的农村调研，并且排斥抽样调查和定量方法。然而他们所讨论的问题大量涉及"三农"的宏观发展问题。很显然，仅仅根据对一个或几个村庄的走访，对宏观的"三农"问题做出判断，这种认识方法存在较大的风险。深入的田野工作确实对理解地方性的乡土文化和农民的观念世界是非常有效的，但根据田野中所观察到的特殊问题去判断农村社会全局，明显是以偏概全。所以，当前的中国农村研究需要丰富研究范式，而不能始终停留在村庄民族志的研究范式之上，泛泛地探讨各种"三农"问题。"三农"研究要引入科学的、系统的社会调查研究方法，以增强对农村发展宏观状态的认识能力、解释能力和预测能力。

---

① 孟德拉斯. 农村的终结. 李培林，译. 北京：中国社会科学文献出版社，1991.

第二章 农村居民及其生活现状

农村的民生状况是指农村居民的基本生活状况。通过抽样调查来考察农村居民的生活现状，是从宏观层面认识和了解"三农"发展及其问题的重要途径。民生问题之所以重要，是因为生活是第一性的，任何社会发展都需要回归改善人民生活这一根本宗旨上来。同样，农村发展的最终目的也就是不断改善农民的生活状况。那么如何去改善农村民生呢？首先需要科学、准确地把握农民生活的现实状态。

在前一章，主要介绍了"千人百村"对百个村庄的抽样调查结果，分析再现了村庄的发展现状。本章将通过对"千人百村"居民问卷调查数据的分析，揭示农村居民的生活现状及主要问题。"千人百村"居民问卷调查是在抽中的一百个村中，再按照等距抽样原则在每个村抽取 30 户家庭，对抽中的家庭，运用 KISH 表从 18 岁至 80 岁居住在村内的家庭成员中随机抽取被访者，2012 年"千人百村"居民问卷调查最终获得 2 714 个有效样本。

一、农村居民社会性特征概述

村民的社会特征也是构成乡村社会特色的重要方面。农村之为农村，一方面是人们以村庄而聚集而居，另一方面是村庄里居住的是以农业为主要营生的农村居民。农村居民之于城市市民，有着其不同的社会特征。

此次"千人百村"居民问卷调查的主要内容包括五个部分：第一部分关于农村居民的基本社会属性；第二部分关于农村居民的教育状况；第三部分关于农村居民的健康与医疗状况；第四部分关于农村居民的养老状况；第五

部分关于农村居民的纠纷及其解决机制。

在第一部分关于农村居民的基本社会属性方面，主要考察了以下内容：（1）人口特征；（2）生活方式；（3）社会态度；（4）家庭生活。

调查了解农村居民的基本社会属性，是我们认识、理解和判断农村社会发展现状、问题及趋势的基础，也是做出涉及"三农"问题科学决策的重要依据。农村居民的社会属性属于一种客观存在，是农村社会结构的组成部分，农村社会的各种发展现实，都与居民的自身特征有着密切关系。也就是说，任何关于农村社会的理解，或者涉及"三农"发展的制度设计与政策安排，都不能脱离与居民基本社会属性的联系，即必须符合或是针对居民的基本社会属性。

把握和认识农村居民的基本社会属性，需要将微观特征与宏观特征、地方性特征与全局性特征加以区分。针对不同的认识目标，也需要运用不同的方法。如果是要认识农村居民的微观社会特征、理解地方性文化特征、制定农村局部地区的政策措施，那么，典型个案调查或田野工作有助于我们较为深入地、具体地认识和理解当地农村社会的结构特征和变迁机制。然而，要从宏观层面掌握全国农村社会发展的现状、问题和动态，用特殊个案来推论全局特征，存在着以偏概全的认识论和方法论的缺陷。通过抽样调查和定量分析方法，能够在一定程度上控制和避免用特殊个案来推论总体所产生的偏差。抽样调查的内容虽主要为结构化和反映一般事实的问题，但这些问题所反映出的事实，有助于人们对农村的宏观性、全局性和结构性特征的准确把握和科学认识。

表 2-1 的数据显示了我国农村居民的民族构成的大体情况，从中可以看出，农村有 84.8% 的居民是汉族，少数民族占 15.2%。这一结果或许因抽样问题而存在一定的偏差，但大体上反映了农村居民的民族构成。调查结果显示，农村居民中少数民族的比例偏高，一方面是因为此次调查的样本中，有两个省级样本属于少数民族聚居区，一个是广西壮族自治区，另一个是宁夏回族自治区。由于这两个自治区中少数民族相对集中，因此少数民族居民的比例也就相对较高。另一方面，我国少数民族主要聚居于西部地区，而西部地区的发展及城镇化相对滞后，因而聚居农村的少数民族也相对更多。

表 2-1 农村居民的民族构成（2012"千人百村"）

	频数	百分比	有效百分比	累计百分比
汉族	2 296	84.6%	84.8%	84.8%
蒙古族	9	0.3%	0.3%	85.1%
满族	80	2.9%	2.9%	88.0%
回族	156	5.8%	5.8%	93.8%
藏族	1	0.0%	0.0%	93.8%
壮族	111	4.1%	4.1%	97.9%
其他	56	2.1%	2.1%	100.0%
小计	2 709	99.8%	100.0%	
缺失值	5	0.2%		
总计	2 714	100.0%		

　　目前，农村居民的宗教信仰问题备受关注，有学者认为，我国农村正在掀起一股"宗教热"，并运用在河南嵩县收集的数据，从农村社会保障角度来解释农村"宗教热"兴起的原因，认为"新农合"的开展能有效降低农村宗教信仰者人数的增长速度。[①] 2005 年世界价值观调查（WVS2005）结果显示，中国宗教信仰者的比例为 21.8%，超过无神论者的 17.9%，宗教信仰者中，农村居民占绝大多数。[②] 那么，农村居民的宗教信仰状况究竟如何呢? 宗教信仰者是不是已经非常多了呢?

　　从表 2-2 的分析结果来看，农村宗教信仰者并不是很多，占 16.5%，并没有达到 2005 世界价值观调查水平（21.8%），更不能反映出信教的群众中农村居民占绝大多数。此次调查结果显示的是，农村居民不信教的比例依然很高，占 83.5%。

表 2-2 农村居民的宗教信仰（2012"千人百村"）

	频数	百分比	有效百分比	累计百分比
信教	446	16.4%	16.5%	16.5%
不信教	2 259	83.2%	83.5%	100.0%
小计	2 705	99.7%	100.0%	
缺失值	9	0.3%		
总计	2 714	100.0%		

[①] 郑凤田，等. 风险、社会保障与农村宗教信仰. 经济学（季刊）. 2010（3）.

[②] 参见：金泽，邱永辉. 宗教蓝皮书：中国宗教报告（2008）. 北京：社会科学文献出版社，2008.

如果把宗教信仰者占比16.5％判断为农村出现"宗教热"的体现，显然有些夸大，与农村社会的现实不太吻合。"文革"期间农村推行了移风易俗、"破四旧"政策，以往农民在日常生活中的"烧香拜神"及祭祖行为被批判为封建迷信，受到一定程度的限制。改革开放后，对村民社会生活中行为的政治与意识形态控制明显松绑，由此农村居民的"烧香拜神"等民俗活动得以恢复，尽管这些行为与人们的精神生活有一定联系，但参与这些行为并不意味着农村居民有了宗教信仰。其实这些活动不过是农村居民日常生活中的一种精神文化活动而已。**所以，担心农村出现"宗教热"，或是要给"宗教热"降温都是没有必要的。只要民众的精神文化活动不威胁公共福利，各种形式的活动都应该得到尊重。**

进一步了解农村宗教信仰者的具体信仰（见图2-1），我们可以看到，农村宗教信仰者所信仰的宗教主要为佛教和伊斯兰教。有7.5％的农村居民信仰佛教，5.6％的农村居民信仰伊斯兰教，而只有1.4％的农村居民信仰基督教/天主教，信仰道教及民间宗教的农村居民有1.7％。在这一调查结果中，信仰伊斯兰教的农村居民比例偏高，可能是因为在调查样本中，包括了宁夏回族自治区，而回族居民大多信仰伊斯兰教。

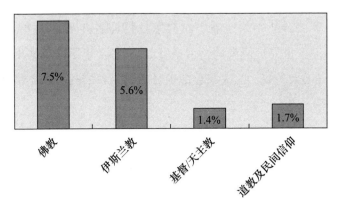

图2-1 村民的信教情况（2012"千人百村"）

在现代社会，人力资本在经济增长中的作用已经越来越受到关注和重视，各国在促进社会经济增长与发展的过程中，越来越注重对人力资本的投入。[1]

---

[1] Gary B. Investment in human capital: a theoretical analysis. Journal of political economy, 1962, 70 (2): 9-49.

居民的受教育水平是人力资本的核心构成，通常也是衡量人力资本投入和存量的重要指标。在现代化背景下的农村发展中，人力资本的因素起着重要作用。

表2-3反映的是农村居民受教育水平的基本情况，也可以说是农村劳动力的人力资本状况。从数据来看，居住在村庄的农村居民即主要农业劳动力的受教育水平并不太理想，有13.4%的农村居民没有受过任何教育，小学以下水平的占42.8%，受教育水平在初中以下的达到78.2%，受过高等教育的即大专以上水平的仅有7.3%。

表2-3　农村居民的受教育情况（2012"千人百村"）

	频数	百分比	有效百分比	累计百分比
没有受过任何教育	360	13.3%	13.4%	13.4%
私塾	6	0.2%	0.2%	13.6%
小学	787	29.0%	29.2%	42.8%
初中	957	35.3%	35.4%	78.2%
职业高中	3	0.1%	0.1%	78.3%
普通高中	280	10.3%	10.4%	88.7%
中专	98	3.6%	3.6%	92.3%
技校	11	0.4%	0.4%	92.7%
大学专科（成人）	52	1.9%	2.0%	94.7%
大学专科（正规）	51	1.9%	2.0%	96.7%
大学本科（成人）	21	0.8%	0.8%	97.5%
大学本科（正规）	57	2.1%	2.1%	99.6%
研究生及以上	7	0.2%	0.2%	99.8%
其他	5	0.2%	0.2%	100.0%
小计	2 695	99.3%	100.0%	
缺失值	19	0.7%		
总计	2 714	100.0%		

农村居民的受教育水平构成状况，某种意义上是中国农村社会现实的一个重要维度。从这个维度，我们可以了解和认识到生活和居住在村庄里并从事农业生产的居民，他们有什么样的典型特征。调查结果告诉我们，他们大

多是接受了很少的正规教育的。尽管受教育水平并不代表一切，但能说明农村人力资本的存量水平。

了解农村居民的受教育水平或人力资本状况，就能理解农村为何需要发展、需要发展什么以及如何发展。把握这一基本现实，对寻求"三农"问题解决途径具有重要启示。如果忽视农村居民的受教育水平或人力资本特征，主观想象出一些农业现代化、城镇化的所谓理想模式，都是不切实际的。一切旨在促进"三农"问题得以改善的政策措施，都必须与农村社会的实际基本相符。在广大居民受教育水平普遍较低、人力资本较少的农村，试图跨越式地实现现代化，基本上就是一种主观臆想。

认识到农村居民的受教育水平的现状，再与其以往历史做比较，或许能发现一个重要问题，那就是现在农村居民的文盲比例虽大大降低、受教育水平的总体水平有所提高，但以初中以下受教育水平占主体的结构，依然与农村发展特别是农村城镇化发展的要求相距较远。

那么，农村为何只能维持居民受教育水平偏低的格局呢？或者说，农村偏低的居民受教育水平结构是如何再生产出来的呢？这个问题需要引起高度关注，居民受教育水平的结构也就是人口素质结构，从教育经济学角度看，就是人力资本的存量。农村改革释放了农村劳动力的自主性和创造力，从而使得农业和农村家庭经济能够迅速恢复和增长。但近些年来，村庄发展面临的一个重要问题就是居民增收越来越难。为什么呢？很显然，在市场经济的大背景下，农村居民较低的受教育水平或较少的人力资本必然制约了他们获得更高的收入。

农村居民偏低的受教育水平结构的再生产，从理论上讲有两个方面的原因：一是农村居民的内生原因；二是外部的制度安排。

内生原因主要来自农村居民生活的环境及与之相对应的价值观念，在农村，由于较多居民受教育水平都不太高，由此他们的观念里产生了一种"种田不需要太多文化"的价值观，这种价值观影响着他们对教育和人力资本的投入。

外部制度安排的影响主要表现在地方政府对教育的重视有限，对农村教育的投入也有限。自《中华人民共和国义务教育法》推行以来，地方政府的教育投入主要集中在九年义务教育阶段，很多地方政府认为只有义务教育才是政府的责任，而更高水平的教育属于个人和社会的责任。所以一些地方的很多高中被拆除并校，而且高中及职业教育的高昂学费使得很多农村家庭选择让初中毕业生外出打工而不是继续接受教育。**某种意义上说，地方政府在加强农村义务教育的同时，轻视了对更高阶段教育的投入。所以大多数农村居民受教育水平在初中以下，这也是农村偏低的居民受教育水平结构再生产的重要制度与政策安排的产生原因。**

教育投入不同于一般投资，教育投入的经济收益是隐性的、非直接的，通过影响劳动力的生产行为来提高经济效率。在如何改造传统农业，实现农业现代化方面，舒尔茨提出最好的办法就是"向农民的教育投资"[①]。经验调查的结果也表明，在农村，劳动力的教育回报率为27.8%。鉴于此，**"必须重视加大对农村教育的投入，提高农村劳动力的教育水平，这将是促进农民增收的最重要的途径之一。教育作为当今社会人力资本的核心构成，对其进行大量投资，既是取得高回报的重要途径，也是推动农村社会发展的必然选择"[②]。**

在去集体化后，如今的乡村治理在走向自治。从制度安排角度看，村民委员会是管理农村公共事务的基层自治组织，同时村一级还有党的基层组织——村支部，村支部书记在有些村享有较高的权威，在村自治管理中扮演重要的政治角色。村支部及支部书记与村内具有党员身份的村民有着密切的关系，那么有党派身份的农村居民究竟有多少呢？

从表2-4的调查结果来看，农村有党员身份的居民占12.1%，如果再加上7.6%的共青团员，接近有20%的居民属于政治积极分子，或者说是政治活跃成分。与此同时，他们也是农村基层自治组织和党组织的力量来源。

表2-4　农村居民的政治面貌（2012"千人百村"）

	频数	百分比	有效百分比	累计百分比
共产党员	321	11.8%	12.1%	12.1%
民主党派	1	0.0%	0.0%	12.1%
共青团员	201	7.4%	7.6%	19.7%

---

① 舒尔茨. 改造传统农业. 梁小民，译. 北京：商务印书馆，2006：72.
② 陆益龙. 农户的耕地使用行为及其影响：基于2006CGSS的实证分析. 江苏社会科学，2012（2）.

续表

	频数	百分比	有效百分比	累计百分比
群众	2 127	78.4%	80.3%	100.0%
小计	2 650	97.6%	100.0%	
缺失值	64	2.4%		
总计	2 714	100.0%		

通过这一数据，我们可以初步了解和认识农村社会的政治生态。12.1%的党员对生产和生活相对独立、自治的村庄来说，比例可以说已经不是很低。由此可见，基层党组织具有良好的群众基础，而且基层党组织在农村社会中也发挥着重要作用。所以，一些以对农村的个案研究为基础而提出"中国社会的个体化"的推断①，显然存在着问题。认为农村社会已经出现或正在出现个体化的观点，可以说是对中国基层社会的一种误解或误读。

改革开放后的中国农村，虽然个体家庭经营体制替代了集体经济体制，农村集体经济组织解体、人民公社终结，这些都不意味着农村社会已经去组织化，走向彻底的个体化。其实，在农村基层社会，依然有组织化的力量把人们凝聚起来，必要时也能将居民动员和组织起来。其中，基层党组织就是一支重要的组织力量。我们在农村平常的生活中，所看到的是村庄里各家各户的独立生产和独立生活，这不是社会的个体化，而是农村自治化的一个重要表现。

二、农村居民的观念世界和社会态度

居民的观念世界和社会态度既受社会发展状况的影响，同时也从某种意义上反映出社会发展的状态及问题。人们之所以形成某种观念和态度，总是受某些社会客观因素的作用和影响；而人们所形成的某种观念和态度，又会在一定程度上影响他们的社会行动选择。所以，关注和了解农村居民的观念世界和社会态度，对于理解和认识农村民生发展状况以及现行农村政策的实际效应有重要参考价值。

---

① 参见：阎云翔. 中国社会的个体化. 陆泽，译. 上海：上海译文出版社，2012.

首先，在社会信任感方面（见表2-5），25.8％的农村居民不认为社会上的绝大多数人是可以信任的，表明他们对社会的信任感相对较低；14.2％的农村居民持中间态度；60％的农村居民赞同社会上大多数人是可以信任的。从这一结果来看，社会信任感较高的农村居民仍占多数。

表2-5　农村居民的社会信任感（2012"千人百村"）

总的来说，您是否同意在这个社会上，绝大多数人都是可以信任的				
	频数	百分比	有效百分比	累计百分比
完全不同意	150	5.5％	5.5％	5.5％
比较不同意	548	20.2％	20.3％	25.8％
无所谓同意不同意	384	14.1％	14.2％	40.0％
比较同意	1 233	45.5％	45.6％	85.6％
完全同意	390	14.4％	14.4％	100.0％
小计	2 705	99.7％	100.0％	
缺失值	9	0.3％		
总计	2 714	100.0％		

农村居民的社会信任感总体上较高，从某种意义上说，他们的社会态度较为积极乐观，更多的人对当下社会发展与变迁持积极肯定的态度，而非悲观怀疑的态度。此外，较多的农村居民有较高社会信任感，也反映了农村居民在思想观念上还是比较淳朴的，这也与他们所生活的熟人社会密切相关。农村社会虽已经发生巨大变迁，但村庄聚居的稳定性及由此形成的熟人社会，依然与现代城市社会存在较大差别。在熟人社会里，农村居民对周围的人都能"知根知底"，这是彼此信任的最根本基础。多数农村居民认同社会上大多数人是可以信任的，一定意义上是他们根据自己在熟人社会中的生活经验推导出来的，所以，农村居民较高的社会信任感也在一定程度上反映出，农村社会虽在转型过程中经历了高流动性和市场的极大冲击，但社会风尚依然维持良好状态。

表2-6中的问题主要用来测量人们的人际安全感，这一问题与信任问题密切相关，也可以说是从另一个角度调查农村居民对他人的信任感。从调查结果来看，在农村居民中，有45.6％的人不赞同他人总是想占自己便宜，而赞同这一说法的人占36.7％，持中立立场的人有17.7％。相对于社会信任

感，农村居民的人际安全感有所降低，超过 1/3 的农村居民认为社会上存在着别人总想占自己便宜的现象，有这种观念的人，他们的人际安全感一般也会降低，因为他们总要担心和提防上当受骗。

表 2-6　农村居民的人际安全感（2012"千人百村"）

总的来说，您是否同意在这个社会上，您一不小心，别人就会想办法占您的便宜				
	频数	百分比	有效百分比	累计百分比
完全不同意	295	10.9%	11.0%	11.0%
比较不同意	935	34.5%	34.6%	45.6%
无所谓同意不同意	477	17.6%	17.7%	63.3%
比较同意	812	29.9%	30.1%	93.4%
完全同意	179	6.6%	6.6%	100.0%
小计	2 698	99.5%	100.0%	
缺失值	16	0.5%		
总计	2 714	100.0%		

农村居民人际不安全感指数达到 36.7，这一数字虽不是很高，但也不算很低。农村居民人际不安全感的产生，主要受两个因素的影响：一是主观或个体因素的影响；二是客观环境的变化。主观或个体因素复杂多样，不同的个体可能因自己的经验、认识和态度等的影响而产生不安全感。而在客观因素方面，农村居民的人际不安全感则主要是对其外部环境的一种认知反应。也就是说，在农村居民的生活环境中，客观存在着诸多不安全之处，人们由此产生不安全感也就属于自然而然的心理反应。

表 2-7 是关于农村居民对社会公平程度的基本感受。从调查结果来看，认为社会完全不公平和完全公平的农村居民分别占 8.4% 和 6.3%，说明持极端观念的人并不算很多。有 23.1% 的农村居民认为当今社会比较不公平，同时有 35.7% 的农村居民认为社会比较公平。所以总体来看，认为社会公平的农村居民超过认为社会不公平的村民 10.5 个百分点，共有 31.5% 的农村居民认为当今社会不公平，而认为当今社会公平的农村居民总共有 42%，另有 26.5% 的农村居民持中立的立场。由此可见，农村居民的社会公平感指数达到 42，这个数值相对来说还是较为理想的。国际社会调查项目（ISSP）关于社会不平等的调查显示，即便是西、北欧的福利国家，社会公平感指数通常

也低于 30。[①]

表 2-7　农村居民的社会公平感（2012 "千人百村"）

	总的来说，您认为当今的社会是否是公平的			
	频数	百分比	有效百分比	累计百分比
完全不公平	227	8.4%	8.4%	8.4%
比较不公平	624	23.0%	23.1%	31.5%
居中	717	26.4%	26.5%	58.0%
比较公平	967	35.6%	35.7%	93.7%
完全公平	171	6.3%	6.3%	100.0%
小计	2 706	99.7%	100.0%	
缺失值	8	0.3%		
总计	2 714	100.0%		

　　尤其对于农村居民来说，客观的现实是，中国社会在发展过程中收入差距在拉大，特别是城乡差距在不断拉大，2011 年城镇居民人均可支配收入为 21 810 元，而农村居民人均纯收入为 6 977 元，城镇居民人均收入水平是农村居民收入水平的 3.13 倍。所以，从社会差别的角度看，我国目前最明显也最大的社会差别就是城乡差别，这是客观存在的现实。但是，在对社会差别的主观认识或主观感受上，农村居民并没有表示非常不满，在总体上比较积极乐观。

　　根据调查结果，可以判断农村居民的社会公平感总体上是较强的，城乡差距拉大的客观事实并没有造成农村居民普遍形成消极悲观或冲突性的社会心态。农村居民之所以会在城乡差距拉大的客观背景下保持较为良好的社会心态，可能主要是因为农村居民更加倾向于从纵向比较的角度来看待社会现实。如果做纵向比较，农村居民会发现他们现在的生活水平已经大大改善了，从改革开放前温饱都难以解决，到如今生活相对富足，多数农村居民自然会感到满意。

　　表 2-8 关于农村居民幸福感的调查结果，可以进一步说明农村居民的社会心态是积极乐观的。

---

　　① 参见：陆益龙，等. 思想动态和文化领域里的发展//中国人民大学社会发展报告. 北京：中国人民大学出版社，2012.

表 2-8　农村居民的幸福感（2012"千人百村"）

	频数	百分比	有效百分比	累计百分比
	总的来说，您觉得您的生活是否幸福			
很不幸福	43	1.6%	1.6%	1.6%
比较不幸福	255	9.4%	9.4%	11.0%
在幸福与不幸福之间	541	19.9%	20.0%	31.0%
比较幸福	1 416	52.2%	52.5%	83.5%
完全幸福	447	16.5%	16.5%	100.0%
小计	2 702	99.6%	100.0%	
缺失值	12	0.4%		
总计	2 714	100.0%		

表 2-8 显示，认为自己生活很不幸福的农村居民仅为 1.6%，表明持极端消极观念的人比例很小，因为在这些人中，有一部分可能确实是因为个体的不幸遭遇而导致生活很不幸福。认为生活不幸福的农村居民总共占 11%，说明仅 1/10 左右的农村居民具有不太乐观的生活感受和态度。相反，认为生活比较幸福和完全幸福的农村居民占 69%，比例可以说很高，在一定意义上说明农村居民的幸福感比较高。农村居民较高的幸福感可能超出人们的一般想象，而且与一些"三农"问题研究似乎不完全相符，因为研究者总倾向于把农村社会设定为问题重重的社会，其实，农村社会的现实状况并非如此。

农村居民良好的社会心态以及较高的幸福感，也从某个角度说明现行的农村政策发挥了积极效应，因而需要维持现行的支农惠农政策。另外，未来农村发展需要有针对性，因为各地农村及不同的居民家庭可能面临不同的问题，所以不能想象农村问题是普遍的、统一的，因地制宜地推进支持农村发展策略，将是深化农村改革和巩固农村改革发展成果的合理的政策选择。

计划生育工作曾经是农村基层工作面临的一个重要困难，因为计划生育政策规定与农民的生育意愿之间存在着一定的矛盾。1982 年独生子女政策的根本目标在于实现低生育水平，即妇女总和生育率在更替水平（2 个）以下。而在有些农村地区，农民生育意愿的一个最突出的特征是生男追求。生男追求既不同于生男偏重，也不是"多子多福"的观念，而是每个农村家庭都追求生一个男孩，即直到生男为止。① 所以，计划生育政策目标与农民的生育意愿之间并不存在根本性、完全对立的矛盾，只是在那些还没有生育男孩的家庭之中，可能存在着某些与政策相矛盾的行为选择。那么，农村居民究竟希望生育多少孩子呢？

从表 2 - 9 来看，希望生育 1 个孩子的农村居民占 17.4%，而希望生育 2 个孩子的占 62.5%，有 19.2% 的人希望生育 3 个及以上孩子。由此可见，农村居民较为普遍的生育意愿或理想的生育数是 2 个孩子，这样的生育意愿总体上与现行的计划生育政策②没有太大的矛盾。不过，相对而言农村居民的多生意愿还在一定程度上存在着，仍有 19.2% 的居民具有多生的意愿。

表 2 - 9 农村居民的生育意愿（2012 "千人百村"）

生育数	如果没有政策限制的话，您希望有几个孩子			
	频数	百分比	有效百分比	累计百分比
0 个	25	0.9%	0.9%	0.9%
1 个	452	16.7%	17.4%	18.3%
2 个	1 628	60.0%	62.5%	80.8%
3 个	293	10.8%	11.3%	92.1%
4 个	145	5.4%	5.6%	97.7%
5 个	34	1.3%	1.3%	99.0%
6 个	20	0.7%	0.8%	99.8%
7 个	5	0.2%	0.2%	100.0%
8 个	1	0.0%	0.0%	100.0%
9 个及以上	1	0.0%	0.0%	100.0%
小计	2 604	96.0%	100.0%	
缺失值	110	4.0%		
总计	2 714	100.0%		

尽管农村居民多生的生育意愿受多种因素的影响，其中一个非常重要的原因可能还是对子女性别结构的偏好，即多数农村家庭对生育男孩都有一定

---

① 陆益龙. 生育兴趣：农民生育心态的再认识：皖东 T 村的社会人类学考察. 人口研究，2001 (2).

② 2016 年，全面两孩政策实施；2021 年，"三孩"生育政策正式入法。本书所使用的数据来自 2012 年 "千人百村"，为准确传达研究结果，相关表述未做更新。

的追求，而对生育数量的控制可能会限制他们的这一追求，由此也就容易产生他们与计划生育政策的冲突。那么，农村居民对生育男孩的偏好程度究竟有多高呢？

从表2-10中可以看到，并不希望生育男孩和无所谓生男生女的农村居民占21.2%，即这部分居民对生育子女的性别结构并无追求。相应地，也就有78.8%的农村居民都有生育男孩的追求。其中，希望生育1个男孩的占61.8%，那么就有17%的人希望有2个及以上的男孩，他们可能有着"多子多福"的观念，这部分人的生育意愿与计划生育政策有着直接的矛盾。

表2-10 农村居民生育男孩的意愿（2012"千人百村"）

生男孩数	频数	百分比	有效百分比	累计百分比
0个	101	3.7%	3.9%	3.9%
1个	1 585	58.4%	61.8%	65.7%
2个	356	13.1%	13.9%	79.6%
3个	60	2.2%	2.3%	81.9%
4个	14	0.5%	0.6%	82.5%
5个	2	0.1%	0.1%	82.6%
6个	1	0.0%	0.1%	82.7%
无所谓儿子女儿	444	16.4%	17.3%	100.0%
小计	2 563	94.4%	100.0%	
缺失值	151	5.6%		
总计	2 714	100.0%		

部分农村居民有着生男偏好，或是对生育子女的性别结构有着生男偏重，这种生育意愿是否与他们的性别态度有关呢？一般观念认为，农村居民的思想观念更为传统，因为在性别态度上会具有"重男轻女"和"男尊女卑"的思想观念。那么现实情况是否与此相符呢？

表2-11中有五个问题，用来测量农村居民关于男女性别平等的观念与态度。问题1主要用来衡量人们对性别分工的态度，或者是对传统"男主外，女主内"观念的态度。从调查结果可以看出，仅有28.6%的农村居民不赞同这种观念，58.3%的农村居民则同意这种观念。由此说明，多数农村居民依

然持有性别分工的传统观念，或者说支持男女在社会分工上要有差别。

表 2 - 11 农村居民的性别态度（2012"千人百村"） 单位:%、人

		完全不同意	比较不同意	无所谓同意不同意	比较同意	完全同意	观察值
1	男人以事业为重，女人以家庭为重	8.9	19.7	13.1	35.8	22.5	2 659
2	男性能力天生比女性强	15.2	28.3	17.5	28.1	11.1	2 647
3	干得好不如嫁得好	12.0	22.1	23.6	31.6	10.7	2 644
4	在经济不景气时，应该先解雇女性员工	25.3	30.8	31.1	9.6	3.2	2 613
5	夫妻应该均等分摊家务	4.0	16.8	19.7	34.8	24.7	2 654

问题 2 用来考察人们对男女性别差别或"男尊女卑"观念的态度。从调查情况看，43.5%的农村居民不赞同这种观念，但也有39.2%的农村居民支持这一观念，说明有超过1/3的农村居民或多或少有着"男尊女卑"的思想观念。

问题 3 主要衡量人们关于妇女的观念和态度。调查结果显示，42.3%的农村居民赞同女性干得好不如嫁得好，即持"女子无才便是德"的传统妇女观。而不赞同这一观念的人在农村只占34.1%，少于赞同的人，由此说明，传统妇女观依然在农村占主流。

问题 4 用来考察人们的性别歧视态度。调查结果显示，56.1%的农村居民反对性别歧视，仅有12.8%的农村居民支持性别歧视政策，但同时值得注意的是，有31.1%的农村居民在这个问题上持中间立场。总体来看，多数农村居民具有反性别歧视的倾向，但比例不是很高。

问题 5 用来考察人们对家务劳动性别分工的态度。人们的一般观念认为，农村居民具有"男主外，女主内"的传统，所以他们会有更多的人支持家务劳动由妇女承担的观念。而调查结果显示，在家务劳动的性别分工上，支持性别平等的农村居民达到59.5%，而不支持性别平等的仅占20.8%。由此说明，农村居民在家务劳动分工问题上，传统的倾向并不明显，2/3以上的居民持支持性别平等的态度。

　　阶层认同虽不等同于社会分层结构，因为个人无法准确地判断整个社会中其他人的位置，以及自己在社会分层系统中的具体位置，但阶层认同却是对社会分层结构客观现实的一种反映，同时也在一定程度上反映人们对社会分层所持的态度，或者说是关于社会不平等的态度。那么，农村居民在阶层认同方面呈现出何种特征呢？

　　图 2-2 显示的是农村居民对当前阶层位置的认同，也可以说是农村居民的主观分层结构。其中，第 9 层、第 10 层指上层，第 7 层、第 8 层指上中层，第 5 层、第 6 层指中层，第 3 层、第 4 层指中下层，第 2 层指下层，第 1层指底层。图 2-2 具有"房屋截面形"特征，即将自己的阶层位置认同为中层到底层的人，比例基本相当，呈现出"长方形"结构；而将自己的阶层位置认同为中层以上到上层的人，比例依次减少，呈现出"三角形"结构，这样，农村居民整体的阶层认同结构就呈现出了"房屋截面形"。

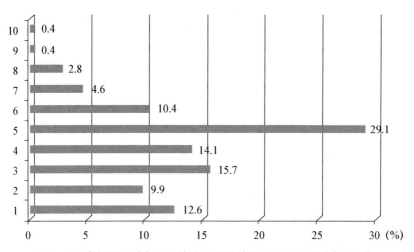

图 2-2　农村居民对自己目前阶层位置的认同（2012"千人百村"）

　　根据图 2-3，从纵向比较来看，农村居民的阶层位置认同结构在近些年已经发生了变迁，从"偏下层"阶层认同转为"房屋截面形"认同。根据2006 年中国综合社会调查（CGSS2006）的结果分析，农村居民在阶层认同方面具有偏下层认同的特征，即农村居民将自己的阶层位置认同为中下层和下层的比例相当高[1]，由此也就构成了"金字塔形"的阶层位置认同结构。

---

　　[1]　陆益龙. 乡村居民的阶级意识和阶层认同：结构抑或建构：基于 2006CGSS 的实证分析. 江苏社会科学，2010（1）.

经过若干年的发展，农村居民的阶层位置认同结构已发生明显变化，农村居民认同的阶层位置有所提升，表明他们对自己得到的发展持积极肯定的态度，也在一定意义上反映出农村居民的社会心态是积极向上的，相对剥夺感不明显。

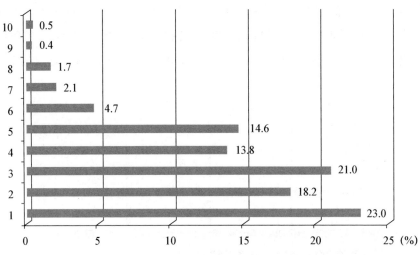

图 2-3　农村居民对自己 10 年前阶层位置的认同（2012 "千人百村"）

农村居民阶层位置认同结构的变化在此次调查中也得到了验证，在问及他们 10 年前的阶层位置时，他们表现出极为明显"偏下层"的阶层位置认同特征，其中认同底层的就达到 23.0%，认同下层及中下层的分别为 18.2% 和 34.8%，而认同中层的仅为 19.3%。分析结果显示出农村居民对 10 年前的阶层位置认同结构具有明显的"金字塔形"，即大多数人都将自己的阶层位置认同为下层和底层，这一结构与他们目前的阶层地位认同结构有着明显的差别。

尽管从经济收入和社会发展水平的角度来看，农村社会发展水平相较城市而言明显偏低，如果按照这一标准去衡量农村居民的社会分层位置，那么较多的农村居民可能会处在整个社会的低层。然而，如今农村居民在主观上的阶层位置认同显然与客观实际并不一致，而是具有阶层位置认同提升的特征。这一阶层位置认同特点反映了两种现实：一是农村居民从发展中获得了实实在在的收益，他们对发展成果和未来具有较大的满足感，充满信心；二是农村居民有着积极向上的社会心态。

农村居民对未来所持有的信心以及积极向上的社会心态，在图 2-4 中得到了明显体现。对农村居民未来10年自己阶层位置认同的调查结果，反映了他们的阶层位置认同具有上移的趋势，即对自己未来的阶层位置认同也有所提升。首先，在上层认同方面，从0.8%上升到5%，增加了4.2个百分点；在上中层认同方面，从目前的7.4%提高到23.8%，提高了16.4个百分点；在中层认同方面，从目前的39.5%变为33.6%，减少了5.9个百分点；在中下层认同方面，从目前的29.8%减少到20.8%，减少了9个百分点；最后在下层和底层认同中，分别从目前的9.9%和12.6%减少到7.9%和8.9%。

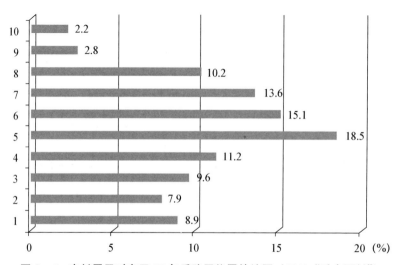

图 2-4 农村居民对自己 10 年后阶层位置的认同（2012"千人百村"）

所以，从农村居民对其 10 年后阶层位置的展望或预期中可以看出，他们对中上层以上阶层认同的比例都有所提升，而对中层以下及底层的认同比例则都有所降低。由此可见，农村居民对未来阶层位置的预期呈上移趋势，这种认同结构可以说是对他们主观认识的变化，也就是他们社会心态积极向上的集中体现。

农村居民对自己阶层位置的认同心理虽只是他们对自己在社会中位置的一种主观认识、判断和评价，但从认同心理分析来看，阶层认同的不断提升在某种意义上代表了他们积极乐观和不断向上的社会心态。既然农村居民的社会心态总体上是积极向上的，那么农村社会目前和未来一段时间内不存在社会不稳定的风险。一些农村研究根据个别地区农村出现的群体性事件或农民抗争事件①，认为农村社会潜伏着巨大危机，这种判断的科学依据并不充分，个别事件并不代表系统危机。从对农村居民的主观意识或社会心态的调查结果来看，农村至少目前还不是中国社会不稳定因素的主要来源地。

三、农村居民的生活方式

考察中国农村的民生问题，就需要了解农村居民的生活方式。在现代化的大背景下，生活方式问题已经不仅仅属于个体的选择方式问题，而是涉及集体和个人"如何生活"的"政治问题"。② 如今，民生建设之所以被提到重要的政治高度，正是时代发展的大势所趋。民生建设归根到底就是要不断改善人民群众的生活，那么，何为改善民生？如何改善民生？所有这些问题都关系到我们对当下的民众生活的科学认识和理解，只有在科学地把握民众生活的客观现实和变化规律的基础上，才能更好地探寻改善民生之路。

所谓生活方式，是指阶层、群体或个人在社会生活中的行动选择方式。表面上看，生活方式是由民众生活中琐碎的行动构成的，然而从系统的角度看，民众在生活中的各式各样的选择，能在一定程度上反映一个社会、一个时代的发展状况和精神面貌，因为人们的任何选择都与其所生活的社会环境及时代背景有着密切的关联。

表 2-12 是关于农村居民使用媒体情况的调查结果。调查主要询问了农村居民使用报纸、杂志、广播、电视、互联网和手机六种媒体获得信息的频率，前四种媒体代表传统媒体，后两种媒体代表新兴媒体。从调查结果可以看出，除电视以外，多数人从不或很少使用媒体获得信息。换句话说，电视是农村居民最重要也最为普及的媒体，经常和总是使用电视的居民达到78.4%，其次是互联网和报纸，分别达到 16.7% 和 11.3%。作为新兴媒体，互联网的使用在居民间存在较大的差异性，有较大一部分农村居民（66.6%）从来不使用互联网，这一比例仅次于手机定制信息（71.3%）。

---

① O'Brien K，Li L J. Rightful resistance in rural China. New York：Cambridge University Press，2006：131.

② 王雅林. 生活方式研究的理论定位与当代意义：兼论马克思关于生活方式论述的当代价值. 社会科学研究，2004（2）.

表 2 - 12　农村居民使用媒体的情况（2012"千人百村"）　　　单位:%、人

	报纸	杂志	广播	电视	互联网	手机定制消息
从不	49.9	57.9	53.4	3.0	66.6	71.3
很少	25.5	22.9	21.4	6.4	9.6	13.2
有时	13.4	11.6	14.1	12.2	7.1	6.7
经常	8.5	6.4	7.7	40.5	10.1	5.2
总是	2.8	1.2	3.4	37.9	6.6	3.6
总计	100.0	100.0	100.0	100.0	100.0	100.0
观察值	2 646	2 629	2 622	2 689	2 625	2 622

　　当今社会是一个信息化的社会，信息技术的发展和广泛使用，推动了社会经济结构的变迁，也推动了社会生活方式的变迁。其中比较明显的变迁是，互联网及通信技术的发展，正在改变着社会的生产及生活方式，推动当今社会进入信息社会。在这样一个大背景下，人们掌握信息技术和使用信息的情况，某种意义上说对其发展而言乃是至关重要的。

　　调查结果显示，信息获得方面，农村居民主要依靠传统的媒体尤其是电视，而在新兴媒体互联网和无线通信使用方面，依然较为滞后，这既是农村居民生活方式的一种表现，同时也是生活方式所决定的。对互联网及手机定制消息的使用之所以较少，一方面可能是因为较多农村居民并不能掌握使用这些媒体的技术，另一方面则可能是因为使用这些媒体的成本相对于其生活方式而言显得过高。还有一种原因是，新媒体或新的技术在农村地区的推广一般要大大滞后于在城市里的推广，这在较大程度上影响了农村居民对新技术的可获得性。

　　其实，信息的获得对于农村居民的发展来说也是非常重要的，因为在市场经济条件下，信息是一种新型生产要素。如果农村居民能够获得更多的信息，同时能够利用其中有价值的信息，就能寻找到新的市场机会并从中获得收益。例如，当今流行的网络交易平台或网上购物等方式，实际就是利用互联网的信息传播和使用而创造市场机会的。传统的乡村社会，农村居民日出而作，日落而息，过着"鸡犬之声相闻，民至老死不相往来"的生活方式，与外界的交往和联系非常少。那么，如今农村居民们的这种生活方式是否已经发生了变化？以及有多大程度的变化呢？从表 2 - 12 中我们已经看到，超

过 90％的农村居民会通过电视来了解外面的世界，也有 23.8％的人会用互联网，有 15.5％的人会用手机定制消息。

从表 2-13 中，我们可以进一步了解到农村居民获得信息的主要渠道。调查结果显示，农村居民的最主要信息来源是电视，其次是互联网和广播。

表 2-13　农村居民的最主要信息来源（2012"千人百村"）

	频数	百分比	有效百分比
报纸	57	2.1％	2.3％
杂志	30	1.1％	1.2％
广播	116	4.3％	4.7％
电视	1 904	70.2％	77.0％
互联网	345	12.7％	13.9％
手机定制信息	22	0.8％	0.9％
小计	2 474	91.2％	100.0％
缺失值	240	8.8％	
总计	2 714	100.0％	

有 77.0％的农村居民的最主要信息来源是电视，这与农村电视普及率和居民的生活方式有着密切关系。确实，对于大多数农村居民来说，看电视可能是他们日常生活中的一项重要闲暇活动，在休闲的同时，也是他们获得信息的主要方式。不过我们也能看到，网络技术的兴起也在影响农村社会生活方式，已经有 13.9％的农村居民获得信息的最主要渠道是互联网，表明已有一定比例的农村居民在日常生活中经常使用并依靠互联网获得信息。仍有4.7％的农村居民主要靠听广播来获得信息。

闲暇生活是居民劳动和休息时间之外的休闲时间。闲暇生活方式是生活方式的重要构成，人们的休闲方式既与其职业劳动有关，同时又与其社会经济地位相关联。闲暇生活方式的变迁，能够在一定程度上反映出社会生活水平的变化。一般来说，如果人们的职业劳动时间越长、职业劳动越疲劳，那么，人们的闲暇时间就会越短，闲暇活动也会越少，因为劳动和休息时间会占去更多的时间。

表 2-14 呈现了农村居民闲暇时间里主要文化体育活动的频率，从调查

结果来看，在闲暇时间里，农村居民频率最高的活动是看电视，也就是说，看电视是农村居民闲暇生活中最主要的休闲方式，农村居民中很少有人（仅7.8%）从来不看电视，而大多数人（62.9%）每天都会看电视。在读书、文化活动、体育锻炼、做手工和上网等方面，超过一半的人从来不参与这些活动。不过在上网方面存在两极分化现象，也有12.3%的农村居民每天都上网，表明互联网对于部分农村居民来说，已成为闲暇生活的重要组成部分。

表 2-14　农村居民的闲暇生活（2012"千人百村"）　　单位:%、人

	每天	一周数次	一月数次	一年数次或更少	从不	观察值
看电视（看碟）	62.9	16.3	6.7	6.3	7.8	2 649
出去看电影	0.7	1.1	5.0	26.4	66.8	2 597
逛街	3.1	12.1	28.0	26.8	30.0	2 618
读书	7.5	8.9	10.1	21.1	52.4	2 593
参加文化活动	1.9	2.5	4.8	24.4	66.4	2 600
与亲戚聚会	1.0	6.7	22.3	51.9	18.1	2 614
与朋友聚会	4.7	13.0	23.4	37.5	21.4	2 623
在家听音乐	8.2	11.8	9.8	16.4	53.8	2 591
参加体育锻炼	9.0	7.7	10.4	17.7	55.2	2 594
观看体育比赛	4.0	10.6	12.2	21.6	51.6	2 585
做手工（如刺绣）	2.8	4.1	5.8	13.1	74.2	2 604
上网	12.3	7.4	5.2	6.6	68.5	2 608

比较起来看，农村居民闲暇时间里的社会交往活动相对较多，也较为普遍。如在与朋友聚会和与亲戚聚会方面，有较多的人会参加此类活动。这一点在表 2-15 中得到了进一步的验证。

表 2-15 显示，闲暇生活中从不与人交往的农村居民仅为10.3%，很少与人交往的占28.6%，由此可见，多数农村居民在闲暇时间里会参与一些社会交往活动。或许，正是这些社会交往活动，构成了农村社会特有的生活方式及乡土文化认同。农村社会虽历经变迁，但熟人社会的基本特征依旧保留。熟人尤其是亲戚朋友之间的人情交往，成为其社会生活中的重要礼俗。虽然农村有"鸡犬之声相闻，民至老死不相往来"之传统，但礼尚往来的人情交往是由乡土文化规则支配的，因而是其生活中不可或缺的一部分。人情交往

不同于现代城市社会的社交活动，它不是日常性的，也非频繁选择的个体活动，而是有情境性、互惠性和礼节性的交往活动。

表 2-15 农村居民闲暇时的社交活动（2012 "千人百村"）

	频数	百分比	有效百分比	累计百分比
从不	272	10.0%	10.3%	10.3%
很少	751	27.7%	28.6%	38.9%
有时	843	31.0%	32.1%	71.0%
经常	661	24.4%	25.1%	96.1%
总是	102	3.8%	3.9%	100.0%
小计	2 629	96.9%	100.0%	
缺失值	85	3.1%		
总计	2 714	100.0%		

相对于社会交往活动而言，农村居民在闲暇时间里更多地选择休息放松。从表 2-16 的调查数据来看，"从不"和"很少"选择休息放松的农村居民仅占 18.3%，这就意味着绝大多数农村居民在闲暇时间都会选择休息放松。休息放松对于有些农村居民来说，可能为"休息"或"不干活"，另一些人却将其理解为"休闲"或"轻松活动"。现实社会中，较多的农村居民在闲暇时间会选择玩牌（打麻将）。因为小规模的家庭农业生产季节性鲜明，所以农村居民的生活方式也具有季节性，农忙季节是他们劳动时间集中的季节，农闲季节则是他们休闲时间集中的季节。在农闲季节，除了看电视、闲聊，农村居民的主要活动可能就是聚集起来玩牌。在闲暇时间里玩牌，虽包含了"赌博"的成分，但大多数农村居民参与此类活动主要是为了休闲，还算不上赌博，因为多数人玩牌的经济刺激标准是根据其经济收入水平而定的，那些不顾后果的赌博行为其实在农村社会也会受到多方面力量的制约，因此赌博现象和真正的赌徒属于个别现象。

表 2-16 农村居民闲暇时的休息放松（2012 "千人百村"）

	频数	百分比	有效百分比	累计百分比
从不	120	4.4%	4.5%	4.5%
很少	363	13.4%	13.8%	18.3%
有时	747	27.5%	28.3%	46.6%

续表

	频数	百分比	有效百分比	累计百分比
经常	1 052	38.8%	39.9%	86.5%
总是	356	13.1%	13.5%	100.0%
小计	2 638	97.2%	100.0%	
缺失值	76	2.8%		
总计	2 714	100.0%		

与休息放松相比，在闲暇时间选择学习充电的农村居民则非常少见（见表2-17），有49.9%的人从不选择学习充电，很少学习充电的又占26.8%，经常和总是选择学习充电的农村居民仅为10.2%，由此可见，学习充电并不是农村居民闲暇生活的重要组成部分，这与农村社会的现实也较为吻合。

表2-17　农村居民闲暇时的学习充电（2012"千人百村"）

	频数	百分比	有效百分比	累计百分比
从不	1 302	48.0%	49.9%	49.9%
很少	698	25.7%	26.8%	76.7%
有时	341	12.6%	13.1%	89.8%
经常	200	7.4%	7.7%	97.5%
总是	66	2.4%	2.5%	100.0%
小计	2 607	96.1%	100.0%	
缺失值	107	3.9%		
总计	2 714	100.0%		

对于农村居民来说，由于他们所从事的生产劳动依然属于传统农业，即在生产中主要运用传统的农业技艺，而不需要掌握复杂的现代农业生产技术。尽管也会发现农业科技对提高经济效益有积极作用，但多数农村居民主要还是靠模仿、从众来接受和应用农业新技术，较少主动去学习掌握新的技术。所以在农村，一些致富带头人之所以会对村庄发展起到积极作用，主要是因为农村居民的学习方式通常是在实践中的模仿、从众，即看到周围的多数人怎样安排生产经营，自己也就会跟从那种生产经营方式。

农村居民之所以在闲暇时间较少选择学习充电，还有其他因素的影响，如农村的学习氛围和学习条件其实并不利于他们做出此种选择。即便主观上愿意学习新的知识、技能和技术，然而现实的条件难以满足农村居民这方面的需求。此外，农村居民的现有受教育水平或素质在一定程度上制约了他们的进一步学习。由于农村居民的受教育水平总体上偏低，多数人受教育水平在初中以下，这在一定程度上也会影响他们对学习的需求。

表 2-18 显示的是农村居民一年内在外过夜的情况。考察农村居民在外过夜的情况，主要是为了解他们的出行情况、流动性及行动的自由度。在外过夜次数越多，说明外出频率越高、流动性越高、行动自由度越高。

表 2-18 农村居民一年内在外过夜情况（2012"千人百村"）

	频数	百分比	有效百分比	累计百分比
从未	1 565	57.7%	58.9%	58.9%
1～5 个晚上	643	23.7%	24.3%	83.2%
6～10 个晚上	184	6.8%	6.9%	90.1%
11～20 个晚上	88	3.2%	3.3%	93.4%
21～30 个晚上	38	1.4%	1.4%	94.8%
超过 30 个晚上	137	5.0%	5.2%	100.0%
小计	2 655	97.8%	100.0%	
缺失值	59	2.2%		
总计	2 714	100.0%		

调查结果显示，58.9%的农村居民一年内从未在外过夜，在外过夜 1～5个晚上的有 24.3%，在外过夜 6～10 个晚上的占 6.9%，在外过夜 10 个晚上以上的不到 10%。从数据来看，大多数农村居民在出行方面并未表现出较高的自由度。换句话说，大多数农村居民基本上围绕着自己的家活动，这反映出大多数农村居民的行动自由度较低，他们的活动更多地局限于家、受制于家。离开家活动，对他们来说可能既无必要性，也不具有这方面的良好条件，毕竟外出逗留或多或少需要花费一些钱。

四、农村居民的家庭收入及支出情况

农村居民的家庭收入及支出情况是对他们生活状况的集中体现。通过对农村居民的家庭收入和支出水平及结构的考察，可以把握和了解农村的经济活动及居民生活的基本特征。在调查中，农村居民所报告的收入及支出情况虽达不到绝对的精确，但总体上还是能反映出一定时期内人们的收入及支出的基本状况。

收入是居民社会生活的经济基础，收入水平在较大程度上代表了人们的生活水平。收入水平高，生活水平自然会随之提高；与此同时，收入水平的提高，表明经济绩效及市场机会已得到提高和增多。农村改革开放后，农村居民的经济收入水平已普遍得到提高，那么，调研期间农村居民的收入究竟处于何种状况？究竟达到怎样的水平？他们的主要收入来源是什么？对这些问题的考察，显然是我们了解和认识农村民生状况及趋势的重要切入点。

表2-19显示的是农村居民所报告的家庭总收入情况。从调查结果来看，农村居民家庭总收入的平均水平为31 326元；家庭总收入在1.2万元以下的有39.8%；总收入在1.2万至3.6万元之间的家庭占比也较高，为35.6%；近90%的农村居民家庭总收入在6万元以下。

表2-19　农村居民上一年家庭总收入（2012"千人百村"）

	频数	百分比	有效百分比	累计百分比
无	27	1.0%	1.2%	1.2%
1~12 000元	848	31.2%	38.6%	39.8%
12 001~36 000元	781	28.7%	35.6%	75.4%
36 001~60 000元	311	11.5%	14.2%	89.6%
60 001~100 000元	163	6.0%	7.4%	97.0%
100 001~200 000元	48	1.8%	2.2%	99.2%
>200 000元	18	0.7%	0.8%	100.0%
小计	2 196	80.9%	100.0%	
缺失值	518	19.1%		
总计	2 714	$M=31\ 326$		

根据表2-19的数据分析结果，可以了解到农村居民的经济收入水平处于相对较为理想的状态。之所以做如此判断，有两个方面的理由：一方面，对于多数农村家庭来说，他们目前的收入水平较之改革开放前，已经有了很大程度的提高；另一方面，农民所报告的家庭总收入通常是他们家庭每年的结余，也就是净收入，这样，平均收入在3万元以上，相对于农村的消费水平而言，可以说达到了较为理想的水平。

此外，从数据中也能看出，农村社会依然存在一定比例的低收入居民，有1.2%的居民报告其处于无收入状态，同时家庭收入不足1万元的家庭比例依然不低。由此可以判断，农村的贫困问题会在一定范围内存在，所以，农村社会民生建设的重点，既是不断提高农村居民的总体收入水平，更是重视农村的扶贫工作，针对无收入和低收入的农村家庭，需要有积极有效的政策安排，以保障这些低收入农民的生活状况不断得到改善。

在农村居民的家庭总收入中，究竟有多少来自农业呢？考察和了解这一问题，有助于我们更好地理解农业生产之于农村家庭而言的意义和地位。

表 2-20 的数据反映了农村居民的农业收入情况。调查结果显示，农村居民一年内的农业收入平均水平为 8 984 元，是家庭总收入平均水平（31 326元）的 28.7%，不到 1/3。由此看来，农业生产之于农村居民的经济收入而言，已经不是主要的贡献。这种状况某种意义上可以说是目前农村居民的尴尬，因为对于他们来说，农业似乎是他们的主业，却不是他们的主要收入来源。这一结果也在一定程度上反映出，一些地区出现劳动力大量外流，以及农村居民种粮积极性低下等现象，一个重要原因就在于农业生产的收益率和对家庭收入贡献率相对低下。造成这一现象的原因是复杂的，因而想要扭转这一局面也是比较困难的。就这一状况而言，维持或尽可能提高农村居民的农业生产积极性，保持适度的家庭农业，对保障我国的粮食及食物生产安全，促进物价平稳具有重要的战略意义。**所以，有效的政策必须是基于这样一种现实而做出科学、合理的安排，以使政策能够产生有效的激励作用。农村居民家庭收入的主体来源于非农业，也并非不好的趋势，这种现象表明市场经济为广大农村居民提供了一条很好的增收渠道。**

表 2-20　农村家庭的农业收入情况（2012"千人百村"）

	频数	百分比	有效百分比	累计百分比
无	306	11.3%	15.4%	15.4%
1～12 000 元	1 295	47.7%	65.1%	80.5%
12 001～36 000 元	301	11.1%	15.1%	95.7%
36 001～60 000 元	68	2.5%	3.4%	99.1%
60 001～100 000 元	14	0.5%	0.7%	99.8%
100 001～200 000 元	3	0.1%	0.2%	99.9%
＞200 000 元	1	0.0%	0.1%	100.0%
小计	1 988	73.2%	100.0%	
缺失值	726	26.8%		
总计	2 714	$M=8\ 984$		

目前，在较多的农村地区，外出打工成为普遍现象，农村家庭收入中有较大一部分可能来自外出打工。那么，农村居民的外出打工收入情况究竟如何？从表2-21中可以了解这一问题的总体情况。首先，有50.9%的人报告其家庭并无打工收入，这一结果与一般认识有些偏差。打工收入在12 000元以下的占23.8%；40.9%的家庭打工收入在36 000元以下；农村家庭打工收入的平均水平为11 228元，占总收入平均水平的35.8%。所以，从打工收入的平均水平来看，打工收入已经大大超过农业收入，表明农村居民收入的构成和来源已经发生较大变化。

表2-21　农村家庭的外出打工收入情况（2012"千人百村"）

	频数	百分比	有效百分比	累计百分比
无	696	25.6%	50.9%	50.9%
1～12 000元	325	12.0%	23.8%	74.7%
12 001～36 000元	234	8.6%	17.1%	91.8%
36 001～60 000元	78	2.9%	5.7%	97.5%
60 001～100 000元	28	1.0%	2.1%	99.6%
100 001～200 000元	4	0.2%	0.3%	99.9%
＞200 000元	2	0.1%	0.1%	100.0%
小计	1 367	50.4%	100.0%	
缺失值	1 347	49.6%		
总计	2 714	$M=11\ 228$		

如果进一步考察和分析农村居民家庭收入的构成情况（见表2-22），我们会发现，在农村家庭收入中，收入来源排在前三位的分别是：外出打工收入（平均为11 228元）、农业生产收入（平均为8 984元）和非农兼营收入（平均为4 706元）。由此看来，非农业收入已经成为农村家庭收入的主体构成部分。

此外，从表2-22中我们还可发现，农村家庭收入中平均有1 063元的收入来自政府的转移支付，这一收入是家庭总收入平均水平的3.4%，由此说明当前推行的惠农支农政策已经让农民得到了实实在在的收益，这一收益相当于为家庭收入贡献了3.4%。农村居民的财产性收入平均为2 146元，相当家庭总收入平均水平的6.9%，而转租土地等资本性收入很低，平均为 329 元，说明农村居民从土地中主要获得的是生产性收入，而很少获得资本性收入。

表 2－22　农村家庭的收入结构（2012"千人百村"）　　单位：元

	平均数	标准差	最小值	最大值	观察值
家庭总收入	31 326	86 791	0	3 500 000	2 196
农业生产收入	8 984	49 151	0	500 000	1 988
非农兼营收入	4 706	14 913	0	200 000	1 178
外出打工收入	11 228	30 033	0	800 000	1 367
财产性收入	2 146	21 196	0	500 000	1 039
政府转移性收入	1 063	4 455	0	62 400	1 226
赠予继承性收入	276	3 446	0	90 000	1 012
转租土地收入	329	2 884	0	70 000	1 024
其他收入	687	4 945	0	100 000	878

　　农村家庭的支出情况既在一定程度上反映了他们的生活水平和生活质量，也能在一定意义上显示其生活的压力来自何处。

　　表 2－23 显示的是农村居民家庭主要支出的基本情况。从数据中可以看出，农村家庭的最大支出是住房，也就是建房（购房或租房），这一部分支出平均为 7 817 元，在家庭总收入中占 25%，即相当于家庭收入的 1/4；排在第二位的支出是食品支出，平均为 7 346 元，相当于家庭总收入的 23.5%；食品支出水平通常是衡量居民生活质量的一个重要指标，恩格尔系数就是用食品支出在消费总支出中的比重来计算的。根据国家统计局的计算，2011 年我国农村的恩格尔系数为 40.4%，比 1978 年的 67.7% 下降了 27.3 个百分点。[①] 从此次调查情况来看，农村居民的食品支出虽在家庭收入中占较高比重，但已经不是最高的一部分，农民支出最多的已经是"住"的部分。

表 2－23　农村家庭的支出情况（2012"千人百村"）　　单位：元

	平均数	标准差	最小值	最大值	观察值
食品支出	7 346	11 366	0	300 000	2 136
服装支出	2 183	5 034	0	100 000	1 983

---

　　① 国家统计局. 中国统计年鉴 2012. 北京：中国统计出版社，2012.

续表

	平均数	标准差	最小值	最大值	观察值
居住支出	1 627	7 512	0	230 000	1 918
住房支出	7 817	45 663	0	900 000	1 386
耐用品支出	1 942	7 382	0	120 000	1 601
日常用品支出	1 037	1 964	0	27 000	1 748
交通通信支出	1 940	14 208	0	603 500	1 931
休闲支出	462	2 136	0	60 000	1 553
子女教育支出	4 022	10 506	0	323 200	1 856
成人培训支出	132	881	0	10 000	1 362
自付医疗费支出	3 378	9 375	0	159 600	2 043
人情往来支出	3 285	21 239	0	900 000	1 915
赡养捐赠支出	888	2 588	0	50 000	1 518
家庭经营支出	2 252	35 581	0	1 200 000	1 395
农业生产资料支出	3 760	34 313	0	1 000 000	1 787

农村家庭排在第三位的支出是子女教育支出，平均为4 022元，相当于家庭收入水平的12.8%。家庭经营和农业生产资料支出也是农村家庭支出的重要构成，两者加在一起共有6 012元。此外，农村家庭的自付医疗费支出和人情往来支出也较高，平均水平分别为3 378元和3 285元，而消费品支出（耐用品和日常用品支出）平均为2 979元，低于自付医疗费支出。农村居民在"行"方面的支出更低，交通通信支出平均为1 940元。农村居民在"衣"方面的支出平均为2 183元，某种意义上说达到了较为理想的水平。

农村的土地问题一直是人们关注的重要"三农"问题之一，围绕着农村土地制度和土地使用问题，学界有着多种不同观点的纷争。关于这一问题，我们则坚持先弄清楚中国农村家庭的土地使用情况究竟如何。只有在科学准确地把握事实的基础上，所提出的观点才可能有意义。一味地在所有制或哪种制度孰优孰劣的问题上争论不休，对现实无济于事。

表2-24显示的是农村家庭所承包田地（不包括山林、水面等）的大体情况。从中我们可以看到，有13.8%的农村居民并没有承包田地，出现这种情况主要有两种原因：一是在城镇化和工业化过程中，田地已全部被征用；

另一种情况是所调查的村庄属于牧业、渔业为主的地区，没有或很少有田地。无论属于哪种情况，这个数据已经说明有 13.8% 的农村家庭不再从事也不能依靠种植业维持生计了。

表 2-24 农村家庭承包田地的情况（2012 "千人百村"）

	频数	百分比	有效百分比	累计百分比
无	179	6.6%	13.8%	13.8%
3 亩以下	441	16.2%	34.1%	47.9%
3～5 亩	224	8.3%	17.3%	65.2%
5～10 亩	263	9.7%	20.3%	85.5%
10～15 亩	82	3.0%	6.3%	91.8%
15 亩以上	106	3.9%	8.2%	100.0%
小计	1 295	47.7%	100.0%	
缺失值	1 419	52.3%		
总计	2 714	100.0%		

此外，值得注意的是，34.1% 的农村家庭承包的田地在 3 亩以下。也就是说人均承包田地不足 3 亩的家庭超过 1/3，处于这种情况的农村家庭可以说属于多数。承包 3～5 亩田地的家庭占 17.3%，承包田地在 5～10 亩的家庭有 20.3%，承包田地在 10 亩以上的家庭占 14.5%。因此，**总体来看，农村家庭所承包的田地规模并不大。这样一种现实在较大程度上决定了农村家庭在农业生产方面的决策，这也是当前农村家庭的农业经营为何维持着较为传统的小农生产方式而未能向现代农业转型的原因之一。**由于农村家庭承包田地的规模有限，在有限的土地上进行农业现代化改造，不仅风险大，收益也受到限制。因此，农村居民投入现代农业的积极性并不高。

表 2-25 是关于农村居民将自己的田地转租出去的情况，调查结果显示，76.1% 的农村居民并未转租出自己承包的田地，12.8% 的农村居民转租出的田地在 3 亩以下，转租出 5 亩以上田地的农村居民仅为 6.5%。从这一数据可以了解到，目前农村的土地流转现象并不多见。**在农村居民土地流转较少的情况下，农业的规模化经营以及向现代农业的转变在一定时期内条件还不成熟。**

表 2-25　农村居民转租出田地的情况（2012"千人百村"）

	频数	百分比	有效百分比	累计百分比
无	433	16.0%	76.1%	76.1%
3 亩以下	73	2.7%	12.8%	88.9%
3～5 亩	26	1.0%	4.6%	93.5%
5～10 亩	27	1.0%	4.7%	98.2%
10～15 亩	7	0.2%	1.3%	99.5%
15 亩以上	3	0.1%	0.5%	100.0%
小计	569	21.0%	100.0%	
缺失值	2 145	79.0%		
总计	2 714	100.0%		

　　表 2-26 的数据进一步证明了农村居民之间土地流转的发生情况相对较少，76.2%的农村居民并没有租入田地，这一比例与没有转租出田地的农村居民相当。此外，租入 5 亩以上田地的农村居民不到 10%，表明即便有少数农村居民租入别人田地，但租种规模依然很小。

表 2-26　农村居民租入田地的情况（2012"千人百村"）

	频数	百分比	有效百分比	累计百分比
无	403	14.8%	76.2%	76.2%
3 亩以下	54	2.0%	10.2%	86.4%
3～5 亩	21	0.8%	4.0%	90.4%
5～10 亩	33	1.2%	6.2%	96.6%
10～15 亩	8	0.3%	1.5%	98.1%
15 亩以上	10	0.4%	1.9%	100.0%
小计	529	19.5%	100.0%	
缺失值	2 185	80.5%		
总计	2 714	100.0%		

　　既然土地在农村居民间的流转比较少，那么农村居民的田地是不是都是由自己耕种呢？如果是，那么农村居民自己耕种田地的状况究竟如何呢？表 2-27 显示了农村居民自己耕种田地的基本情况。

表 2 - 27　农村居民自己耕种田地的情况（2012 "千人百村"）

	频数	百分比	有效百分比	累计百分比
无	146	5.4%	8.6%	8.6%
3 亩以下	639	23.5%	37.8%	46.4%
3～5 亩	321	11.8%	19.0%	65.4%
5～10 亩	370	13.6%	21.8%	87.2%
10～15 亩	100	3.7%	5.9%	93.1%
15 亩以上	116	4.3%	6.9%	100.0%
小计	1 692	62.3%	100.0%	
缺失值	1 022	37.7%		
总计	2 714	100.0%		

从调查结果来看，有 8.6% 的农村居民不再耕种田地，较多的农村居民自己耕种的田地为 3 亩以下，这部分农村居民占 37.8%；有 40.8% 的农村居民自己耕种的田地为 3～10 亩，自己耕种田地在 10 亩以上的仅为 12.8%。这一结果说明，在家庭联产承包责任制的政策背景下，绝大多数农村居民基本维持着以家庭为单位的小规模农业生产和经营，他们从集体承包的田地规模很小，多数农村居民由于田地规模较小，基本上由自己耕种。尽管目前农业生产收入在农村家庭总收入中不再占最大比例，但多数农村居民依然还是维持着家庭农业。这样一种农村家庭的生产经营模式，虽不算是效率最大化，但对于农村居民的现实生活而言，算是一种理想的选择。

五、农村居民生活中的主要问题

对于农村居民来说，他们生活中的主要问题是什么呢？关于这一问题，如果从农村居民本位的角度去考察，或许更具现实意义。

在农村居民的生活中，经济是基础，他们的经济状况在较大程度上影响和决定着其生活状况。经济状况既有客观的一面，也有主观的一面。那么，农村居民们究竟是怎样看待自己的经济状况的呢？表 2 - 28 中的数据为我们认识这一问题提供了事实依据。

表 2-28 您家的家庭经济状况在当地属于哪一档（2012"千人百村"）

	频数	百分比	有效百分比	累计百分比
远低于平均水平	142	5.2%	5.2%	5.2%
低于平均水平	711	26.2%	26.4%	31.6%
平均水平	1 457	53.7%	54.0%	85.6%
高于平均水平	362	13.3%	13.4%	99.0%
远高于平均水平	26	1.0%	1.0%	100.0%
小计	2 698	99.4%	100.0%	
缺失值	16	0.6%		
总计	2 714	100.0%		

　　调查结果显示，超过一半的农村居民（54.0%）认为其家庭经济状况处于平均水平。也有 5.2% 的农村居民认为其家庭经济状况远远低于平均水平，26.4% 的农村居民觉得自家的经济状况低于平均水平，两者相加共有 31.6%，接近 1/3。从某种意义上说，这部分农村家庭可能是农村民生建设需要重点关注的。尤其是对 5.2% 经济水平相对低下的农村家庭，公共政策的设计和制定应具有针对性。

　　此外，认为其家庭经济状况高于当地平均水平的农村居民仅占 14.4%，其中认为远远高于平均水平的只有 1.0%。这一数据结果在一定意义上反映出，农村社会的相对富裕阶层并不多。

　　总体看来，农村居民在经济生活方面处于较为良好的状态，农村内部的贫富分化并不突出，大多数居民感觉自家经济状况达到了中等水平。不过，依然有 5.2% 的居民认为自己的家庭经济状况远低于平均水平，他们可能是农村民生建设最需要关注的群体。

　　人们在支出上的压力通常可以反映出生活中存在的问题，生活中的支出压力就是在一定的背景下，常规生活所必需的支出对自己的偿付能力所构成的压力。也就是说，在日常生活中，农村居民必须在食物、物品、服务、人情交往等方面有相应的支出，而这些支出与其经济收入状况相比，基本相当于甚或超出其经济收入，由此也就会产生压力。了解农村居民生活中的主要压力，并针对相应的压力问题采取积极措施，也就是农村民生建设的任务和策略之一。

那么，农村居民究竟有哪些生活压力呢？表 2 - 29 提供了农村居民家庭在支出方面的压力的基本情况。

表 2 - 29　农村居民家庭支出的压力情况（2012 "千人百村"）　　单位：%、人

	没有压力	很少	一般	明显	非常大的压力	观察值
食品支出	22.1	22.2	36.2	15.6	3.9	2 554
服装支出	30.6	35.1	29.1	4.5	0.7	2 517
住房支出	43.0	28.0	20.0	5.8	3.2	2 475
家庭设备用品及服务支出	34.2	32.5	27.0	5.1	1.2	2 453
交通通信支出	31.9	32.9	26.8	7.1	1.3	2 474
文化休闲娱乐支出	57.9	25.4	14.7	1.5	0.5	2 399
教育支出	38.1	16.9	18.7	16.6	9.7	2 500
医疗支出	17.5	21.1	26.7	20.1	14.6	2 519
人情送礼支出	24.2	24.1	27.4	17.2	7.1	2 481
赡养及赠予支出	48.1	27.1	19.6	3.9	1.3	2 426

从统计结果中可以看出，农村居民生活压力中排在前三位的分别是医疗支出、教育支出和人情送礼支出。34.7%的农村居民感到在医疗支出方面有明显压力和非常大的压力，特别是有 14.6%的农村居民感到医疗支出的压力非常大；其次是教育支出，有 26.3%的农村居民感到在教育支出方面有明显压力和非常大的压力；排在第三位的是人情送礼支出，有 24.3%的农村居民感到在人情送礼方面有明显压力和非常大的压力。另外也有 19.5%的农村居民感到在食品支出方面有明显压力和非常大的压力，相对其他支出，这一比例也较高。

对农村居民来说，最没有压力的支出是文化休闲娱乐方面的支出，仅有2%的农村居民感到在这方面的支出有明显和非常大的压力，而 83.3%的农村居民觉得没有或很少有这方面的压力；其次是赡养及赠予方面的支出，仅有 5.2%的农村居民感到在这方面有明显和非常大的压力，75.2%的人则认为这方面支出没有压力和很少有压力；压力第三低的支出是服装支出，只有5.2%的农村居民感到有这方面的压力，65.7%的村民则感到没有压力和很少有压力。前面的分析已显示，农村居民在住房方面的支出相对较高，但在住

房支出方面，感到有压力的人也不多，仅占9％，而有71％的农村居民则感到住房方面没有压力和很少有压力。

医疗支出成为较多农村居民的生活压力，主要反映出两个重要问题：一是医疗费用过高，使得居民们的医疗支出过大；二是农村医疗保险的作用还没有显现出来。假如新型农村合作医疗已经能真正化解居民的治病费用风险，那么居民们就不会认为医疗支出的压力很大。

较多的农村居民感到在教育支出上有压力甚至压力非常大，这与农村的现实较为吻合。对于较多的农村居民来说，义务教育以上的教育费用相对他们的家庭收入水平来说，确实是一个不小的负担和压力，尤其是供子女上大学的农村家庭，其压力可想而知。

人情送礼支出之所以对较多农村居民来说是一种压力，主要原因在这样几个方面：第一，人情往来是农村社会的传统习俗和社会风气，人们只能遵从；第二，随着农村经济的发展，传统礼节性的人情送礼标准变得越来越高，使得部分经济状况不理想的家庭面临"脸面"和经济的双重压力；第三，"关系"在农村社会中的作用较大。由于要办事就得"找关系"，找关系就得送礼，这无形中给农村居民造成了心理和经济上的压力。

较多的农村居民之所以对文化休闲娱乐、赡养、服装和住房等方面的支出没有感到有压力和很少有压力，主要原因在于他们在这些方面的支出相对较少，而且有些支出如文化休闲娱乐和服装支出是由需求决定的，即是可以选择的。如果他们感到有压力，就可以选择减少支出。

此外，农村居民在生产经营方面有什么突出的问题呢？目前，社会上较为关注的是大量农村劳动力特别是青壮年劳动力外出打工，那么，这些劳动力的外出是否已经影响到了农业生产呢？农村是否存在较为普遍的撂荒现象，也就是农村居民将田地闲置而外出打工呢？或许，我们从表2-30中能对这一问题有更加贴近现实的认识和理解。

表2-30中的统计结果显示，在问及农村居民家里闲置了多少田地时，有2 188位被访者都没有作答（缺失值），主要原因就是闲置田地这一问题与自家的情况不符，即表明他们家其实并没有闲置田地的情况。有83.1％的人明确表示没有闲置田地；10.8％的人报告家庭闲置田地在1～3亩之间，仅有3.0％的人闲置田地在3亩以上。**所以，总体而言，农村闲置田地的现象是很**

少的。尽管农村有大量劳动力向外流动，但由于居民承包田地的规模并不大，因而外出打工实际上影响不到家庭的农业生产。如果农村出现较为普遍的撂荒现象，其主要原因也不在于缺乏劳动力，而可能是农业经营的比较收益率过低。

表 2-30　农村居民闲置田地的情况（2012"千人百村"）

	频数	百分比	有效百分比	累计百分比
无	437	16.1%	83.1%	83.1%
3 亩以下	57	2.1%	10.8%	93.9%
3~5 亩	11	0.4%	2.1%	96.0%
5~10 亩	10	0.4%	1.9%	97.9%
10~15 亩	3	0.1%	0.6%	98.5%
15 亩以上	8	0.3%	1.5%	100.0%
小计	526	19.4%	100.0%	
缺失值	2 188	80.6%		
总计	2 714	100.0%		

六、小结

对农村居民的社会特性、社会心态、生活方式、家庭生活及生活问题进行调查，目的在于从宏观的层面科学、准确地把握和认识中国农村社会民生发展的真实情况，而不是根据某些个别现象对整个农村妄做推断。

通过此次调查，我们对中国农村社会的主体成员——农村居民的基本情况有了一个较为宏观的认识，这些认识对于推进农村民生建设与发展的政策决策或许具有一定的参考价值。

首先，调查发现农村居民的受教育水平偏低，有 13.4% 的农村居民没有受过任何教育，78.2% 的农村居民受教育水平在初中以下。**教育是现代社会最重要的人力资本**，而目前在一些农村地区的居民中流行"读书无用论"的观念，出现这种现象，表面看是农村居民的认识和主观选择问题，实际上可能与我们的农村教育政策有着密切的关联，某种意义上表明现行的农村教育政策存在较大问题，未来惠农支农的战略决策，需要重点向农村教育倾斜。

其次，调查的另一个重要发现是，农村居民的社会公平感总体上是积极乐观的，他们也有良好的社会心态以及较高的幸福感指数。尽管城乡差距拉大的客观事实仍然存在，尽管农村还有这样那样的问题，但农村发展让农村居民获得了真正的实惠，因而他们保持了乐观向上的心态。所以，农村社会的稳定有着坚实的民众基础，农村社会在最近一段时期内不存在不稳定的风险。

再次，调查还发现，农村居民在生育意愿上已经发生了一定的转变，他们较为普遍的生育意愿或理想的生育数是 2 个孩子，生育意愿的平均水平为2.1 个孩子，不过生男偏重依然在一定范围内存在。由此看来，农村居民的生育意愿与低生育水平已经不相矛盾，与生育政策没有太大的矛盾。所以，农村计划生育工作的策略需要根据实际情况进行调整，更好地把控制农村低生育水平与满足广大群众的需求有机结合起来。

最后，农村家庭的生产和生活呈现出两个突出现象：一是农村家庭收入的最主要来源已经不是农业生产而是打工收入；二是农村居民较为普遍地感到医疗、教育和人情送礼支出构成他们生活中的主要压力。农业生产收入对农村家庭收入贡献率的下降反映了两个重要事实：一是农业的比较收益率相对较低，二是农民获得了收益率更高的市场机会。针对这一现象，政策安排还需要进一步考虑如何提高农业的比较收益率，以维持和激励农村居民的农业生产积极性；另一方面还需继续对农村居民"闯市场"的行为进行鼓励和保护，这是农村居民增收的重要渠道。

要改善农村居民的生活状况，减轻其生活压力，进一步完善农村医疗保险制度和政策十分必要；此外，改革农村教育体制也迫在眉睫。只有绝大多数农村居民都受到了较为良好的教育，农村才真正算有了发展，中国社会才会有高质量的发展。

第三章　农村教育现状及评价 *

　　农村教育既是农村发展的基础性条件，也是农村发展状况的重要表征。根据 2010 年第六次全国人口普查数据，在我国小学、初中学龄段（6～15岁）人口中，乡镇人口占到全国该年龄段人口的 77%。① 可见农村教育水平是影响国家整体教育水平的关键所在，提高农村教育水平是全国教育发展的重中之重。党中央、国务院也高度关注农村教育，采取了一系列措施加大对农村教育的扶持力度，促进农村教育的改善和提高。

　　总的来说，从 20 世纪 80 年代初到 90 年代中期，在农村改革和农村经济发展的带动下，农村教育取得了长足的进步；20 世纪 90 年代中期以后，随着农村财政体制和城乡经济状况对比的变化，农村教育面临诸多困境与挑战，也成为社会热点问题。

　　农村教育问题是本次"千人百村"调查关注的重要民生问题之一，本章在此次调查数据的基础上，对农村教育现状及农村居民对农村教育问题的认识进行了较为全面的描述，以期对新时期农村地区教育基本情况有一个整体的认识和把握。

一、农村教育基本情况

（一）农村教育设施服务半径

　　根据相关法律规定，我国目前实行九年制义务教育，义务教育阶段家长

---

　　* 中国人民大学社会学系 2016 级研究生邵丹梅参与了本章的数据整理和分析。

　　① 根据第六次全国人口普查，全国、城、镇、乡的 6～15 岁人口数分别为 149 082 358 人、34 175 476 人、31 513 257 人和 83 393 625 人。

有义务送学龄孩子到学校接受教育。同时，法律也明确规定，处于义务教育阶段的学生要"就近入学"，以保障其顺利完成学业。通常认为，保障学龄儿童、少年就近入学是保障他们教育权的有效方式，也是推行义务教育的一项基本原则。

20 世纪 80 年代前期，我国农村学校布局基本以"村村有小学，乡乡有中学"为原则，许多地方教育部门规定，学校要在村庄 2.5 公里范围之内，以方便学生就近入学。改革开放以来，尤其是随着计划生育政策的深入贯彻，我国人口出生率逐步下降，再加上城镇化速度加快以及农村教育投入和教师待遇较差等原因，农村义务教育面临着学龄儿童减少、学生数量下降、师资力量薄弱等困境，农村中小学传统的办学格局面临许多挑战。在 20 世纪 80 年代中期，中国进行了第一次较大规模的农村中小学布局调整，各级地方政府逐年撤并了许多初中及小学。为优化农村教育资源配置，提高教育质量和办学效率，2001 年 5 月发布的《国务院关于基础教育改革与发展的决定》第十三条规定："因地制宜调整农村义务教育学校布局。按照小学就近入学、初中相对集中、优化教育资源配置的原则，合理规划和调整学校布局。农村小学和教学点要在方便学生就近入学的前提下适当合并，在交通不便的地区仍需保留必要的教学点，防止因布局调整造成学生辍学。学校布局调整要与危房改造、规范学制、城镇化发展、移民搬迁等统筹规划。调整后的校舍等资产要保证用于发展教育事业。在有需要又有条件的地方，可举办寄宿制学校。"① 此后，全国掀起了一场大规模的学校布局调整改革行动（即"撤点并校"改革），大量撤销农村原有的中小学，使学生集中到城镇学校上学。

根据《中国教育统计年鉴（2000—2010）》，在 21 世纪初的十年间，全国农村中学减少 31.64%，共 1.33 万所；农村小学数减少 52.10%，共 22.94 万所；教学点减少 58.45%，共 9.21 万所。② 从本次"千人百村"调查数据中，也可以看出"撤点并校"改革的影响。从表 3-1 可见，仅有 57.0% 的村庄在所辖范围内设有小学，不到六成。而且所辖范围内拥有服务于学前教

---

① 国务院关于基础教育改革与发展的决定. （2001-05-29）［2019-08-23］. https://www.gov.cn/gongbao/content/2001/content_60920.htm.

② 参见：吴鹏，秦冠英. 就近入学原则与农村教育改革. 行政管理改革，2012（9）.

育的幼儿园的村庄比例更低,仅为46.2%。

表3-1 村庄公共教育设施建设情况(2012"千人百村")

	有	没有
幼儿园	42 (46.2%)	49 (53.8%)
小学	53 (57.0%)	40 (43.0%)
图书室(馆)	64 (69.6%)	28 (30.4%)

全国教育设施的布局调整,符合在现代化、城镇化过程中人口流动、农村学龄儿童减少等现实情况。撤点并校在一定程度上有利于农村教育资源的优化配置,也有助于降低地方政府的办学成本。基层教育主管部门希望通过将招生规模极小的村庄教学点合并到中心小学这一措施,既发挥乡镇中心小学的优势资源、提高教育质量,也扩大规模效益、节省办学成本。但是,撤并过程中也会造成教育设施服务半径大幅增大等问题,给农村儿童上学造成诸多不便。

就所调查村庄的总体情况而言,村庄与最近小学间的平均距离为1.6公里,有较多的村庄距离最近小学1公里,中间水平也为1公里。从分省情况来看,在9个省/自治区/直辖市和十大名村的样本中,离最近小学平均距离最短的是河南省,为0.4公里,其次是十大名村,平均距离为0.7公里,平均距离最远的是辽宁省和重庆市,两省市的村庄离最近小学平均距离均为3.2公里。从偏差水平来看,河南省和十大名村均为0.5,偏差水平最低,表明这些地区的村庄与最近小学之间距离差别较小;标准差最高的是湖北省,为3.8,其次是重庆市,标准差为3.5,说明省市内各村与最近小学之间距离波动较大。就中间水平而言,辽宁省的最远,为2.5公里;其次是重庆市和宁夏回族自治区,均为2公里。从最大值来看,十大名村中最远的也仅有1公里,而湖北省的村庄中与小学距离最远的村庄远达15公里,其次是重庆市,为11公里,辽宁省也有村庄距最近小学达10公里。从这些数据可以看出,辽宁省和重庆市的小学服务半径较大,且在与小学最近距离上村庄之间的差别也很大(见表3-2)。

表3-2 村庄离最近小学的距离(2012"千人百村") 单位:公里

	平均值	标准差	中位数	众数	最大值
福建省	1.2	1.6	1	1	5
山东省	1.3	1.3	1	1	5

续表

	平均值	标准差	中位数	众数	最大值
辽宁省	3.2	3.0	2.5	2	10
河南省	0.4	0.5	0	0	1
河北省	1.6	1.2	1	0	4
湖北省	2.4	3.8	1	0	15
广西壮族自治区	1.0	1.5	1	1	5
重庆市	3.2	3.5	2	2	11
宁夏回族自治区	1.7	1.0	2	1	3
先进村	0.7	0.5	1	1	1
总体	1.6	2.3	1	1	15

从农村村庄与初中的距离来看，被访村距最近初中的平均距离为 5.5 公里，中间水平为 3.5 公里，大部分村庄与最近初中间距离为 1 公里，但河南省和宁夏回族自治区均有村庄在方圆 25 公里内才能找到初中学校。由此可见，初中学校的服务半径明显偏大，农村学生上初中离家较远、需长途奔波。而且，对比 9 个省/自治区/直辖市和十大名村的各项统计指标，十大名村距最近初中的平均距离是 0.9 公里，中间水平是 1 公里，这也是十大名村中大多数村庄的情况，最差的也仅有 3 公里，标准差为 0.8；在 9 个省/自治区/直辖市中，初中服务半径最短的是山东省，平均距离为 2.6 公里，而河南省、重庆市的初中服务半径平均为 8.4 公里，湖北省为 7.6 公里（见表 3-3）。

表 3-3 村庄离最近初中的距离（2012 "千人百村"） 单位：公里

	平均值	标准差	中位数	众数	最大值
福建省	3.4	3.2	2	2	13
山东省	2.6	2.5	1	1	8
辽宁省	7.2	4.5	5	4	15
河南省	8.4	8.7	4.5	4	25
河北省	3.7	4.1	1.5	1	12
湖北省	7.6	4.6	7	10	20
广西壮族自治区	5.4	6.2	3	1	20
重庆市	8.4	5.4	8	5	17
宁夏回族自治区	7.5	7.8	5	3	25
先进村	0.9	0.8	1	1	3
总体	5.5	5.7	3.5	1	25

当然，学校服务半径也与村庄所处地区的地理状况、人口数量等因素有关。表3-4表明，地处山区的32个村庄是小学教育设施服务最差的，它们距离最近小学的平均水平是3.4公里，最大值为15公里（见表3-4）。因此，山区的"撤点并校"决策应更加谨慎。

表3-4　村庄所处地形和距离最近小学间距（2012"千人百村"）　　单位：公里

	频数	平均值	标准差	最小值	最大值
丘陵	39	1.1	1.1	0	5
山区	32	3.4	3.5	0	15
高原	5	0.4	0.5	0	1
平原	41	1.0	1.1	0	4
其他	3	0.7	1.2	0	2
总体	120	1.6	2.3	0	15

（二）教育设施情况与家长期望

撤点并校、集中办学的初衷是希望通过整合教育资源，实现县域范围内村、镇学生相对的教育公平，提高农村学生的受教育水平。但这种改革思路也可能与农村家庭的承担能力及其教育期望不相适应。有分析认为，某些地区尤其是贫困山区的农村居民可能只是期望孩子能识字，并不奢求也无力提供更优质的教育，因此在撤点并校后，这种家庭要么让孩子辍学，要么不得不承受更重的负担。[①]

就调查样本中1 392个孩子所上的学校来说，有29.0%的孩子在村里的学校就读，有42.3%的孩子在所属镇、县里的学校就读，有15.1%孩子在所属市里的学校就读，有11.4%的孩子在别的市的学校就读。而从意愿上来说，有8.9%的家长表示更愿意让孩子就读于村里的学校，有30.2%的家长更愿意让孩子就读于所属镇、县里的学校，有41.9%的家长更愿意让孩子在所属市里的学校就读，有11.1%的家长更愿意让孩子在别的市的学校就读（见表3-5和表3-6）。可见，绝大多数家长还是希望孩子在更好的学校读

[①] 参见：范先佐，曾新. 农村中小学布局调整必须慎重处理的若干问题. 河北师范大学学报（教育科学版），2008（1）；阮安生，刘海峰. 摭谈"集中办学、撤点并校"的困惑及出路. 中小学管理，2006（S1）.

书，集中办学也一定程度上符合农村居民的教育需求。

表 3 - 5　孩子目前所上的学校类别（2012 "千人百村"）

	频数	百分比	累计百分比
村里的学校	404	29.0%	29.0%
所属镇、县里的学校	588	42.3%	71.3%
所属市里的学校	210	15.1%	86.4%
别的市的学校	159	11.4%	97.8%
其他	31	2.2%	100.0%
总计	1 392	100.0%	

表 3 - 6　更愿意孩子上的学校类别（2012 "千人百村"）

	频数	百分比	累计百分比
村里的学校	233	8.9%	8.9%
所属镇、县里的学校	793	30.2%	39.1%
所属市里的学校	1 099	41.9%	81.0%
别的市的学校	291	11.1%	92.1%
其他	208	7.9%	100.0%
总计	2 624	100.0%	

从家长"更愿意孩子上的学校"和"孩子目前所上的学校"的列联分析（见表 3 - 7）可以发现，在家长更愿意其上村里的学校的 105 个孩子中，实际上有 72.4% 是在村里的学校就读，有 16.2% 在所属镇、县里的学校就读，2.8% 在所属市里的学校就读，有 8.6% 在别的市的学校就读。家长更愿意其在所属镇、县里的学校就读的 378 个孩子中，有 26.4% 是在村里的学校就读，有 64.0% 是在所属镇、县里的学校就读，有 3.2% 是在所属市里的学校就读，有 5.6% 是在别的市的学校就读，还有 0.8% 是在其他类的学校就读。家长更愿意让其在所属市里的学校就读的 610 个孩子中，有 26.4% 是在村里的学校就读，有 37.5% 是在所属镇、县里的学校就读，有 24.9% 是在所属市里的学校就读，有 8.9% 是在别的市的学校就读，还有 2.3% 是在其他类的学校就读。在家长希望其在别的市的学校就读的 175 个孩子中，有 17.1% 是在村里的学校就读，有 28.6% 是在所属镇、县里的学校就读，有 14.9% 是在所属市里的学校就读，有 35.4% 是在别的市的学校就读，有 4.0% 是在其他

类的学校就读。

表 3 - 7　家长更愿意孩子上的学校和孩子目前所上的学校对比（2012 "千人百村"）

		孩子目前所上的学校				
		村里的学校	所属镇、县里的学校	所属市里的学校	别的市的学校	其他
更愿意孩子上的学校	村里的学校 频数	76	17	3	9	0
	行百分比	72.4%	16.2%	2.8%	8.6%	0.0%
	列百分比	19.1%	3.0%	1.4%	5.7%	0.0%
	所属镇、县里的学校 频数	100	242	12	21	3
	行百分比	26.4%	64.0%	3.2%	5.6%	0.8%
	列百分比	25.1%	42.2%	5.8%	13.4%	10.0%
	所属市里的学校 频数	161	229	152	54	14
	行百分比	26.4%	37.5%	24.9%	8.9%	2.3%
	列百分比	40.5%	40.0%	73.4%	34.4%	46.7%
	别的市的学校 频数	30	50	26	62	7
	行百分比	17.1%	28.6%	14.9%	35.4%	4.0%
	列百分比	7.5%	8.7%	12.6%	39.5%	23.3%
	其他 频数	31	35	14	11	6
	行百分比	32.0%	36.1%	14.4%	11.3%	6.2%
	列百分比	7.8%	6.1%	6.8%	7.0%	20.0%
总计	频数	398	573	207	157	30
	行百分比	29.1%	42.0%	15.2%	11.5%	2.2%
	列百分比	100.0%	100.0%	100.0%	100.0%	100.0%

上述数据表明，有些孩子目前所上的学校与家的距离远于家长对其的期望，所受教育高于家长的教育期望、与家庭经济承担能力不相适应；同时，也有一些孩子目前所上的学校低于家长的期望。撤点并校并没有完全实现地区范围内教育资源的整合，择校意愿仍然普遍存在，也有因学校撤并后与家长的预期不符而给家庭加重负担的情况存在。

(三) 家庭教育支出

在受访的农村居民中，有 51.1% 的家庭有孩子在上学，其中有 108 户

（占 7.8%）认为教育支出占家庭支出比例高以至于必须四处借钱上学；教育支出占家庭支出比例较高、收入勉强能维持的有 400 户，占 29.1%；感觉教育支出压力一般的有 382 户，占 27.8%；有 327 户认为教育支出比例较低、压力较小，占 23.7%；有 159 户（占 11.6%）的认为教育支出占家庭支出比例低。可见，有近 37% 左右的家庭认为教育支出占家庭支出比例高和较高，教育支出是其重要的负担（见表 3-8）。

表 3-8　教育支出占家庭支出的比例（2012 "千人百村"）

	频数	百分比	累计百分比
教育支出占家庭支出比例高，为上学需借钱	108	7.8%	7.8%
教育支出占家庭支出比例较高，勉强能维持	400	29.1%	36.9%
一般	382	27.8%	64.7%
比例较低，教育支出压力较小	327	23.7%	88.4%
教育支出占家庭支出比例低	159	11.6%	100.0%
总计	1 376	100.0%	

　　从不同学习阶段家庭教育支出负担来看，在义务教育阶段，有差不多一半的家庭认为教育支出占家庭支出比例较高和很高，其中有约 1/10 的家庭认为很高以致需借债维持，这两个比例都远低于其他阶段教育（高中及以上）支出所占比例和给家庭造成的经济压力。有孩子在上小学的 579 家庭中，有 7.8% 的家长认为教育支出占家庭支出比例较高，需到处借钱维持开支；有 33.3% 的家长认为教育支出占家庭支出比例较高，勉强能维持；有 37.5% 的家长认为教育支出占家庭支出比例一般；有 43.2% 的家长认为教育支出占家庭支出比例较低，压力较小；有 20.0% 的家长认为教育支出占家庭支出比例低。对于孩子在上初中的 248 个家庭，有 12.5% 的家长认为教育支出占家庭支出比例较高，需到处借钱维持开支；有 41.1% 的家长认为教育支出占家庭支出比例较高，勉强能维持；有 42.3% 的家长认为教育支出占家庭支出比例一般；有 30.6% 的家长认为教育支出占家庭支出比例较低，压力较小；有 14.9% 的家长认为教育支出占家庭支出比例低（见表 3-9）。

表3-9 孩子在不同上学阶段的家庭中教育支出所占比例和现实
(2012"千人百村")

		教育支出占家庭支出的比例和现实					
		占比例高,需到处借钱	占比例较高,勉强能维持	一般	占比例较低,压力较小	占家庭支出比例低	总计
小学	频数	45	193	217	250	116	579
	百分比	7.8%	33.3%	37.5%	43.2%	20.0%	
初中	频数	31	102	105	76	37	248
	百分比	12.5%	41.1%	42.3%	30.6%	14.9%	
高中	频数	27	96	64	26	12	169
	百分比	16.0%	56.8%	37.9%	15.4%	7.1%	
中专技校	频数	13	26	10	10	1	46
	百分比	28.3%	56.5%	21.7%	21.7%	2.2%	
大专	频数	12	18	9	3	4	38
	百分比	31.6%	47.4%	23.7%	7.9%	10.5%	
大学	频数	36	62	38	16	7	137
	百分比	26.3%	45.3%	27.7%	11.7%	5.1%	
研究生	频数	1	6	4	1	1	10
	百分比	10.0%	60.0%	40.0%	10.0%	10.0%	

值得关注的是,对于孩子处于高中、中专技校、大专、大学、研究生等阶段的家庭,都有累积超过70%的家庭认为教育支出占家庭支出比例较高和很高。因此,虽然九年义务教育阶段教育支出已经降低,但大部分的农村孩子想要接受更高阶段的教育首先遇到的便是经济上的困难。尤其引人注意的是,在中专技校、大专教育阶段,有约30%的家长认为教育支出占家庭支出比例很高,需到处借钱维持开支;有一半左右的家长认为教育支出占家庭支出比例较高,勉强能维持。

从分省情况来看,广西壮族自治区范围内有更大比例的家庭中教育支出占家庭支出比例高,有20.5%的被访者认为教育支出占家庭支出比例高,为上学需到处借钱,有32.2%的被访者表示教育支出所占比例较高,勉强能维持,也就是说有52.7%的家庭都感觉教育支出负担较重。其次,宁夏回族自治区、重庆市、辽宁省和湖北省四省市的教育支出负担重或者较重:宁夏回族自治区有 40.2％的家庭感觉教育支出占家庭支出比例较高，勉强能维持甚至为供孩子上学而必须负债；在重庆市，有 49.1％的家庭觉得教育支出压力较大，须借钱或者勉强能维持这一支出；在辽宁省，有 47.2％的人认为教育支出占家庭支出比重较大，只能勉强支付或者借债支出；在湖北省，这一比例为 42.8％。从"家庭中是否教育支出占整体支出比重高到须借钱供孩子上学"的情况来看，广西壮族自治区农村这种家庭的比例（20.5％）远远高于其他省市的农村，宁夏回族自治区（13.6％）、湖北省（9.9％）、重庆市（9.0％）也都超过 9.0％，大大高于全国平均水平（7.7％）。除去十大名村，这一比例在山东省最低，有 27.7％的家庭中教育支出比例较高，其中有 1.5％的家庭认为教育支出占整体支出比例高至需到处借钱来支付。而十大名村的 153 户人家中，只有一户人家（0.7％）认为教育支出占家庭支出比例高到需要借钱来承担，共有 17.0％的家庭认为教育支出负担较重（见表 3-10）。

表 3-10　各省孩子教育支出占家庭支出的比例和现实
（2012"千人百村"）

| | | | 教育支出占家庭支出的比例和现实 | | | | |
			占比例高，需到处借钱	占比例较高，勉强能维持	一般	占比例较低，压力较小	占家庭支出比例低	总计
省/自治区/直辖市	福建	频数	4	31	39	35	17	126
		行百分比	3.2％	24.6％	31.0％	27.7％	13.5％	100.0％
		列百分比	3.6％	7.4％	9.7％	10.3％	9.3％	8.7％
	广西	频数	30	47	27	24	18	146
		行百分比	20.5％	32.2％	18.6％	16.4％	12.3％	100.0％
		列百分比	26.7％	11.1％	6.7％	7.1％	9.9％	10.0％
	河北	频数	7	31	33	39	11	121
		行百分比	5.8％	25.6％	27.3％	32.2％	9.1％	100.0％
		列百分比	6.3％	7.4％	8.2％	11.5％	6.0％	8.3％
	河南	频数	14	39	59	54	20	186
		行百分比	7.5％	21.0％	31.7％	29.0％	10.8％	100.0％
		列百分比	12.5％	9.3％	14.6％	15.8％	11.0％	12.7％

续表

		教育支出占家庭支出的比例和现实					
		占比例高，需到处借钱	占比例较高，勉强能维持	一般	占比例较低，压力较小	占家庭支出比例低	总计
湖北	频数	13	43	36	29	10	131
	行百分比	9.9%	32.9%	27.5%	22.1%	7.6%	100.0%
	列百分比	11.6%	10.2%	8.9%	8.6%	5.5%	9.0%
辽宁	频数	5	62	32	27	16	142
	行百分比	3.5%	43.7%	22.5%	19.0%	11.3%	100.0%
	列百分比	4.5%	14.7%	7.9%	8.0%	8.8%	9.8%
宁夏	频数	21	41	33	27	32	154
	行百分比	13.6%	26.6%	21.5%	17.5%	20.8%	100.0%
	列百分比	18.7%	9.8%	8.2%	8.0%	17.6%	10.6%
山东	频数	2	34	46	31	17	130
	行百分比	1.5%	26.2%	35.4%	23.8%	13.1%	100.0%
	列百分比	1.8%	8.1%	11.4%	9.1%	9.3%	8.9%
重庆	频数	15	67	52	27	6	167
	行百分比	9.0%	40.1%	31.1%	16.2%	3.6%	100.0%
	列百分比	13.4%	16.0%	12.9%	8.0%	3.3%	11.5%
先进村	频数	1	25	46	46	35	153
	行百分比	0.7%	16.3%	30.1%	30.1%	22.8%	100.0%
	列百分比	0.9%	6.0%	11.4%	13.6%	19.3%	10.5%
总计	频数	112	420	403	339	182	1 456
	行百分比	7.7%	28.8%	27.7%	23.3%	12.5%	100.0%
	列百分比	100.0%	100.0%	100.0%	100.0%	100.0%	100.0%

（左侧竖排：省／自治区／直辖市）

虽然孩子的教育支出在有些家庭的总支出中所占比例较高，但是从家长的态度来看，即使经济上出现不能供应孩子学业的情况，仍愿意加强孩子教育的家长占到了85.2%，说明家庭经济状况差不一定就会导致失学、辍学，家长可能会想尽办法供孩子上学；有10.8%的家长表示说不清，是否加强孩子教育得视情况而定；也有4.0%的家长认为在经济无法支持的情况下不会加强孩子的教育（见表3-11）。

表 3 - 11   家长在经济上不能供应孩子学业时是否仍然愿意加强其教育（2012"千人百村"）

	频数	百分比
是	1 255	85.2%
否	59	4.0%
说不清	159	10.8%
总计	1 473	100.0%

从农村失学儿童的情况来看，失学的学龄儿童较少，调查样本中只有 19 个被访者表示家里有到了年龄但未上学的孩子（见表 3 - 12）。失学的原因各不相同，其中有 3 个是由于没钱而失学，有 1 个是由于需要回家种地，有 1 个是因为初中升高中时考试成绩没达到录取标准而失学，有 3 个是孩子本人自己不愿意上，有 2 个是没法上幼儿园，有 2 个是身体健康方面的原因。这说明因经济条件而失学、辍学的情况依然存在，但不一定是失学的主要原因。从 19 个失学儿童的地区分布看，广西壮族自治区有 5 个，占 26.3%；河北省和重庆市各有 3 个，占 15.8%；宁夏回族自治区和十大名村各有 2 个，占 10.5%。

表 3 - 12   家里是否有到了年龄却不在上学的孩子（2012"千人百村"）

	频数	百分比
没有	1 333	98.59%
有	19	1.41%
总计	1 352	100.00%

二、家长的教育态度和行为

（一）家长对教育重要性的评价

教育社会学的研究表明，家庭尤其是家长对子女教育的关注和期望，是影响孩子学习成绩和学业成就的重要因素。农村家庭中家长对教育收益的期望等，无疑会影响家庭在精力与金钱等方面对孩子教育的投入。

从家长对教育收益的看法及期望的调查可见，仅有 14.4% 的家长认为"教育对一个人生活状况的影响并不重要"，有 73.5% 的人对这种看法持否定态度；有 43.7% 的人认为"自己生活状况不好是由于受教育程度不高"。而且，多数农村居民认为一个人的受教育程度不仅影响自己的生活状况，还会影响到下一代。对于"父母的受教育程度越高，自己的生活状况越好"的说法，持赞同态度的占到 68.7%，表示不赞同的占 14.2%；赞同"自己的受教育程度越高，自己的生活状况越好"说法的占到 76.0%，表示不赞同的有 9.7%；赞同"自己的受教育程度越高，子女的生活状况越好"的占到 72.1%，表示不赞同的有 11.5%（见表 3-13）。

表 3-13　农村家长对受教育程度与生活状况相关性的看法
（2012 "千人百村"）　　　　单位：%

	非常赞同	比较赞同	中立	比较不赞同	非常不赞同
教育对一个人生活状况的影响并不重要	4.9	9.5	12.1	40.5	33.0
自己生活状况不好是由于受教育程度不高	14.5	29.2	26.1	24.7	5.5
父母的受教育程度越高，自己的生活状况越好	26.6	42.1	17.1	11.8	2.4
自己的受教育程度越高，自己的生活状况越好	32.5	43.5	14.3	8.4	1.3
自己的受教育程度越高，子女的生活状况越好	28.8	43.3	16.4	9.5	2.0
教育是一个人走向成功的唯一途径	21.5	24.8	20.5	25.1	8.2

可见绝大多数村民都充分认识到了教育的重要性，认为受教育程度高低与生活状况好坏是正向相关的，受教育程度的这种正向作用不仅影响受教育者自身，而且会影响到子代的生活质量；甚至有 46.3% 的人认为"教育是一个人走向成功的唯一途径"。"读书无用论"并没有多大市场。

（二）监护人及其对在校学生学习的监管情况

学校教育只是一个人所受教育的小部分，孩子们大多数时间都在家庭中，尤其是低年级的孩子。家庭是孩子最开始接受教育的地方，家庭教育也是教育的重要组成部分，它具有亲情性、灵活性、连续性等其他教育形式不具有的优势，事实上，国内外相关研究都表明家庭教育环境在孩子的成长过程中发挥着重要作用。美国社会学家科尔曼等人的研究报告认为，影响孩子学习成绩的主要因素是家庭，家庭教育是学校教育永远的背景和永远的底色。[①]大量研究表明，家庭教育态度中父母的参与度、支持度、亲子互动等方面与孩子的学业成绩呈显著正相关。然而，我国农村儿童教育中家长角色存在缺失，尤其对于那些父母在外务工的留守儿童，家庭教育质量令人担忧。

就监护人身份而言，从此次调查来看，农村在校学生由父母在家照顾的不到2/3，在校学生中为留守儿童的超过1/3。在这些留守儿童中，有27%由爷爷奶奶照看，说明农村儿童由隔代老人陪护的情况仍较为普遍，有5%是由兄弟姐妹照料，还有4%是托他人代管（见图3-1）。

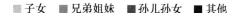

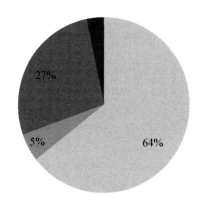

图3-1 监护人与上学儿童的关系（2012"千人百村"）

前面已经提到，家长们充分认识到了受教育的重要性。进一步地，从监护人对于其自身在儿童教育过程中角色的认识和扮演来看，绝大多数监护人都认可监护人应该积极监管孩子的学习，但实践中真正身体力行的监护人的比例却大打折扣。

表3-14显示，超过80%的监护人对于自己应当了解学校的软硬件环境、和老师经常沟通都是持赞成态度的。

---

① Coleman J S，et al. Equality of education opportunity. Washington：Government Printing Office，1966.

表 3 - 14　监护人认为关心孩子学习的家长应该做到的事情
（2012"千人百村"）　　　　　　　　　　　单位：%

	非常赞同	比较赞同	中立	比较不赞同	非常不赞同
我了解学校软硬件环境，对孩子学习的事情都非常清楚	42.0	40.7	13.6	2.9	0.8
我经常与我孩子的老师沟通	38.2	41.9	14.7	3.9	1.3
我对孩子在学校的事情不是很清楚，只偶尔和老师沟通	4.5	12.0	26.2	46.1	11.2
我一般只是从孩子的考试成绩上来认识孩子的学习状况	5.1	17.2	19.9	42.2	15.6
孩子学习什么样我并不在乎	1.5	2.8	9.6	32.6	53.5

但是从表 3-15 来看，真正认为自己的行为满足了以上要求的监护人所占比例却比较低，仅有 44.7% 的监护人认为自己了解学校的软硬件环境和孩子学习情况，有 40.9% 的监护人经常和老师进行沟通，由此可以看出，监护人虽然认识到自己应该与学校进行合作、积极参与孩子的学校教育，但在实践中不一定做得到。

表 3 - 15　监护人对于自己在孩子学习方面参与度的自我评价
（2012"千人百村"）　　　　　　　　　　　单位：%

	非常赞同	比较赞同	中立	比较不赞同	非常不赞同
我了解学校软硬件环境，对孩子学习的事情都非常清楚	16.8	27.9	24.0	22.7	8.6
我经常与我孩子的老师沟通	16.2	24.7	22.7	25.8	10.6
我对孩子在学校的事情不是很清楚，只偶尔和老师沟通	7.0	26.1	26.1	29.3	11.5
我一般只是从孩子的考试成绩上来认识孩子的学习状况	12.3	26.1	22.6	27.8	11.2
孩子学习什么样我并不在乎	4.0	5.5	13.6	28.7	48.2

分监护人来看，父母类监护人在自己子女的学校教育中参与度是所有监护人中最高的，参与度居于其次的是爷爷奶奶类监护人。

首先，就对学校软硬件环境以及孩子学习情况的了解来看，48.7%的父母都自认为"了解学校软硬件环境，对孩子学习的事情都非常清楚"；有18.8%的父母认为自己在这方面做得比较一般；也有32.5%的父母认为自己做不到或者远没做到这些方面。调查表明，爷爷奶奶是父母之外农村儿童的主要监护人。作为监护人，有37.5%的爷爷奶奶比较了解学校软硬件环境、清楚孩子学习的事情；有24.6%的表示中立；还有37.9%的爷爷奶奶表示还做不到这一点。相比较而言，其他关系的监护人在这一方面的了解程度最低，只有31.1%表示比较或非常了解学校软硬件环境、对孩子学习的事情都非常清楚（见表3-16）。

表3-16　监护人对学校软硬件环境和孩子学习的事情了解程度的自我评价
（2012"千人百村"）

| | | 我了解学校软硬件环境，对孩子学习的事情都非常清楚 | | | | | |
		非常赞同	比较赞同	中立	比较不赞同	非常不赞同	总计
关系	子女 频数	202	340	209	254	108	1 113
	行百分比	18.1%	30.6%	18.8%	22.8%	9.7%	100.0%
	列百分比	75.4%	71.7%	59.0%	62.6%	67.9%	67.0%
	兄弟姐妹 频数	4	15	21	15	2	57
	行百分比	7.0%	26.3%	36.9%	26.3%	3.5%	100.0%
	列百分比	1.5%	3.2%	5.9%	3.7%	1.3%	3.4%
	孙儿孙女 频数	60	107	110	126	43	446
	行百分比	13.5%	24.0%	24.6%	28.3%	9.6%	100.0%
	列百分比	22.4%	22.6%	31.1%	31.0%	27.0%	26.9%
	其他 频数	2	12	14	11	6	45
	行百分比	4.4%	26.7%	31.2%	24.4%	13.3%	100.0%
	列百分比	0.7%	2.5%	4.0%	2.7%	3.8%	2.7%
总计	频数	268	474	354	406	159	1 661
	行百分比	16.1%	28.6%	21.3%	24.4%	9.6%	100.0%
	列百分比	100.0%	100.0%	100.0%	100.0%	100.0%	100.0%

其次，就监护人与孩子老师的沟通情况来看，18.9%的父母认为自己在经常与孩子老师进行沟通方面做得非常好，26.7%的父母认为自己做得比较好，有15.4%的父母自我感觉处于中等程度，27.9%的父母认为自己做得比较不好，11.1%的父母则感觉自己做得非常不好。爷爷奶奶参与度仅次于父母，他们自认为在经常与孩子老师沟通方面做得非常好、比较好、一般、比较不好、非常不好的比例分别为：13.2%、21.3%、27.4%、26.2%和11.9%。兄弟姐妹类监护人或者其他关系的监护人在这方面的参与度都差不多，远低于前两类监护人（见表3-17）。

表3-17 监护人与老师沟通方面的自我评价
（2012"千人百村"）

| | | 我经常与我孩子的老师沟通 | | | | | 总计 |
		非常赞同	比较赞同	中立	比较不赞同	非常不赞同	
关系	子女 频数	211	299	172	312	124	1 118
	行百分比	18.9%	26.7%	15.4%	27.9%	11.1%	100.0%
	列百分比	77.3%	72.2%	51.7%	69.4%	65.3%	67.4%
	兄弟姐妹 频数	2	11	23	12	7	55
	行百分比	3.6%	20.0%	41.9%	21.8%	12.7%	100.0%
	列百分比	0.7%	2.7%	6.9%	2.7%	3.7%	3.3%
	孙儿孙女 频数	59	95	122	117	53	446
	行百分比	13.2%	21.3%	27.4%	26.2%	11.9%	100.0%
	列百分比	21.6%	22.9%	36.6%	26.1%	27.8%	26.9%
	其他 频数	1	9	16	8	6	40
	行百分比	2.5%	22.5%	40.0%	20.0%	15.0%	100.0%
	列百分比	0.4%	2.2%	4.8%	1.8%	3.2%	2.4%
总计	频数	273	414	333	449	190	1 659
	行百分比	16.4%	25.0%	20.1%	27.1%	11.4%	100.0%
	列百分比	100.0%	100.0%	100.0%	100.0%	100.0%	100.0%

从是否在乎孩子学习来看，总体上各类监护人之间差别不大。有81.5%的父母类监护人表示自己非常在乎或比较在乎孩子的学业情况，但是也有10.9%的父母认为自己并不在乎；76.9%的兄弟姐妹表示比较在乎甚至非常

在乎其监护对象的学业情况，只有 1.9% 的这类监护人表示不在乎；爷爷奶奶类监护人中有 71.0% 认为自己在乎孙儿孙女的学业情况，有 10.0% 表示不在乎；在其他关系的监护人中，有 67.5% 的人觉得比较在乎或非常在乎监护对象的学业情况，也有 7.5% 的这类监护人认为自己并不那么在乎。可见，各种身份的监护人普遍都是比较关注孩子的学业情况的（见表 3-18）。

表 3-18　监护人对于自己是否在乎孩子学习的自我评价
(2012 "千人百村")

| | | 孩子学习什么样我并不在乎 | | | | | 总计 |
		非常赞同	比较赞同	中立	比较不赞同	非常不赞同	
关系	子女 频数	58	60	82	318	566	1 084
	行百分比	5.4%	5.5%	7.6%	29.3%	52.2%	100.0%
	列百分比	80.5%	64.5%	44.4%	69.6%	70.7%	67.5%
	兄弟姐妹 频数	1	0	11	13	27	52
	行百分比	1.9%	0.0%	21.2%	25.0%	51.9%	100.0%
	列百分比	1.4%	0.0%	5.9%	2.8%	3.4%	3.2%
	孙儿孙女 频数	13	30	82	121	185	431
	行百分比	3.0%	7.0%	19.0%	28.1%	42.9%	100.0%
	列百分比	18.1%	32.3%	44.3%	26.5%	23.1%	26.8%
	其他 频数	0	3	10	5	22	40
	行百分比	0.0%	7.5%	25.0%	12.5%	55.0%	100.0%
	列百分比	0.0%	3.2%	5.4%	1.1%	2.8%	2.5%
总计	频数	72	93	185	457	800	1 607
	行百分比	4.5%	5.8%	11.5%	28.4%	49.8%	100.0%
	列百分比	100.0%	100.0%	100.0%	100.0%	100.0%	100.0%

在关注孩子的学习方面，监护人普遍"一般只是从孩子的考试成绩上来认识孩子的学习状况"。表示自己目前只从考试成绩关注孩子学习的，父母类监护人占 41.2%，爷爷奶奶类监护人占 38.8%，兄弟姐妹类监护人占 32.7%，其他关系的监护人的比例是 28.2%（见表 3-19）。

表 3 - 19　监护人是否只是从孩子的考试成绩上来认识孩子的学习状况
（2012"千人百村"）

| | | 一般只是从孩子的考试成绩上来认识孩子的学习状况 | | | | | |
		非常赞同	比较赞同	中立	比较不赞同	非常不赞同	总计
关系	子女 频数	141	309	176	324	140	1 090
	行百分比	12.9%	28.3%	16.2%	29.8%	12.8%	100.0%
	列百分比	69.8%	69.2%	51.3%	72.2%	78.1%	67.3%
	兄弟姐妹 频数	6	11	14	15	6	52
	行百分比	11.5%	21.2%	26.9%	28.9%	11.5%	100.0%
	列百分比	3.0%	2.5%	4.1%	3.3%	3.4%	3.2%
	孙儿孙女 频数	52	118	140	101	27	438
	行百分比	11.9%	26.9%	32.0%	23.1%	6.1%	100.0%
	列百分比	25.7%	26.5%	40.8%	22.5%	15.1%	27.1%
	其他 频数	3	8	13	9	6	39
	行百分比	7.7%	20.5%	33.3%	23.1%	15.4%	100.0%
	列百分比	1.5%	1.8%	3.8%	2.0%	3.4%	2.4%
总计	频数	202	446	343	449	179	1 619
	行百分比	12.5%	27.5%	21.2%	27.7%	11.1%	100.0%
	列百分比	100.0%	100.0%	100.0%	100.0%	100.0%	100.0%

考试是把握学生某一阶段学习状态的重要途径，考试成绩能在一定程度上反映学生在该阶段的学习效果，适度频率的考试有助于提升学生的学习效果，因此学生的考试和考试成绩往往备受重视。尤其，身处应试教育体制中，在巨大的升学压力下，无论学校、家长还是学生本人往往都很关注考试成绩，甚至出现"唯考试论""以分数论优差"等情况。这样不仅不利于学生的全面发展，更容易造成家长把孩子学业成败完全交托给学校的倾向，不利于家庭和学校在孩子成长过程中的配合，使孩子各方面发展效果大打折扣。

从上面的分析中，我们可以看到，监护人与孩子的关系影响着监护人对孩子教育的参与度。事实上，随着城镇化进程的加快、乡城流动人口规模的增大，人们对农村留守儿童问题的关注日益增加。父母外出务工的确可能增加家庭收入，更有能力对孩子的教育予以经济上的支持，但是父母在孩子日常生活中的缺失，不仅不能为孩子提供角色榜样和行为指导，而且对孩子学业活动的时间投入也大打折扣，而这三方面都会影响孩子的受教育质量和教育获得。农村儿童，尤其是留守儿童的监护人问题，其实也影响着城乡儿童教育的平等程度。

三、村干部和村民对当地教育的评价

（一）村干部的评价

前面的分析表明，农村教育在教育设施服务半径、经济支出压力和家长对孩子学业参与度等方面都或多或少存在一定的问题。

从表 3-20 可以发现，在 116 个村中，28.4%（33 个村）的村（居）委会办公人员认为教育经费不足是村里义务教育面临的最大问题；其次，认为学生到校交通困难是村里义务教育面临的最大问题的村有 32 个，占 116 个村的 27.6%；有 28 个村（24.1%）的义务教育面临的最大问题为学校师资力量薄弱；有 1 个村认为辍学现象严重是该村义务教育面临的最大问题。

结合村庄所处地理地势来看，地处丘陵的 38 个村中，经费不足问题仍然最为普遍（13 个村，占到 38 个村的 34.2%），但师资力量薄弱问题严重的村数（12 个）远多于学生到校交通困难的村数（5 个）。地处山区的 33 个村中，普遍（48.5%）认为教育面临最大的问题是学生到校交通问题突出；认为师资力量薄弱问题严重和经费不足问题突出的各有 5 个村，分别占 33 个山区村的 15.2%；此外，116 个村中唯一认为辍学现象严重是村里义务教育面临最大问题的村也地处山区，可见撤点并校以来，山区中小学生的上学交通问题或许确实比较严重，甚至引起了辍学问题。在地处高原的 5 个村中，3 个村都认为师资力量薄弱是本村义务教育面临的最大问题。而在地处平原的 40 个村中，有 35.0% 的村（14 个）认为经费不足问题突出；有 11 个村（27.5%）认为学生到校交通困难是村里义务教育面临的最大问题；有 8 个村（20.0%）认为师资力量薄弱问题严重。

就教育问题在各类农村的分布来看，经费不足现象主要分布在平原地区村庄（42.4%）和丘陵地区村庄（39.4%）；师资力量薄弱问题严重的主要是地处丘陵和平原的村庄，分别占了 28 个中的 42.9% 和 28.6%；学生到校交通困难问题主要分布在地处山区和平原的村庄，32 个到校交通困难的村有一半都地处山区。

表 3-20 各村所在地位置与义务教育面临主要问题情况（2012"千人百村"）

		您认为您村义务教育面临的最大问题是					总计
		经费不足	师资力量薄弱	学生到校交通困难	辍学现象严重	其他	
您村地理上属于	丘陵						
		频数	13	12	5	0	8	38
		行百分比	34.2%	31.5%	13.2%	0.0%	21.1%	100.0%
		列百分比	39.4%	42.9%	15.6%	0.0%	36.4%	32.7%
		总百分比	11.1%	10.4%	4.3%	0.0%	6.9%	32.7%
	山区	频数	5	5	16	1	6	33
		行百分比	15.2%	15.2%	48.5%	3.0%	18.1%	100.0%
		列百分比	15.2%	17.8%	50.0%	100.0%	27.3%	28.5%
		总百分比	4.3%	4.3%	13.8%	0.9%	5.2%	28.5%
	高原	频数	1	3	0	0	1	5
		行百分比	20.0%	60.0%	0.0%	0.0%	20.0%	100.0%
		列百分比	3.0%	10.7%	0.0%	0.0%	4.5%	4.3%
		总百分比	0.9%	2.5%	0.0%	0.0%	0.9%	4.3%
	平原	频数	14	8	11	0	7	40
		行百分比	35.0%	20.0%	27.5%	0.0%	17.5%	100.0%
		列百分比	42.4%	28.6%	34.4%	0.0%	31.8%	34.5%
		总百分比	12.1%	6.9%	9.5%	0.0%	6.0%	34.5%
总计		频数	33	28	32	1	22	116
		行百分比	28.4%	24.1%	27.6%	0.9%	19.0%	100.0%
		列百分比	100.0%	100.0%	100.0%	100.0%	100.0%	100.0%
		总百分比	28.4%	24.1%	27.6%	0.9%	19.0%	100.0%

（二）村民的评价

从村民对农村学校教育的认识与评价来看，主要问题表现在教育经费、师资力量和升学机会等方面。

1. 教育经费

前面的数据表明，在 116 个村中，28.4%（33 个村）的村（居）委会办公人员认为教育经费不足是村里义务教育面临的最大问题。

而在 1 475 个有效被访村民中,对于"学费太贵"这一说法,有 11.7%的人表示非常赞同;有 21.2%的人表示比较赞同;有 26.1%的人持中立态度;有 24.9%的人表示比较不赞同该说法;另外 16.1%的人则非常不赞同该说法。总的来说,有 32.9%的人认为学费贵,有 26.1%的人保持中立,有 41.0%的人给予了否定。

分省来看,非常赞同"学费太贵"说法的村民比例最高的是辽宁省,该地有 19.3%的人持此观点;这一比例居于其次的是湖北省,为 17.3%;福建省以 13.4%居于第三。在比较赞同"学费太贵"这一说法的村民中,山东省、辽宁省和重庆市分别以 29.8%、29.3%和 29.2%位列前三。对当地"学费太贵"这一说法不置可否的,河北省有 36.9%,为各省中最高比例;其次为福建省,为 36.2%;再次是湖北省,该省这一比例为 33.1%。对此表示比较不赞同的村民,比例最高的是宁夏回族自治区,为 33.1%;河南省以 29.6%居于其次;再次是重庆市,持比较不赞同态度的村民有 28.7%。而完全不认为农村学费太贵的,最高的是宁夏回族自治区,为 28.6%;河南省的这一比例为 24.3%,居于其次;广西壮族自治区以 22.4%排在第三(见表 3 - 21)。

表 3 - 21　村民对"学费太贵"说法的态度(2012"千人百村")

		学费太贵					总计
		非常赞同	比较赞同	中立	比较不赞同	非常不赞同	
省/自治区/直辖市	福建 频数	17	22	46	31	11	127
	行百分比	13.4%	17.3%	36.2%	24.4%	8.7%	100.0%
	列百分比	9.8%	7.0%	12.0%	8.4%	4.6%	8.6%
	广西 频数	19	24	36	35	33	147
	行百分比	12.9%	16.3%	24.6%	23.8%	22.4%	100.0%
	列百分比	11.0%	7.7%	9.4%	9.5%	13.9%	10.0%
	河北 频数	16	32	48	17	17	130
	行百分比	12.3%	24.6%	36.9%	13.1%	13.1%	100.0%
	列百分比	9.2%	10.2%	12.5%	4.6%	7.1%	8.8%

续表

		学费太贵					总计
		非常赞同	比较赞同	中立	比较不赞同	非常不赞同	
省/自治区/直辖市 河南	频数	14	33	40	56	46	189
	行百分比	7.4%	17.5%	21.2%	29.6%	24.3%	100.0%
	列百分比	8.1%	10.5%	10.4%	15.2%	19.3%	12.8%
湖北	频数	23	24	44	28	14	133
	行百分比	17.3%	18.0%	33.1%	21.1%	10.5%	100.0%
	列百分比	13.3%	7.7%	11.5%	7.6%	5.9%	9.0%
辽宁	频数	27	41	32	30	10	140
	行百分比	19.3%	29.3%	22.9%	21.4%	7.1%	100.0%
	列百分比	15.6%	13.1%	8.4%	8.2%	4.2%	9.5%
宁夏	频数	19	20	20	51	44	154
	行百分比	12.3%	13.0%	13.0%	33.1%	28.6%	100.0%
	列百分比	11.0%	6.4%	5.2%	13.9%	18.5%	10.4%
山东	频数	4	39	33	34	21	131
	行百分比	3.1%	29.8%	25.1%	26.0%	16.0%	100.0%
	列百分比	2.3%	12.5%	8.7%	9.2%	8.8%	8.9%
重庆	频数	19	50	40	49	13	171
	行百分比	11.1%	29.2%	23.4%	28.7%	7.6%	100.0%
	列百分比	11.0%	16.0%	10.4%	13.3%	5.5%	11.6%
先进村	频数	15	28	44	37	29	153
	行百分比	9.8%	18.3%	28.8%	24.2%	19.0%	100.0%
	列百分比	8.7%	8.9%	11.5%	10.1%	12.2%	10.4%
总计	频数	173	313	383	368	238	1 475
	行百分比	11.7%	21.2%	26.1%	24.9%	16.1%	100.0%
	列百分比	100.0%	100.0%	100.0%	100.0%	100.0%	100.0%

部分被访村民赞同农村教育学费太贵的说法，那么这些村庄学校中是否存在乱收费现象呢？从表3-22可见，对于“学校目前存在乱收费现象”的说法，有8.5%的人表示非常赞同；有18.3%的人表示比较赞同；有29.5%的人持中立态度；有25.9%的人表示比较不赞同该说法；另外17.8%的人则非常不赞同此说法。可见，抱持中立态度的被访者比例最高。总的来说，有26.8%的人是赞同的，有29.5%的人保持中立，有43.7%的人否定了此现象。

表 3-22　村民对学校目前是否存在乱收费现象的认识
(2012"千人百村")

		学校目前存在乱收费现象					总计
		非常赞同	比较赞同	中立	比较不赞同	非常不赞同	
福建	频数	11	17	51	32	17	128
	行百分比	8.6%	13.3%	39.8%	25.0%	13.3%	100.0%
	列百分比	8.7%	6.3%	11.7%	8.3%	6.4%	8.6%
广西	频数	8	23	28	46	44	149
	行百分比	5.4%	15.4%	18.8%	30.9%	29.5%	100.0%
	列百分比	6.3%	8.5%	6.4%	11.9%	16.7%	10.0%
河北	频数	12	24	55	23	18	132
	行百分比	9.1%	18.2%	41.7%	17.4%	13.6%	100.0%
	列百分比	9.5%	8.8%	12.6%	6.0%	6.8%	8.9%
河南	频数	11	35	67	46	33	192
	行百分比	5.7%	18.2%	34.9%	24.0%	17.2%	100.0%
	列百分比	8.7%	12.9%	15.3%	11.9%	12.5%	12.9%
湖北	频数	16	29	42	36	11	134
	行百分比	11.9%	21.6%	31.4%	26.9%	8.2%	100.0%
	列百分比	12.8%	10.7%	9.6%	9.4%	4.2%	9.0%
辽宁	频数	14	34	38	29	24	139
	行百分比	10.1%	24.5%	27.2%	20.9%	17.3%	100.0%
	列百分比	11.1%	12.5%	8.7%	7.5%	9.1%	9.4%
宁夏	频数	18	21	16	44	56	155
	行百分比	11.6%	13.6%	10.3%	28.4%	36.1%	100.0%
	列百分比	14.4%	7.7%	3.7%	11.4%	21.3%	10.4%
山东	频数	10	25	25	49	22	131
	行百分比	7.6%	19.1%	19.1%	37.4%	16.8%	100.0%
	列百分比	7.9%	9.2%	5.7%	12.8%	8.3%	8.8%
重庆	频数	10	43	64	45	8	170
	行百分比	5.9%	25.3%	37.6%	26.5%	4.7%	100.0%
	列百分比	7.9%	15.7%	14.6%	11.7%	3.0%	11.6%
先进村	频数	16	21	51	35	31	154
	行百分比	10.4%	13.6%	33.2%	22.7%	20.1%	100.0%
	列百分比	12.7%	7.7%	11.7%	9.1%	11.7%	10.4%
总计	频数	126	272	437	385	264	1 484
	行百分比	8.5%	18.3%	29.5%	25.9%	17.8%	100.0%
	列百分比	100.0%	100.0%	100.0%	100.0%	100.0%	100.0%

省/自治区/直辖市

比较省际差别，非常赞同"学校目前存在乱收费现象"这一说法比例最高的是湖北省，该地有 11.9% 的人持此观点；其次是宁夏回族自治区，为 11.6%；第三是十大名村，有 10.4% 的人持此态度。在各省对这一说法持比较赞同态度的村民中，比例最高的是重庆市，占该地 170 人中的 25.3%；其次为辽宁省，有 24.5% 的人持此态度；再次为湖北省，持这一态度的村民占该省 134 人中的 21.6%。对于这一说法保持中立态度的，河北省有 41.7% 的村民，为各省中最高比例；其次是福建省，为 39.8%；再次是重庆市，这一比例为 37.6%。对此表示比较不赞同的村民中，比例最高的是山东省，为 37.4%；广西壮族自治区以 30.9% 居于其次；再次是宁夏回族自治区，有 28.4%。而非常不赞同"学校目前存在乱收费现象"这一说法的各省村民中，宁夏回族自治区、广西壮族自治区和十大名村分别以 36.1%、29.5% 和 20.1% 排在前三。

总体上来说，辽宁省有 34.6% 的村民都是赞同"学校目前存在乱收费现象"这一说法的，湖北省有 33.5% 的村民表示赞同，重庆市持此态度的村民占比为 31.2%。各省中不赞同"学校目前存在乱收费现象"的村民所占比例，最高的是宁夏回族自治区，占到 64.5%；其次是广西壮族自治区，占 60.4%；再次是山东省，有 54.2% 的村民表示比较不赞同和非常不赞同。这也说明西部少数民族地区农村学校目前乱收费现象较罕见。

从村民关于政府对农村学校投入的评价来看，如表 3-23 所示，对于"政府对农村学校投入太少"这一说法，有 20.2% 的人表示非常赞同；有 29.5% 的人表示比较赞同；有 30.8% 的人持中立态度；有 14.5% 的人表示比较不赞同该说法；另外 5.0% 的人则非常不赞同此说法。总的来说，有 49.7% 的人认同，有 30.8% 的人保持中立，有 19.5% 的人给予了否定。可见，有近一半的村民都认为政府对农村学校投入太少。

分省来看，非常赞同"政府对农村学校投入太少"说法的村民比例最高的是广西壮族自治区，该地有 29.3% 的人持此观点；这一比例居于其次的是辽宁省，为 26.4%；宁夏回族自治区以 23.6% 居于第三。由此可见西部少数民族自治区强烈不满政府对农村学校投入力度的村民普遍多于其他省市。关于比较赞同"政府对农村学校投入太少"这一说法的村民，河南省、河北省和重庆市分别以 35.9%、35.7% 和 34.9% 位列前三。对这一说法不置可否的,十大名村为 48.3%,为最高比例;其次为福建省,为 42.4%;再次是湖北省,该省这一比例为 35.3%。对此表示比较不赞同的村民中,比例最高的是宁夏回族自治区,为 23.6%;山东省以 18.6% 居于其次;再次是湖北省,持比较不赞同态度的村民有 15.8%。而完全不认为"政府对农村学校投入太少"的村民中,比例最高的是宁夏回族自治区,为 14.2%;十大名村的这一比例为 8.6%,居于其次;河南省以 5.2% 排在第三。我们发现,宁夏回族自治区村民对政府教育方面的投入非常满意和非常不满意的比例都较高于其他各省,可见该区域内各地方政府对本地不同村庄学校的投入力度也有较大差别。

表 3-23 村民关于"政府对农村学校投入太少"说法的评价
(2012"千人百村")

| | | 政府对农村学校投入太少 | | | | | 总计 |
		非常赞同	比较赞同	中立	比较不赞同	非常不赞同	
省/自治区/直辖市	福建 频数	28	27	53	11	6	125
	福建 行百分比	22.4%	21.6%	42.4%	8.8%	4.8%	100.0%
	福建 列百分比	9.5%	6.3%	11.8%	5.2%	8.2%	8.6%
	广西 频数	43	46	34	20	4	147
	广西 行百分比	29.3%	31.3%	23.1%	13.6%	2.7%	100.0%
	广西 列百分比	14.6%	10.7%	7.6%	9.4%	5.5%	10.1%
	河北 频数	23	45	38	19	1	126
	河北 行百分比	18.3%	35.7%	30.1%	15.1%	0.8%	100.0%
	河北 列百分比	7.8%	10.5%	8.4%	9.0%	1.4%	8.6%
	河南 频数	34	69	56	23	10	192
	河南 行百分比	17.7%	35.9%	29.2%	12.0%	5.2%	100.0%
	河南 列百分比	11.5%	16.0%	12.4%	10.8%	13.7%	13.2%
	湖北 频数	23	40	47	21	2	133
	湖北 行百分比	17.3%	30.1%	35.3%	15.8%	1.5%	100.0%
	湖北 列百分比	7.8%	9.3%	10.4%	9.9%	2.7%	9.1%
	辽宁 频数	37	48	39	12	4	140
	辽宁 行百分比	26.4%	34.2%	27.9%	8.6%	2.9%	100.0%
	辽宁 列百分比	12.5%	11.2%	8.7%	5.7%	5.5%	9.6%

续表

			政府对农村学校投入太少				
			非常赞同	比较赞同	中立	比较不赞同	非常不赞同	总计
省/自治区/直辖市	宁夏	频数	35	36	21	35	21	148
		行百分比	23.6%	24.4%	14.2%	23.6%	14.2%	100.0%
		列百分比	11.9%	8.4%	4.7%	16.6%	28.8%	10.1%
	山东	频数	20	38	42	24	5	129
		行百分比	15.5%	29.5%	32.5%	18.6%	3.9%	100.0%
		列百分比	6.8%	8.8%	9.3%	11.3%	6.8%	8.8%
	重庆	频数	33	59	47	23	7	169
		行百分比	19.5%	34.9%	27.9%	13.6%	4.1%	100.0%
		列百分比	11.2%	13.7%	10.4%	10.8%	9.6%	11.6%
先进村		频数	19	22	73	24	13	151
		行百分比	12.6%	14.6%	48.3%	15.9%	8.6%	100.0%
		列百分比	6.4%	5.1%	16.3%	11.3%	17.8%	10.3%
总计		频数	295	430	450	212	73	1 460
		行百分比	20.2%	29.5%	30.8%	14.5%	5.0%	100.0%
		列百分比	100.0%	100.0%	100.0%	100.0%	100.0%	100.0%

　　总体上来说，辽宁省有 60.6% 的村民认为政府对农村学校的投入过少；广西壮族自治区有 60.6% 的村民持此态度；重庆市赞同这一说法的村民所占比例为 54.4%；十大名村的这一比例最低，为 27.2%。对"政府对农村学校投入太少"这一说法予以否定的村民所占比例，最高的是宁夏回族自治区，累积占到 37.8%；其次是十大名村，累积 24.5% 的村民否定了这一说法；再次是山东省，有 22.5% 的村民表示了否认。可见，十大名村村民关于政府对农村学校投入的满意度高于其他村庄。

　　2. 师资力量

　　村民对于"学校教师水平令人满意"这一说法的态度，有 10.3% 的人表示非常赞同；有 31.2% 的人表示比较赞同；有 33.7% 的人持中立态度；有 18.1% 的人表示比较不赞同该说法；另外 6.7% 的人则非常不赞同此说法。可见，对农村学校教师水平不置可否的被访者比例最高。总的来说，有 41.5%的人是赞同的，有 33.7%的人保持中立，有 24.8%的人给予了否定。

分省来看，非常满意农村学校教师水平的村民比例最高的是宁夏回族自治区，该地有 16.3%的人持此观点；这一比例居于其次的是广西壮族自治区，为 14.9%；河南省和十大名村，均以 11.0%并列第三。各省对农村学校教师水平比较满意的村民中，辽宁省和重庆市的比例均为 35.9%；山东省以 34.4%位居其三。对当地农村学校教师水平不置可否的村民中，福建省的比例为 43.8%，为各省中最高比例；其次是河北省，为 43.0%；再次是湖北省，该省这一比例为 39.6%。对此表示比较不赞同的村民中，比例最高的是河南省，为 25.1%；重庆市以 21.2%居于其次；再次是辽宁省，持比较不赞同态度的村民有 21.1%。而非常不满意学校教师水平的村民中，宁夏回族自治区以 22.9%位居最高，辽宁省和福建省分别以 9.2%和 7.8%排在第二、第三。我们发现，宁夏回族自治区村民对教师水平非常满意和非常不满意的比例都高于其他各省，可见当地师资水平或许在各村庄中也有较大差别。

总体上来说，辽宁省有 44.4%的村民都是满意学校教师水平的，广西壮族自治区有 44.0%的村民表示满意，十大名村持此态度的村民占比为 43.5%。各省中不认为学校教师水平令人满意的村民所占比例，最高的是宁夏回族自治区，为 41.2%；其次是辽宁省，30.3%的村民否定了这一说法；再次是河南省，有 29.8%的村民表示比较不赞同和非常不赞同（见表 3-24）。

表 3-24 村民对学校教师水平的满意度（2012"千人百村"）

			学校教师水平令人满意				总计
			非常赞同	比较赞同	中立	比较不赞同	非常不赞同	
省/自治区/直辖市	福建	频数	11	33	56	18	10	128
		行百分比	8.6%	25.7%	43.8%	14.1%	7.8%	100.0%
		列百分比	7.2%	7.1%	11.3%	6.7%	10.1%	8.7%
	广西	频数	22	43	52	23	8	148
		行百分比	14.9%	29.1%	35.1%	15.5%	5.4%	100.0%
		列百分比	14.5%	9.3%	10.4%	8.6%	8.1%	10.0%

续表

		学校教师水平令人满意					总计
		非常赞同	比较赞同	中立	比较不赞同	非常不赞同	
河北	频数	14	39	55	15	5	128
	行百分比	10.9%	30.5%	43.0%	11.7%	3.9%	100.0%
	列百分比	9.3%	8.4%	11.0%	5.6%	5.1%	8.7%
河南	频数	21	57	56	48	9	191
	行百分比	11.0%	29.9%	29.3%	25.1%	4.7%	100.0%
	列百分比	13.8%	12.4%	11.3%	17.9%	9.1%	12.8%
湖北	频数	12	43	53	22	4	134
	行百分比	9.0%	32.1%	39.6%	16.3%	3.0%	100.0%
	列百分比	7.9%	9.3%	10.6%	8.2%	4.0%	9.1%
辽宁	频数	12	51	36	30	13	142
	行百分比	8.5%	35.9%	25.3%	21.1%	9.2%	100.0%
	列百分比	7.9%	11.0%	7.2%	11.2%	13.1%	9.6%
宁夏	频数	25	40	25	28	35	153
	行百分比	16.3%	26.2%	16.3%	18.3%	22.9%	100.0%
	列百分比	16.4%	8.7%	5.0%	10.4%	35.3%	10.3%
山东	频数	9	45	44	27	6	131
	行百分比	6.9%	34.4%	33.5%	20.6%	4.6%	100.0%
	列百分比	5.9%	9.7%	8.8%	10.1%	6.1%	8.9%
重庆	频数	9	61	62	36	2	170
	行百分比	5.3%	35.9%	36.4%	21.2%	1.2%	100.0%
	列百分比	5.9%	13.3%	12.5%	13.5%	2.0%	11.5%
先进村	频数	17	50	59	21	7	154
	行百分比	11.0%	32.5%	38.4%	13.6%	4.5%	100.0%
	列百分比	11.2%	10.8%	11.9%	7.8%	7.1%	10.4%
总计	频数	152	462	498	268	99	1 479
	行百分比	10.3%	31.2%	33.7%	18.1%	6.7%	100.0%
	列百分比	100.0%	100.0%	100.0%	100.0%	100.0%	100.0%

省/自治区/直辖市

3. 升学机会和学习压力

农村教育经费的不足以及师资力量的薄弱，势必影响农村学生的学业成就。在择优录取的教育体制里，农村学生获得进一步教育的机会也会受到制约。

如表 3-25 所示，在本次调查中，村民对于"农村孩子的升学机会太少"这一说法，有 21.5% 的人表示非常赞同；有 32.4% 的人表示比较赞同；有 22.5% 的人持中立态度；有 18.3% 的人表示比较不赞同该说法；另外 5.3% 的人则非常不赞同该说法。可见，抱持比较赞同态度的被访者比例最高。总的来说，有 53.9% 的人是赞同的，有 23.6% 的人持否定观点，有 22.5% 的人保持中立。

表 3-25　村民是否认为农村孩子的升学机会太少（2012"千人百村"）

		农村孩子的升学机会太少					总计
		非常赞同	比较赞同	中立	比较不赞同	非常不赞同	
省/自治区/直辖市	福建 频数	12	54	34	20	10	130
	行百分比	9.2%	41.5%	26.2%	15.4%	7.7%	100.0%
	列百分比	3.7%	11.1%	10.1%	7.3%	12.5%	8.6%
	广西 频数	43	41	35	23	7	149
	行百分比	28.9%	27.5%	23.5%	15.4%	4.7%	100.0%
	列百分比	13.3%	8.4%	10.4%	8.4%	8.8%	9.9%
	河北 频数	34	40	31	24	6	135
	行百分比	25.2%	29.6%	23.0%	17.8%	4.4%	100.0%
	列百分比	10.5%	8.2%	9.2%	8.7%	7.5%	9.0%
	河南 频数	50	72	45	26	4	197
	行百分比	25.4%	36.5%	22.9%	13.2%	2.0%	100.0%
	列百分比	15.4%	14.9%	13.3%	9.5%	5.0%	13.2%
	湖北 频数	23	43	37	23	8	134
	行百分比	17.2%	32.0%	27.6%	17.2%	6.0%	100.0%
	列百分比	7.1%	8.8%	10.9%	8.4%	10.0%	8.9%
	辽宁 频数	33	49	32	22	9	145
	行百分比	22.8%	33.8%	22.0%	15.2%	6.2%	100.0%
	列百分比	10.2%	10.1%	9.5%	8.0%	11.3%	9.6%

续表

		非常赞同	比较赞同	中立	比较不赞同	非常不赞同	总计
		农村孩子的升学机会太少					
省/自治区/直辖市	宁夏 频数	51	56	13	28	7	155
	行百分比	32.9%	36.1%	8.4%	18.1%	4.5%	100.0%
	列百分比	15.7%	11.5%	3.8%	10.2%	8.8%	10.3%
	山东 频数	31	45	15	30	10	131
	行百分比	23.7%	34.4%	11.4%	22.9%	7.6%	100.0%
	列百分比	9.6%	9.2%	4.4%	10.9%	12.4%	8.7%
	重庆 频数	28	62	40	34	9	173
	行百分比	16.2%	35.8%	23.1%	19.7%	5.2%	100.0%
	列百分比	8.6%	12.7%	11.8%	12.3%	11.3%	11.5%
先进村	频数	19	25	56	45	10	155
	行百分比	12.3%	16.1%	36.1%	29.0%	6.5%	100.0%
	列百分比	5.9%	5.1%	16.6%	16.3%	12.4%	10.3%
总计	频数	324	487	338	275	80	1 504
	行百分比	21.5%	32.4%	22.5%	18.3%	5.3%	100.0%
	列百分比	100.0%	100.0%	100.0%	100.0%	100.0%	100.0%

　　分省来看，非常赞同"农村孩子升学机会太少"这一说法比例最高的是宁夏回族自治区，该地有 32.9% 的人持此观点；居于其次的是广西壮族自治区，为 28.9%；第三是河南省，为 25.4%；在其余各省中，河北省、山东省和辽宁省都高于整体平均水平 21.5%，分别为 25.2%、23.7% 和 22.8%。在各省对这一说法持比较赞同态度的村民中，比例最高的是福建省，占该省 130 人中的 41.5%；其次为河南省，有 36.5% 的人持此态度；再次为宁夏回族自治区，占比为 36.1%；其余各省中，重庆市、山东省和辽宁省分别以 35.8%、34.4% 和 33.8% 高于整体平均水平 32.4%。对于这一说法保持中立态度的，十大名村有 36.1% 的村民，是持此态度比例最高的；其次是湖北省，为 27.6%；再次是福建省，这一比例为 26.2%。对此表示比较不赞同的村民中，比例最高的为十大名村，为 29.0%；山东以 22.9% 居于其次；再次是重庆市，有 19.7%。而非常不赞同"农村孩子升学机会太少"这一说法的村民中，福建省、山东省和十大名村分别以

7.7%、7.6%和6.5%排在前三。

总体上来说，宁夏回族自治区有69.0%的村民都是赞同农村孩子升学机会太少这一说法的，河南省有61.9%的村民表示赞同，山东省持此态度的村民占比为58.1%，值得说明的是，广西壮族自治区居于第四位，也有56.4%的村民肯定了这一说法，可见西部少数民族地区农村孩子升学问题值得进一步关注。各省中不认为农村孩子升学机会太少的村民所占比例，最高的是十大名村，占到35.5%；其次是山东省，30.5%的村民否定了这一说法；再次是重庆市，有24.9%的村民表示比较不赞同或非常不赞同。

关于村民对学生学习压力的评价，如表3-26所示，对于"学生学习压力太重"的说法，被访者中有14.6%的人表示非常赞同；有27.4%的人表示比较赞同；有32.1%的人持中立态度；有21.2%的人表示比较不赞同该说法；另外4.7%的人则非常不赞同此说法。总的来说，有42.0%的人认为学生学习压力过重，有32.1%的人保持中立，有25.9%的人则不赞同这一说法。

通过分省比较，可以发现非常赞同"学生学习压力太重"这一说法的村民比例最高的是宁夏回族自治区，该地有20.6%的人持此观点；广西壮族自治区有19.6%的人持此观点，位居其次；湖北省有17.2%的被访者对此表示非常赞同；十大名村的这一比例为16.8%，位居第四。由此可见西部少数民族地区村民普遍认为学生学习压力太重。关于比较赞同"学生学习压力太重"这一说法的村民比例，河南省为33.2%，是各省中最高的；其次，重庆市有31.2%的村民持此态度；十大名村也有30.3%的村民比较赞同这一说法，位列第三。对这一说法抱持中立态度的，福建省的村民中有46.0%，在各省中是比例最高的；其次为辽宁省，为41.0%；再次是河北省，该省这一比例为40.5%。对此表示比较不赞同的村民，比例最高的是山东省，为33.6%；宁夏回族自治区以29.0%居于其次；再次是广西壮族自治区，有24.3%的村民对此持比较不赞同态度。而完全不认为学生学习压力太重的各省村民比例，最高的是宁夏回族自治区，为11.0%；河南省和山东省分别以6.3%和6.1%位列第二、第三；十大名村的这一比例为3.2%。

总体上来说，宁夏回族自治区有47.7%的村民认为"学生学习压力太重"，是各省中最高的；其次是十大名村，有 47.1% 的村民认为学生学习压力太重；广西壮族自治区有 46.6% 的村民持此态度。各省中对"学生学习压力太重"这一说法予以否定的村民所占比例，最高的也是宁夏回族自治区，累计占到 40.0%；其次是山东省，累计 39.7% 的村民否定了这一说法；再次是广西壮族自治区，有 29.7% 的村民对"学生学习压力太重"这一说法表示了否定；十大名村的这一比例为 23.2%，低于整体平均水平 25.9%。

　　总体而言，超过四成的家长都认为农村学生的学习压力太重，农村学生减负的任务依然严峻。当然，增加农村孩子的升学机会，无疑是农村教育减负的重要方面。

表 3-26　村民对学生学习压力的评价（2012"千人百村"）

		学生学习压力太重					总计
		非常赞同	比较赞同	中立	比较不赞同	非常不赞同	
省／自治区／直辖市	**福建** 频数	15	30	58	20	3	126
	行百分比	11.9%	23.8%	46.0%	15.9%	2.4%	100.0%
	列百分比	6.9%	7.4%	12.2%	6.4%	4.3%	8.5%
	广西 频数	29	40	35	36	8	148
	行百分比	19.6%	27.0%	23.7%	24.3%	5.4%	100.0%
	列百分比	13.5%	9.9%	7.4%	11.5%	11.4%	10.0%
	河北 频数	19	32	53	24	3	131
	行百分比	14.5%	24.4%	40.5%	18.3%	2.3%	100.0%
	列百分比	8.8%	7.9%	11.2%	7.7%	4.3%	8.9%
	河南 频数	16	63	64	35	12	190
	行百分比	8.4%	33.2%	33.7%	18.4%	6.3%	100.0%
	列百分比	7.4%	15.5%	13.5%	11.2%	17.1%	12.7%
	湖北 频数	23	33	47	27	4	134
	行百分比	17.2%	24.6%	35.1%	20.1%	3.0%	100.0%
	列百分比	10.6%	8.1%	9.9%	8.6%	5.7%	9.1%
	辽宁 频数	18	38	57	19	7	139
	行百分比	12.9%	27.4%	41.0%	13.7%	5.0%	100.0%
	列百分比	8.3%	9.4%	12.0%	6.1%	10.0%	9.4%

续表

			学生学习压力太重					总计
			非常赞同	比较赞同	中立	比较不赞同	非常不赞同	
省/自治区/直辖市	宁夏	频数	32	42	19	45	17	155
		行百分比	20.6%	27.1%	12.3%	29.0%	11.0%	100.0%
		列百分比	14.9%	10.4%	4.0%	14.3%	24.4%	10.5%
	山东	频数	16	27	36	44	8	131
		行百分比	12.2%	20.6%	27.5%	33.6%	6.1%	100.0%
		列百分比	7.4%	6.7%	7.6%	14.1%	11.4%	8.9%
	重庆	频数	22	53	60	32	3	170
		行百分比	12.9%	31.2%	35.3%	18.8%	1.8%	100.0%
		列百分比	10.2%	13.1%	12.5%	10.2%	4.3%	11.5%
	先进村	频数	26	47	46	31	5	155
		行百分比	16.8%	30.3%	29.7%	20.0%	3.2%	100.0%
		列百分比	12.0%	11.6%	9.7%	9.9%	7.1%	10.5%
总计		频数	216	405	475	313	70	1 479
		行百分比	14.6%	27.4%	32.1%	21.2%	4.7%	100.0%
		列百分比	100.0%	100.0%	100.0%	100.0%	100.0%	100.0%

四、小结

农村教育是我国教育的大头，而且是整个国民教育体系中最为薄弱的环节，历来是我国教育工作的重点和难点，但又随着整个社会的发展、转型呈现出不同的特点。

就现阶段而言，随着经济的发展，农村孩子上学贵已经不再是村民眼中最大的问题，"学费太贵"一说已经不再是最广大村民的心声，教育支出压力对绝大部分家庭而言也不至于大到需借钱维持。

但孩子上学难却深深困扰着部分家庭。首先是"撤点并校"后学生居住地与学校距离的增大，孩子上学交通困难成为部分村庄教育所面临的最大难题。虽然"村村有小学，乡乡有中学"已经不再适应新时期的农村教学需求，但学校布局的调整应优先保障学龄儿童、少年就近入学，尤其应考虑当地的地形地势，保障孩子求学路途中的人身安全以及避免因上学交通困难而造成失学、辍学。其次是教育机会的获得问题。学生的学习压力大引起了四成以上家长的担忧，而农村孩子升学机会太少更是一半以上家长的心声。

此外，"教育无用论"并非那么流行，绝大部分家长认为受教育程度与一个人的生活状况息息相关，而且这种正向作用有纵向影响：父母的受教育程度影响孩子的生活状况，而其受教育程度不仅影响自己的生活水平，也影响子女的生活质量。家长们也充分认识到自己应该积极参与孩子的教育，但是现实中的参与程度却与参与意愿存在明显差距。

要解决农村教育的这些问题、促进农村教育发展，不能缺少教育资源的支持。但是，从调查所收集到的资料来看，农村教育财力和人力资源问题令人担忧。首先，教育经费不足问题在百村中最为普遍。虽然为减轻农民负担，有关部门要求义务教育阶段免收学费并且严禁学校乱收费，但是在学校收费减少的同时，政府仍然对农村学校投入过少势必会造成教育经费的严重短缺。其次是农村学校的师资问题，无论是村委办公人员还是普通村民，都对农村学校的教师水平有所担忧。然后是家庭教育资源的问题，改革开放以来，农村人口流向城市增加了农民的发展机会，尤其促进了他们的就业门路，增加了经济收入，这有利于给孩子的教育提供经济方面的保障和支持，但是因此而造成的父母在孩子学业、教育参与方面的缺失，也会影响孩子的受教育质量和教育获得。

第四章　农村教育存在的主要问题分析 *

上一章结合 2012 年"千人百村"教育部分的数据对中国农村教育的基本现状进行了介绍，通过数据分析指出了中国农村教育当中存在的一些问题。本章将对上一章所反映出的农村教育问题进行深入分析，并针对相关问题提出对策建议。

具体来说，本章将要讨论的问题主要有：农村孩子上学途中安全隐患较大的问题，其突出表现是低年级孩子上学途中的安全问题；农村幼儿园缺乏，学前教育缺失的问题；农村学校教学经费不足、基础设施较差、教学水平较低的问题；家长外出务工导致的隔代教育对农村孩子接受基础教育的影响问题；家长的教育态度、教育意愿与实际行为之间的落差问题。

一、上学途中的安全问题

2001 年国务院出台了《国务院关于基础教育改革与发展的决定》，要求地方政府"因地制宜调整农村义务教育学校布局"，但是要"按照小学就近入学、初中相对集中、优化教育资源配置的原则"，并要求"农村小学和教学点要在方便学生就近入学的前提下适当合并，在交通不便的地区仍需保留必要的教学点，防止因布局调整造成学生辍学"，由此开始了"撤点并校"改革，撤销和合并部分农村原有中小学，使学生集中到城镇学校。"撤点并校"确实具有集中办学的规模效应，也减轻了县乡财政压力；教育资源得到优化配置，办学条件得到改善；同时有利于学校办学规范化，改善学校现代化办学水平等。

---

* 中国人民大学社会学系 2016 级研究生夏志新参与了本章的数据整理和分析。

但是撤点并校使得农村中小学的服务半径扩大，学生不得不到距离较远的中心学校上学，上学过程中的安全风险也随之增加。2012年"千人百村"显示，无论是东部、中部还是西部的农村，离村庄最近的小学都在约2公里外。东部地区和中部地区村庄与最近的初中的距离为5公里左右，而西部地区最近的初中距离村庄平均7.1公里。从十大名村来看，最近的小学平均只有0.7公里，不到总体水平的1/2，最近的初中平均只有1.0公里（见表4-1）。

表4-1 村庄教育基础设施建设情况（2012"千人百村"） 单位：公里

	西部村庄	中部村庄	东部村庄	先进村	总体情况
最近的小学	2.1	1.9	2.0	0.7	1.9
最近的初中	7.1	5.7	5.0	1.0	5.6

调查显示，无论是东部、中部还是西部地区，40%以上的村庄都没有小学，其中西部地区比东部地区和中部地区要低5个百分点，这是因为西部地区存在自然地理环境比较复杂、交通不便、人口分布较稀疏等限制，这使得小学的服务范围有限，因而村辖区内拥有小学的比例较高。比较来看，十大名村村辖区内拥有小学的比例达到75.0%，比其他村庄高出约20个百分点（见表4-2），十大名村在教育基础设施的拥有方面较其他村庄有明显的优势。

表4-2 村辖区内小学分布情况（2012"千人百村"）

			地区				总计
			西部	中部	东部	先进村	
小学	有	频数	17	16	14	6	53
		列百分比	58.6%	53.3%	53.8%	75.0%	57.0%
	没有	频数	12	14	12	2	40
		列百分比	41.4%	46.7%	46.2%	25.0%	43.0%
总计		频数	29	30	26	8	93
		列百分比	100.0%	100.0%	100.0%	100.0%	100.0%

在农村地区，地理环境相对复杂，由于父母需要外出劳作或者已经离开农村外出打工等，很多农村孩子都无法享受到被父母接送上学的待遇。撤点并校后学校的布局有所调整，很多地处偏远、交通条件不好的地区的学生，必须选择住校或者乘坐交通工具到学校。对于一些低年龄儿童，尤其是在幼儿园接受学前教育的儿童，往往需要有专门的校车接送上下学。这不但给学

生的家庭增加了负担，而且也为事故的发生埋下了隐患。2011 年 11 月 16 日上午，甘肃省庆阳市正宁县榆林子镇一辆货车与幼儿园超载校车相撞，造成 22 人遇难，43 人受伤。此事件被称为"11·16 甘肃正宁县特大交通事故"，事故的发生极大地震惊了社会大众，校车安全问题开始受到人们的广泛关注，有效的应对措施并没有出台，类似的悲剧还在继续。2012 年 10 月 26 日 17 时，甘肃省陇南市武都区柏林乡梨树湾村村民驾驶一辆福田牌轻型货车，搭载本村村民 3 人及回家学生 8 人，行驶至柏林乡红嘴梁时，车辆失控驶出路外发生坠车事故，最终导致 6 人死亡，其中 5 人是学生。2012 年 12 月 24 日上午 9 时左右，江西省贵溪市滨江镇洪塘村合盘石童家村小组一面包车侧翻坠入水塘，事发时该 7 座面包车上共载有 17 人，其中 11 名儿童死亡。

农村校车事故多发反映出目前农村教育改革过程中对学生安全尤其是上学途中的安全的重视程度远远不够，也反映出农村学校在基础设施配置方面明显落后，如校车配置缺乏、安全隐患严重。要保证农村学生在上学途中的安全，一方面要努力提高农村教师、家长和学生的安全意识，另一方面，政府应当合理布局农村的中小学校，改善农村学校的基本配置，在农村学校的布点、建设过程中充分考虑到学生上学难的问题。

二、学前教育缺乏

2012 年"千人百村"调查显示，村庄辖区内有幼儿的村庄所占比例只有 44.2%，有效百分比为 46.2%（见表 4-3），这意味着有一半多的村庄没有幼儿园，而这些村庄的学龄前儿童要么不接受学前教育，要么就得离开村庄到更远的地方去接受学前教育，这样又使得他们上学的安全风险有所增加。

表 4-3　村辖区内是否有幼儿园（1）（2012"千人百村"）

	频数	百分比	有效百分比	累计百分比
有	42	44.2%	46.2%	46.2%
没有	49	51.6%	53.8%	100.0%
小计	91	95.8%	100.0%	
缺失值	4	4.2%		
合计	95	100.0%		

分地区来看，西部有幼儿园的村庄占 42.9%，中部有幼儿园的村庄占42.9%，东部有幼儿园的村庄占 40.7%，有幼儿园的村庄所占比例都较低。相对而言，有幼儿园的先进村比例为 87.5%，比平均水平高约 40 个百分点（见表 4-4）。说明发展水平越高的村庄，学前教育普及率越高。

表 4-4　村辖区内是否有幼儿园 (2)(2012 "千人百村")

			地区				总计
			西部	中部	东部	先进村	
幼儿园	有	频数	12	12	11	7	42
		列百分比	42.9%	42.9%	40.7%	87.5%	46.2%
	没有	频数	16	16	16	1	49
		列百分比	57.1%	57.1%	59.3%	12.5%	53.8%
总计		频数	28	28	27	8	91
		列百分比	100.0%	100.0%	100.0%	100.0%	100.0%

农村学前教育普及率低是一个普遍且亟待解决的问题。农村学前教育发展滞后的原因主要在于：（1）传统教育观念对学前教育的忽视；（2）在城乡二元结构体制下，农村教育的整体发展困难重重，而本不受重视的学前教育更是缺少经费、师资，发展滞后。因此要改善农村的学前教育现状，就必须在观念和制度层面都有所突破，既要提高家长、政府对学前教育的重视程度，也要在制度层面为发展学前教育尤其是农村学前教育提供动力和保证。

学前教育发展的好坏是衡量一个地方乃至一个国家的社会发展水平高低的重要指标。《国家中长期教育改革和发展规划纲要（2010—2020 年)》强调要 "重点发展农村学前教育。努力提高农村学前教育普及程度。着力保证留守儿童入园。采取多种形式扩大农村学前教育资源，改扩建、新建幼儿园，充分利用中小学布局调整富余的校舍和教师举办幼儿园（班）。发挥乡镇中心幼儿园对村幼儿园的示范指导作用。支持贫困地区发展学前教育"[1]。可以说这是一个极具战略意义的决策。

---

[1]　国家中长期教育改革和发展规划纲要（2010—2020 年）.（2010-07-29)[2018-09-22]. http://www.gov.cn/jrzg/2010-07/29/content_1667143.htm.

三、农村学校基础设施、师资、教学水平问题

由于义务教育体制调整后基础教育实行分级办学、分级管理的管理办法，一个地方经济的发达程度会直接影响当地基础教育的发展。在这样的背景下，在那些"老、少、边、穷"地区，基础教育的发展面临着很大的困难，很多地方的孩子们还处在"暗房子、破桌子"的学习环境中，拥有相应的教学实验仪器设备、体育设施、实验场地以及师生良好的工作和学习环境只能是想象。

农村学校基础设施较差主要表现为：（1）教学场地缺乏。一是有些学校尤其是偏远落后地区的学校，缺乏教学过程所必需的校舍、桌椅、操场等基础设施；二是撤点并校以后，留下来的学校生源大大增加，而这些学校的基础设施建设又跟不上生源增加的步伐，以至于有些合并后的乡镇中学一个班可能有上百人，大大超出正常水平。（2）体育设施不健全。中小学阶段是青少年身体逐步发育走向成熟的时期，在这个阶段，加强体育方面的训练对于培养身体合格的公民具有重要意义。但是很多农村学校对于体育课缺乏重视，体育设施非常缺乏，很多小学没有操场，很多中学没有基本的篮球场、足球场等，体育器械严重不足。其结果就是上体育课只能敷衍，无法进行真正的体育教学。（3）教学仪器设备缺乏或严重老化。要让学生全面发展，除了书本教学，还需要培养学生的探索精神和动手能力，让学生切身体验获取或验证书本知识的过程，而这离不开一定的教学仪器和设备，比如小学的活动课需要一定数量的教学器材，中学的物理课、化学课和体育课，也需要一定的教学器材。但是由于经费不足，器材缺乏，很多小学的课表中根本就不排这类课，很多中学没有实验室，或者实验室里的器材老化，没有更新，无法使用。

而师资较弱主要表现为：（1）教师数量不足。如音乐、体育、美术、劳动等科目的老师很少，在很多农村学校都是由语文、数学老师来代上这些课程。（2）教师素质偏低。农村学校有相当一部分教师是民办转公办或村聘教师，学历不合格，没有经过正规的师范教育。凭经验施教，观念落后、教法陈旧。还有一些教师一边教学一边种田，没有把全部精力花在教学上，

有的甚至把教学当成副业，把做家务、干农活、做其他赚钱的工作当成主业，加之学校给教师提供外出学习培训、交流的机会少，教学水平很难提高。（3）教师队伍年龄结构不合理。教师队伍整体存在着年龄偏大、知识结构老化、缺乏创新意识等问题。面对新形势下的素质教育，面对新课程改革，他们往往显得力不从心。（4）教师队伍不稳定。农村教师在最基层、最艰苦的地方教书育人，待遇与社会保障方面的福利却远比城市教师要差，因此很多师范毕业生及在职老师都不愿意到农村工作，而是想方设法地留在城区，很多农村学校的优秀教师则尽量往城市学校挤，造成农村学校师资严重缺乏。

表4-5的数据显示，30.4%的村民认为农村义务教育最大的问题是经费不足，17.4%认为是师资力量薄弱，30.4%的认为是学生到校困难（交通），20.7%的认为是其他问题，只有1.1%的认为是辍学现象严重。经费不足使得基础设施建设跟不上，师资力量薄弱，教学水平偏低。而由于学校条件太差，很多学生无法寄宿在学校，不得不往返于学校与家庭之间，加剧了上学难的问题。

表4-5　您认为农村义务教育最大的问题是什么（1）
（2012"千人百村"）

	频数	百分比	有效百分比	累计百分比
经费不足	28	29.5%	30.4%	30.4%
师资力量薄弱	16	16.8%	17.4%	47.8%
学生到校困难（交通）	28	29.5%	30.4%	78.2%
辍学现象严重	1	1.0%	1.1%	79.3%
其他	19	20.0%	20.7%	100.0%
小计	92	96.8%	100.0%	
缺失值	3	3.2%		
合计	95	100.0%		

分地区来看，在中部地区，有42.9%的村民表示最大的问题是经费不足，远高于西部地区的24.1%和东部地区的29.6%；在师资力量薄弱方面，西部地区的比例（24.1%）则要高于东部地区（11.1%）和中部地区（17.9%）；在学生到校困难（交通）方面，西部地区的比例依然最高（37.9%），东部地区稍低（37%），中部地区最低（25%）（见表4-6）。由

此可见，中部地区农村教育的主要问题是学校的经费不足，而西部地区农村教育的主要问题是师资力量薄弱以及学生到校困难，东部地区的农村学校表现出师资较强的特点，但同样存在经费不足和学生到校困难的问题。不同地区的不同特点提醒我们应当因地制宜地去解决问题。

表 4 - 6　您认为农村义务教育最大的问题是什么（2）
（2012 "千人百村"）

			地区				总计
			西部	中部	东部	先进村	
所存在的问题	经费不足	频数	7	12	8	1	28
		列百分比	24.1%	42.9%	29.6%	12.5%	30.4%
	师资力量薄弱	频数	7	5	3	1	16
		列百分比	24.1%	17.9%	11.1%	12.5%	17.4%
	学生到校困难（交通）	频数	11	7	10	0	28
		列百分比	37.9%	25.0%	37.0%	0.0%	30.4%
	辍学现象严重	频数	0	0	1	0	1
		列百分比	0.0%	0.0%	3.7%	0.0%	1.1%
	其他	频数	4	4	5	6	19
		列百分比	13.9%	14.2%	18.6%	75.0%	20.7%
总计		频数	29	28	27	8	92
		列百分比	100.0%	100.0%	100.0%	100.0%	100.0%

农村学校基础设施较差、师资力量较弱、教学水平较低的问题产生的根本原因在于在城乡二元体制下，教育政策是偏向城市学校的，在资源的竞争过程中，农村学校无法和城市学校相抗衡，农村学校从国家所获得的资源支持也极为有限。其后果是农村学校的基础设施建设跟不上，条件较差，高素质的教师不愿到农村学校教书或想方设法离开农村到城市学校去教书，反过来又加速了农村教学环境的恶化，这样就产生了一个恶性循环。这一恶性循环最大的危害是严重降低农村中小学的教学质量，并进而使得有些家长想方设法让孩子到城市上学，或者直接放弃学业，提前加入劳动力大军，造成农村学校生源减少。这样不利于我国新一代劳动力队伍素质的提高，将会影响到我国的发展潜力，因而是一个非常严峻的问题。

四、隔代教育问题

家庭是孩子成长的摇篮，父母在孩子成长过程中充当着陪伴者和教育者的角色，孩子所接受的家庭教育与他的性格形成、智力发展、行为方式有着密不可分的关系。在农村地区，尤其是贫穷落后的农村地区，很多年轻父母都选择加入进城务工的流动大军中，到城市去赚钱，希望能为孩子以后的发展打好物质基础，而由于自身经济条件限制，他们中的绝大多数只能把孩子交给爷爷奶奶或者外公外婆照顾，使得农村"隔代教育"家庭的比例大大增加。表4-7的数据显示，在农村地区，有25.8%的家庭是隔代教育家庭，占到农村家庭总数的1/4。隔代教育对这些家庭里的孩子接受基础教育的影响也应当受到重视。

表4-7　您家正在上学的人与您的关系（1）（2012"千人百村"）

	频数	百分比	有效百分比
子女	855	31.5%	64.9%
兄弟姐妹	67	2.5%	5.1%
孙儿孙女	340	12.5%	25.8%
其他	56	2.1%	4.2%
合计	1 318	48.6%	100.0%

从不同省市的情况来看（见表4-8），重庆市、湖北省、河南省这三个省市的隔代教育家庭的数量较多。由于农村隔代家庭产生的一个主要原因就是年轻劳动力人口的外流，而这三个省市是劳动力跨省市流出比较多的地区，因而隔代教育家庭的数量也随之增加；反之，浙江省、福建省、江苏省、上海市等沿海省市由于经济更为发达，在人口流动过程中主要处于人口流入状态，因而隔代教育家庭的数量较少。

表4-8　您家正在上学的人与您的关系（2）（2012"千人百村"）　　单位：人

省/自治区/ 直辖市	子女	兄弟姐妹	孙儿孙女	其他	总计
浙江	14	1	4	4	23
福建	70	8	26	7	111

续表

省/自治区/直辖市	子女	兄弟姐妹	孙儿孙女	其他	总计
江苏	9	1	2	3	15
上海	12	0	2	0	14
广西	94	7	22	6	129
云南	8	1	1	2	12
重庆	88	8	61	1	158
湖北	65	6	38	6	115
江西	11	0	2	4	17
河北	72	9	29	1	111
河南	111	12	47	9	179
山西	13	0	5	1	19
山东	97	5	29	4	135
辽宁	78	2	34	6	120
宁夏	104	5	33	2	144
总计	846	65	335	56	1 302

　　隔代教育的优点主要体现为祖辈身上所具有的慈爱有利于他们和孙辈建立亲密的感情，但是对于正处于发育期的青少年来说，隔代教育的缺点也是非常明显的：一方面，隔代教育者大多是祖辈，他们自身偏低的素质使得隔代教育质量不高，且在上一章的分析中笔者曾指出其他监护人在了解学校情况、与老师沟通以及对关注孩子学习等方面都没有父母本人表现得积极。隔代教育使得家庭教育功能明显弱化，进而影响到学校教育；另一方面，由于父母外出打工或经商，亲子教育无法进行，长期离开父母使得青少年儿童在心理、情感、行为、学习等各方面都可能出现不良的反应。处于青春期的孩子内心敏感、脆弱，对情感的渴望更加强烈，当他们遇到烦恼时，祖辈们往往由于年纪较大，不能凭借以往的生活经验理解甚至可能意识不到青少年遇到的问题，此时父母的及时监督和引导对于青少年的健康发展极为重要。许多研究表明，留守儿童由于长期感受不到来自父母的亲情关怀和监督指导，往往在行为方面表现为自律性较差，在性格上显得孤僻脆弱，并且非常渴望亲情。缺乏父母的重视和督促，大多数农村孩子的受教育之路都止步在初中，文化水平很难适应现代社会的发展需要，面临自身发展的困境。

五、农村家长的教育态度、教育意愿与实际行为
之间的落差问题

从第三章的分析可以发现，农村家长的教育态度、教育意愿与实际行为之间存在一定的落差。具体来说就是农村家长对孩子受教育的重要性有较为充分的认识，从家长对于其在孩子受教育过程中的角色认知和扮演的情况来看，绝大多数家长都认可应该积极关注孩子的学习状况。但是，真正在实践中身体力行的家长所占比例却较低，他们对子女教育的参与度并不高，既表现在对孩子所在学校缺乏了解、与老师的沟通较少，也体现为对家庭教育的不重视。

农村家长的教育态度和实际行为之间之所以存在一定的落差，主要有两个层面的原因：

其一是微观层面，即农村家长本身的原因。由于自身文化背景的约束以及缺乏科学的教育理念的指导等，大部分家长只是单纯从成绩来看孩子的学习状况，把教育的任务完全推给学校，大多数孩子在接受学校教育时缺少家庭的关怀，对于因父母外出务工而留守老家的留守儿童而言，这种关怀几乎为零。父母在教育过程中的缺位不仅使得留守儿童在家庭教育上缺少必要的支持，也直接影响到他们的学校教育。基于对家庭教育的重要性的认识，《国家中长期教育改革和发展规划纲要（2010—2020 年）》也强调家庭教育在教育改革和发展中的地位和作用，强调学校教育、社会教育和家庭教育要紧密结合。提出要"充分发挥家庭教育在儿童少年成长过程中的重要作用。家长要树立正确的教育观念，掌握科学的教育方法，尊重子女的健康情趣，培养子女的良好习惯，加强与学校的沟通配合"。

其二是宏观层面，即制度方面的原因。在城乡二元体制下，农村学校根本无法与城市学校竞争，农村中小学教育质量差是一个普遍的问题，农村的孩子能够在九年义务教育后就读高中并考上大学的比例非常低，大学尤其是重点大学的农村生源比例越来越低，很多学校农村生源的比例都低于 20%。此外，即使考上了好大学，毕业之后也不一定能找到满意的工作，社会分层理论告诉我们，受教育程度只是影响人们职业选择的因素之一，人们的家庭

背景、父亲职业状况等对个人的职业发展也会产生重要的影响。一个农村家庭要培养出一个大学生殊为不易，无论是在经济上还是在情感上往往都是倾力支持，因此对上了大学的孩子的期望自然也高，由于农村孩子上了大学后在就业过程中仍然无法和拥有良好家庭背景和关系网络的城市孩子相比，在职场竞争中往往处于劣势，找到好工作的难度也更大，这些因素反过来会作用于农村家长，强化他们"读书无用"的观念，使他们对孩子的教育缺乏积极性。

农村家长教育态度、教育意愿与实际行为之间的落差，使得农村的孩子在与城市孩子竞争教育资源、教育机会的过程中劣势越加明显，对于农村孩子的长远发展是极为不利的。

六、对策建议

农村教育所面临的问题，如农村孩子上学途中的安全问题，学前教育缺失的问题，农村学校教学经费不足、基础设施较差、教学水平较低的问题，隔代教育对农村孩子接受基础教育的影响问题，以及农村家长的教育态度、教育意愿与实际行为之间的落差问题等，都极大地制约着农村教育的发展，而且这些问题之间也相互影响、相互制约。例如，教育投入不足使得农村学校基础设施较差，师资力量薄弱，导致教学水平较差，学生成绩较差，而学生成绩较差又会反作用于家长，导致他们对孩子学习的支持行动力不足，对子女教育的关心程度降低，对孩子上学的安全问题、学校的教学水平等也不关心，也就不会督促孩子学习、督促学校改善教学条件，从而又使得孩子学习成绩下降，形成恶性循环。

可见，农村教育中的问题是相当复杂的。而要解决这些问题，需要重点做好以下几个方面的工作。

其一，打破城乡二元分割体制。农村教育发展面临的困境最根本的成因还是城乡二元分割体制的存在。在二元体制下，农村学校与城市学校的差距大，由于对高水平教育的需求越来越强烈，新一代的农村孩子要么想方设法去城市上学，接受更高水平的教育，要么接受现实，在农村学校读书，而等待他们的很可能是提前结束学业步入社会，重复他们父辈的人生轨迹。要打破这种状况，需要国家和政府通过教育政策，在资源配置方面向农村学校倾斜，在改善办学条件、提升教学水平方面给予贫困农村额外支持。

其二，制定相应的政策。教育是一项公共事业，在推进农村教育发展的过程中，政府应当发挥主导作用，只有制定相应的政策和制度才能在最大范围内解决农村教育面临的问题。由于不同的教育问题有不同的特点，产生的原因不同，对教育的影响方式也不一样，因而应当针对特定的问题制定特定的政策。如针对校车事故频发问题，应当加强监督，制定相应的考核标准，规范学校的校车接送制度。针对有些农村孩子上学路程较远的问题，应当合理调整农村中小学布局，不能以节省财政开支为主要目的，而应该以保证学生方便就学为主要原则。针对隔代教育问题，应当制定相应的政策，鼓励和保障进城务工人员把孩子带在身边，或者就近务工。

其三，帮助家长转变观念。父母是孩子的主要监护人，他们的教育观念会极大地影响孩子的受教育情况。要让他们改变落后的教育观念和对教育问题不重视的态度，意识到孩子上学途中安全的重要性，意识到学前教育的重要性；意识到家庭教育的重要性，意识到父母在孩子成长过程中不可替代的作用，意识到亲子互动、家庭教育与学校教育的互动对孩子的良好发展的重要作用。只有广大的家长真正意识到了这些因素的重要性，才会在行动上有所表示，才能对孩子产生最直接的影响。

提高农村教育的整体水平对于国家的长远发展有着重要意义，尤其是在坚持推进新农村建设，促进农村改革的过程中，需要一批有文化、有素质的新农民来发展农村经济、改善农村面貌。《国家中长期教育改革和发展规划纲要（2010—2020年）》针对当前农村教育存在的问题也制定了相应的解决方针，主要包括：（1）推进农村学前教育发展。各地根据学前教育普及程度和发展情况，逐步对农村家庭经济困难和城镇低保家庭子女接受学前教育予以资助。（2）推进义务教育的均衡发展，并且明确提出"合理规划学校布局，办好必要的教学点，方便学生就近入学"。针对农村随迁儿童、留守儿童建立关爱服务体系和动态监测体系。（3）加快普及高中阶段的教育，加大对中西部贫困地区高中阶段教育的扶持力度。（4）加快教师队伍建设。以农村教师为重点，提高中小学教师队伍的整体素质。创新农村教师补充机制，完善制度政策，吸引更多优秀人才从教。积极推进师范生免费教育，实施农村义务教育学校教师特设岗位计划，完善代偿机制，鼓励高校毕业生到艰苦边远地区担任教师。完善教师培训制度，将教师培训经费列入政府预算当中，对教师实行每五年一周期的全员培训。加大民族地区双语教师培养培训力度。在农村中小学配齐音乐、体育、美术等学科教师，开足开好规定课程。（5）加大经费投入。进一步加大对农村、边远贫困地区、民族地区的教育投入。中央财政通过加大转移支付，支持农村欠发达地区和民族地区教育事业发展，加强关键领域和薄弱环节，解决突出问题。健全国家资助政策体系，提高农村义务教育家庭经济困难寄宿生生活补助标准，改善中小学生营养状况。

第五章　农村居民健康和病患状况

医疗卫生是民生的重要内容之一，随着新医改的深入推进，我国农村医疗卫生状况已经有了很大改变，但是中国农村情况复杂，区域差异很大，要全面掌握中国农村医疗卫生的状况很不容易。在2012年"千人百村"调查中，医疗卫生是其中一项重要内容。本次社会调查采用分层抽样的方法随机抽取了9个省/自治区/直辖市，从这9个省/自治区/直辖市中分别随机抽取10个村委会，此外将相关权威机构评选出的十大名村作为自代表样本，得到总共100个村委会样本。社会调查采用问卷调查形式，包括村民问卷调查部分和村庄问卷调查部分。本次问卷调查从健康状况、医疗状况和医疗意愿三个角度出发共设计了28个问题。

结合1993年以来我国开展的四次卫生服务调查数据，我们希望在本章中对我国农村居民的健康和病患状况进行一个简单的呈现和分析。

一、农村居民的健康状况

按照世界卫生组织的定义，健康不仅仅是没有病或不虚弱，而且是身体、心理、社会适应方面的完满状态。身体健康可以通过一些指标来测量，例如身高、体重、血压等，同时，健康还有一个自我评价的问题，自评健康有时候非常重要，我们会发现有些人尽管血压、血糖等指标不太正常，但是自评健康状况不错，心情愉快，幸福指数也比较高。相反，有些人身体指标上面并没有什么异常，但自己感觉健康状况不佳，这种情况下，自我健康评价也往往会影响到身体的健康。

（一）被访者的身高、体重情况

身高体重是基础性的指标，本次问卷中设计了身体和体重两道题，结果表明，在 2 668 个有效回答中，身高最矮的为 105 厘米，身高最高的为 189 厘米，平均身高约为 164 厘米。从体重来看，体重最轻的为 45 斤，体重最重的为 206 斤（见表 5－1 和表 5－2）。

表 5－1　被访者身高情况（2012"千人百村"）　　　单位：人、厘米

	总数	最小值	最大值	平均值	标准差
您目前的身高	2 668	105	189	164.13	7.688

表 5－2　被访者体重情况（2012"千人百村"）　　　单位：人、斤

	总数	最小值	最大值	平均值	标准差
您目前的体重	2 674	45	206	120.26	22.014

（二）被访者的自评健康状况

为了了解农村居民的身体健康状况，我们首先询问了被访者自评的身体健康状况，结果显示 20.2％的被访者以为自己身体不健康（包括很不健康和比较不健康两种情况），有 15.9％的被访者觉得自己身体健康状况一般，自我感觉比较健康和很健康的为 63.9％（见表 5－3）。在 2008 年内开展的第四次国家卫生服务调查中，被访者对自己健康状况的打分结果为：调查地区居民自我评价健康得分平均为 80.1 分，其中城市为 79.3 分，农村为 80.4 分，自我健康评分随年龄的增加而下降。15 岁以上居民在"行动"方面存在中度和严重困难的占 5.2％，"自己照顾自己"有中度及以上困难的占 3.2％，"日常活动"有困难的占 4.8％，身体有中度及以上程度"疼痛/不舒服"的占 9.2％，"焦虑和抑郁"占 6.4％。[1] 对照第四次国家卫生服务调查，我们发现，农村居民的自我评价健康得分几年来没有太大变化，大多数人自评身体健康状况较好。

---

[1]　卫生部统计信息中心. 2008 中国卫生服务调查研究：第四次家庭健康询问调查分析报告. 北京：中国协和医科大学出版社，2009：2. 本书中相关数据均来自此文献，以下不再赘述。

表 5-3 您觉得您目前的身体健康状况 (2012 "千人百村")

	频数	百分比	有效百分比	累计百分比
很不健康	115	4.2%	4.3%	4.3%
比较不健康	431	15.9%	15.9%	20.2%
一般	431	15.9%	15.9%	36.1%
比较健康	797	29.4%	29.5%	65.6%
很健康	931	34.3%	34.4%	100.0%
小计	2705	99.7%	100.0%	
缺失值	9	0.3%		
总计	2 714	100.0%		

(三) 被访者具体的健康状况

为进一步了解被访者具体的健康状况，本次调查从被访者健康状况对其工作或其他日常活动的影响的角度进行了进一步的调查，问卷中设计了"在过去的四周中，是否由于健康问题，影响到您的工作或其他日常活动"，结果显示，因健康问题影响到工作或其他日常生活的被访者比例为 31.9% (其中回答"总是"的占 5.6%，回答"经常"的占 11.3%，回答"有时"的占 15.0%)，如表 5-4 所示。不难看出，健康问题已经成为影响农村居民工作或其他日常生活的重要因素，有 1/3 的人受到影响。这也从另一个侧面证明了为什么医疗卫生是农村的基本民生问题。

表 5-4 健康问题对工作或其他日常活动的影响 (2012 "千人百村")

	频数	百分比	有效百分比	累计百分比
总是	150	5.5%	5.6%	5.6%
经常	304	11.2%	11.3%	16.9%
有时	404	14.9%	15.0%	31.9%
很少	638	23.5%	23.7%	55.6%
从不	1 194	44.0%	44.4%	100.0%
小计	2 690	99.1%	100.0%	
缺失值	24	0.9%		
总计	2 714	100.0%		

为具体考察被访者健康状况对其日常活动的影响，本次调查进一步设计了两道题目，一道题考察被访者进行一般活动（如挪动桌子、使用吸尘器、做农活等）时，身体是否受到限制；另一道题考察被访者健康状况对爬楼的影响。结果显示有 26.9% 的被访者因身体健康原因，在进行挪动椅子、使用吸尘器、做农活等活动时受到限制。而当询问到身体健康状况对爬几层楼的影响时，有 24.7% 的人做出了肯定的回答，这表明农村居民中因身体健康状况不好影响到一般身体活动的人占到了 1/4 左右，比例比较高（见表 5－5 和表 5－6）。

表 5－5　健康状况对一般活动的影响（2012"千人百村"）

	频数	百分比	有效百分比	累计百分比
是的，非常受限	180	6.6%	6.7%	6.7%
是的，有些受限	540	19.9%	20.2%	26.9%
不，一点也不受限	1 947	71.8%	73.1%	100.0%
小计	2 667	98.3%	100.0%	
缺失值	47	1.7%		
总计	2 714	100.0%		

表 5－6　健康状况对爬几层楼的影响（2012"千人百村"）

	频数	百分比	有效百分比	累计百分比
是的，非常受限	190	7.0%	7.2%	7.2%
是的，有些受限	462	17.0%	17.5%	24.7%
不，一点也不受限	1 985	73.2%	75.3%	100.0%
小计	2 637	97.2%	100.0%	
缺失值	77	2.8%		
总计	2 714	100.0%		

为进一步了解被访者健康状况对其工作或日常活动的影响程度，问卷进一步询问了被访者"由于健康问题，您无法完成预期的工作或日常活动"，备选答案有五项，分别是"总是、经常、有时、很少、从来没有"。结果显示，有接近 30% 的被访者因为健康问题无法完成预期的工作或日常活动（"总是"占 4.0%，"经常"占 8.3%，"有时"占 15.9%）。在问及被访者"在过去的四周中，病痛在多大程度上影响您的正常工作（包括家务活和工作）"时，只

有不到一半的被访者回答"毫无影响"，有22.5%的被访者回答"稍微有点影响"，11.1%的被访者回答"影响一般"，"有比较大的影响"和"有非常大的影响"两项相加，达到了18.3%（其中前者占10.6%，后者占7.7%）。这表明，在被访者中有近30%的人受到了病痛的影响（见表5-7和表5-8）。

表5-7　由于健康问题，您无法完成预期的工作或日常活动（2012"千人百村"）

	频数	百分比	有效百分比	累计百分比
总是	107	3.9%	4.0%	4.0%
经常	223	8.2%	8.3%	12.3%
有时	424	15.6%	15.9%	28.2%
很少	699	25.8%	26.1%	54.3%
从来没有	1 221	45.0%	45.7%	100.0%
小计	2 674	98.5%	100.0%	
缺失值	40	1.5%		
总计	2 714	100.0%		

表5-8　在过去的四周中，病痛在多大程度上影响您的正常工作（2012"千人百村"）

	频数	百分比	有效百分比	累计百分比
毫无影响	1 285	47.4%	48.1%	48.1%
稍微有点影响	601	22.1%	22.5%	70.6%
影响一般	297	10.9%	11.1%	81.7%
有比较大的影响	282	10.4%	10.6%	92.3%
有非常大的影响	205	7.6%	7.7%	100.0%
小计	2 670	98.4%	100.0%	
缺失值	44	1.6%		
总计	2 714	100.0%		

（四）被访者的精神健康和社会适应状况

长期以来，农村居民的生活水平不是太高，医药卫生水平也不高，以至于有些居民即便出现了精神健康问题，也很少有人能够想到送他去医院就诊，一是需要花钱，二是农村医疗卫生机构太少，水平太低，没有与精神健康相关的科室和医生。然而，精神健康问题实际上已经成为影响农村居民健康的重要因素，需要引起相关部门的高度重视。本次问卷中设计了这方面的内容，结果显示，被访者在过去的四周中，"总是"和"经常"感到心情抑郁或沮丧的比例占到了 12.7%，"有时"感到心情抑郁或沮丧的比例为 23.2%，三项合计达到了 35.9%，超过了 1/3（见表 5-9）。

表 5-9　在过去的四周中，您感到心情抑郁或沮丧的情形（2012"千人百村"）

	频数	百分比	有效百分比	累计百分比
总是	67	2.5%	2.5%	2.5%
经常	272	10.0%	10.2%	12.7%
有时	619	22.8%	23.2%	35.9%
很少	857	31.6%	32.0%	67.9%
从不	858	31.6%	32.1%	100.0%
小计	2 673	98.5%	100.0%	
缺失值	41	1.5%		
总计	2 714	100.0%		

根据世界卫生组织的定义，健康还包括了社会适应方面的内容，为此，问卷也设计了这方面的内容，当问到被访者"在过去的四周中，您的身体健康或情绪问题对您的社会活动（如拜访朋友、亲戚等）的影响程度如何"时，因身体健康或情绪问题影响到自己的社会生活的被访者比例不算太高，其中回答"总是"的比例为 2.3%，回答"经常"的比例为 5.8%，回答"有时"的比例为 15.0%，三者相加，比例达到了 23.1%，"很少"受影响的比例为 30.7%，"从来没有"受到影响的比例为 46.2%（见表 5-10）。这一结果表明，在被访者中，虽然身体健康或情绪问题对自己的社会活动产生了一些影响，但影响的面不算太广。对比身体健康对工作和日常生活的影响情况来看，我们不难发现，精神健康对社会生活的影响要小一些，当然这有可能是因为农村居民对自身的社会活动并没有城市居民那么关注，对社会活动的概念并不是很清楚，从而出现了比例偏低的情况。

表 5-10　在过去的四周中，您的身体健康或情绪问题对您的社会活动
的影响程度如何（2012"千人百村"）

	频数	百分比	有效百分比	累计百分比
总是	61	2.2%	2.3%	2.3%
经常	154	5.7%	5.8%	8.1%
有时	400	14.7%	15.0%	23.1%
很少	815	30.0%	30.7%	53.8%
从来没有	1 230	45.4%	46.2%	100.0%
小计	2 660	98.0%	100.0%	
缺失值	54	2.0%		
总计	2 714	100.0%		

（五）被访者抽烟、喝酒情况

抽烟、喝酒是健康行为调查中常见的两个指标，抽烟容易引发呼吸道疾病甚至是肺癌，喝酒过量、喝酒过频容易引发肝癌等疾病。问卷中设计了"您抽烟的频率如何"这一问题，答案有"每天抽、一周几次、一月几次、一年几次甚至更少、我不抽烟"五项，结果显示，"每天抽"的人在被访者中占到了 26.5%，"我不抽烟"的人在被访者中占到了 66.8%（见表 5-11）。这说明，在被访者中，抽烟的比例较高，这与 2008 年第四次国家卫生服务调查数据相当。第四次国家卫生服务调查发现，我国农村中 15 岁以上居民抽烟率为 26.0%。1993 年、1998 年、2003 年、2008 年进行的四次卫生服务调查中，农村 15 岁以上居民抽烟率分别是 32.5%、29.5%、26.8%、26.0%，这表明在 15 年间，15 岁以上农村居民的抽烟率呈缓慢下降趋势。

表 5-11　您抽烟的频率如何（2012"千人百村"）

	频数	百分比	有效百分比	累计百分比
每天抽	714	26.3%	26.5%	26.5%
一周几次	111	4.1%	4.1%	30.6%
一月几次	38	1.4%	1.4%	32.0%
一年几次甚至更少	33	1.2%	1.2%	33.2%
我不抽烟	1 803	66.4%	66.8%	100.0%
小计	2 699	99.4%	100.0%	
缺失值	15	0.6%		
总计	2 714	100.0%		

　　虽然很多农村居民也知道抽烟对身体健康有害，但是很多人还是每天都抽烟，一方面是因为农村居民没有太多的休闲活动，抽烟是打发空闲时间的一种重要手段；另一方面，很多农村居民抽烟是从众行为，看到人家抽烟，他们也去抽烟，有很多年轻的村民开始抽烟的年龄很低，抽烟的历史很长。实际上，就抽烟而言，除了考察抽烟的频率之外，还需要关注抽烟的数量，每天所抽的数量对健康的影响更大。

　　从喝酒一项来看，本题设计了五项答案，分别是"每天喝、一周几次、一月几次、一年几次甚至更少、我不喝酒"。与抽烟一项类似，在考察喝酒时，还需要考察喝酒的量。实际上适量的饮酒对健康是有利的，而饮酒过量会对身体健康造成损伤。在本次调查中，我们发现被访者中有9.0%的人每天都喝酒，一周喝几次酒的为10.8%，一月喝几次的比例为9.1%，一年几次甚至更少的比例为8.4%，不喝酒的比例为62.7%，不难看出，农村中经常喝酒的居民的比例不是太高，从不喝酒的人的比例超过了60%（见表5-12）。实际上，农村中，在红白喜事上喝酒的人不少，喝的酒质量也是两极分化，有些酒是自己家酿的粮食酒，而有些酒是质量比较差、价格便宜的白酒。很多劣质酒甚至假酒都销往农村市场，这一点尤其需要引起有关方面的高度重视。

表5-12　您喝酒的频率如何（2012"千人百村"）

	频数	百分比	有效百分比	累计百分比
每天喝	242	8.9%	9.0%	9.0%
一周几次	292	10.8%	10.8%	19.8%
一月几次	245	9.0%	9.1%	28.9%
一年几次甚至更少	228	8.4%	8.4%	37.3%
我不喝酒	1693	62.4%	62.7%	100.0%
小计	2 700	99.5%	100.0%	
缺失值	14	0.5%		
总计	2 714	100.0%		

二、农村居民的病患状况

在本次"千人百村"调查中，我们询问了被访者医疗方面的有关情况，包括了慢性病、就医情况、医疗保险情况、中医的使用情况以及社会支持等方面的情况。

（一）被访者患慢性病的情况

随着疾病模式的转变，慢性病已经成为影响人们身体健康的重要因素，农村居民中患慢性病的比例也在上升。"慢性病患病有两个定义：一是调查前半年内的患病人数与调查总人数之比；二是调查前半年内患病例数与调查总人数之比。"国家卫生服务调查采取的是后一种定义。

本次调查结果显示，被访者中患有慢性病或者有长期的健康问题的比例达到了 31.6%，有接近 1/3 的人被慢性病所困扰（见表 5-13）。该数据比 2008 年第四次国家卫生服务调查中慢性病的比例（14.0%）要高，之所以会出现这种情况，有可能是因为被访者对慢性病缺乏准确的定义，从而把一些不属于慢性病的疾病也归结为慢性病，有些人只知道身体不对劲，但并不能确切地知道自己患了什么疾病。

表 5-13　您是否患有慢性病或者有长期的健康问题（2012"千人百村"）

	频数	百分比	有效百分比	累计百分比
是	848	31.2%	31.6%	31.6%
否	1 833	67.6%	68.4%	100.0%
小计	2 681	98.8%	100.0%	
缺失值	33	1.2%		
总计	2 714	100.0%		

在具体问到被访者患何种慢性病时，问卷列出了高血压、糖尿病、心脏病、呼吸道疾病（哮喘、长期咳嗽），如果患者身患别的慢性病，可以在"其他"项中自己注明。如表 5-14 所示，被访者中高血压患病率达到 10.2%，糖尿病患病率达到 1.8%，心脏病的患病率达到 4.9%，呼吸道疾病（哮喘、长期咳嗽）的患病率达到 4.6%，其他慢性病的患病率为 19.5%，包括风湿

关节炎、慢性胃炎等。

表 5 - 14　慢性病的具体类型（2012 "千人百村"）

		响应		个案百分比
		N	百分比	
慢性病类型	高血压	254	9.5％	10.2％
	糖尿病	46	1.7％	1.8％
	心脏病	122	4.6％	4.9％
	呼吸道疾病（哮喘、长期咳嗽）	116	4.4％	4.6％
	其他	488	18.3％	19.5％
	没有任何慢性病	1 635	61.5％	65.5％
总计		2 661	100.0％	106.5％

　　值得注意的是，农村中很多老年人从来没有体检过，也不上医院，所以具体回答问题时他们也许会说身体哪儿不舒服，但不一定能够给出准确的慢性病的名字。为此我们具体分析了被访者对其他慢性病情况的答案，结果发现，在全部的回答中，排名靠前的是胃肠炎、椎间盘疾病、类风湿关节炎、脑血管病、贫血性心脏病、骨科疾病、胆囊结石及胆囊炎、腿部疾病、妇科疾病、乙型病毒性肝炎、皮肤病等。

（二）被访者就医的情况

　　从就医的频率来看，在过去的一年中从未就医的人只有24.9％，这些人因为身体很好、病情较轻、出于经济上的考虑等，从未就医。身体非常不好，一周就医数次的人只有1.2％。一月至少看一次病的人合计达到13.2％，一年至少看一次病的人合计达到75.1％（见表5-15和图5-1）。

表 5 - 15　在过去的一年中，您就医（包括看牙医）的频率如何
（2012 "千人百村"）

	频数	百分比	有效百分比	累计百分比
一周数次	31	1.1％	1.2％	1.2％
大概一周一次	78	2.9％	2.9％	4.1％
大概一月一次	246	9.1％	9.1％	13.2％
一年几次	1 068	39.3％	39.6％	52.8％

续表

	频数	百分比	有效百分比	累计百分比
大概一年一次	600	22.1%	22.3%	75.1%
从未	672	24.8%	24.9%	100.0%
小计	2 695	99.3%	100.0%	
缺失值	19	0.7%		
总计	2 714	100.0%		

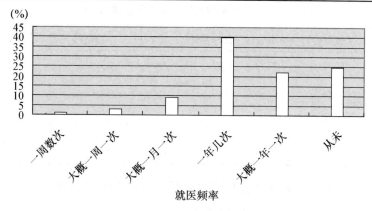

图 5-1　过去一年就医频率

　　为了进一步考察就医的情况，问卷中设计了"在过去的一年里，当您生病了或受伤（包括感冒）时，是否有意不去看医生"这样一道题。结果显示，在被访者中，有37.3%的人在生病或受伤时，有意不去看医生。另有11.4%的被访者在过去的一年里没有生病或受伤（见表5-16）。这表明，农村居民中有很大一部分人出于经济或其他原因生病后选择不去看医生，未就诊的比例与2008年第四次全国卫生服务调查结果差不多。

表 5-16　在过去的一年里，当您生病了或受伤时，是否有意不去看医生（2012"千人百村"）

	频数	百分比	有效百分比	累计百分比
是	1 002	36.9%	37.3%	37.3%
否	1 378	50.8%	51.3%	88.6%
在过去一年里我没有生病或受伤	305	11.2%	11.4%	100.0%
小计	2 685	98.9%	100.0%	

续表

	频数	百分比	有效百分比	累计百分比
缺失值	29	1.1%		
总计	2 714	100.0%		

2008 年第四次全国卫生服务调查中患者患病未就诊比例为 37.6%，其中：城市 37.3%，农村 37.8%，两者很接近。农村地区中一类和四类农村占比相对较高，分别为 42.2% 和 40.8%（见表 5-17）。

表 5-17　2008 年调查地区两周未患病就诊比例　　　　　　　单位:%

调查时间	城乡合计	城市合计	农村合计	一类农村	二类农村	三类农村	四类农村
2008 年	37.6	37.3	37.8	42.2	35.4	35.6	40.8
2003 年	48.9	57.0	45.8	49.8	43.0	46.7	43.0
1998 年	38.5	49.9	33.2	32.5	32.2	34.6	32.4
1993 年	36.4	42.4	33.7	33.3	33.7	32.5	36.8

为了进一步了解被访者在生病或者受伤以后有意不去看医生的原因，问卷设计了一道多选题，备选答案为九个选项以及一个开放式答案，分别是"等候时间太长了、费用太高、附近没有医院或诊所、不知道去哪里就医、就医交通不便、不喜欢去看医生、没有时间看医生、没有必要去看医生、没有医疗保险"，开放式问题的答案需要被访者自己填写。结果如表 5-18 所示，"等候时间太长了" 7.1%，"费用太高" 39.8%，"附近没有医院或诊所" 4.1%，"不知道去哪里就医" 1.4%，"就医交通不便" 10.4%，"不喜欢去看医生" 10.7%，"没时间看医生" 6.8%，"没有必要去看医生" 50.0%，"没有医疗保险" 2.0%，从被访者的回答来看，除了自己觉得没有必要去看医生，就医费用太高是主要原因，在所有原因中排第一位，然后才是不喜欢去看医生和就医交通不便，此外就是等候时间太长，没有时间看医生。因为没有医疗保险而选择不去看医生的被访者最少。选择"其他"的被访者比例为 8.5%，从具体情况来看，主要影响因素是选择自我医疗、不信任医生的医术等。

表 5 - 18　不看医生的原因（2012 "千人百村"）

		响应		个案百分比
		N	百分比	
不看医生的原因	等候时间太长了	98	5.1%	7.1%
	费用太高	548	28.2%	39.8%
	附近没有医院或诊所	56	2.9%	4.1%
	不知道去哪里就医	19	1.0%	1.4%
	就医交通不便	144	7.4%	10.4%
	不喜欢去看医生	147	7.6%	10.7%
	没有时间看医生	94	4.8%	6.8%
	没有必要去看医生	689	35.5%	50.0%
	没有医疗保险	28	1.4%	2.0%
	其他	117	6.0%	8.5%
总计		1 940	100.0%	140.8%

　　2008 年第四次国家卫生服务调查发现，两周患病未就诊的主要原因为自感病轻，占 36.4%，其次为经济困难和就诊太贵（合称"经济原因"），两者占 24.4%。城市和农村地区自感病轻的比例分别为 33.7% 和 37.6%，经济原因的比例相近，分别为 23.3% 和 24.9%。不同类型农村中，以第四类农村地区经济原因的比例最高，为 28.1%，其次三类为 27.6%，二类为 23.5%，一类为 21.3%，有随着地区经济水平提高而因经济原因未就诊比例下降的趋势（见表 5 - 19）。本次"千人百村"调查也同样验证了农村居民未就诊的主要原因是自感病情较轻，觉得没有必要去看医生以及费用太高，由于费用太高，很多农村居民选择小病扛着不看，或者不等完全康复就停止治疗，这一点会随着新型农村合作医疗的不断完善和保障水平的提高而得到改善。

表 5 - 19　2008 年调查地区两周患病未就诊原因构成　　　　单位：%

原因	城乡合计	城市合计	农村合计	一类农村	二类农村	三类农村	四类农村
自感病轻	36.4	33.7	37.6	35.6	43.4	34.5	37.7
经济困难	19.3	15.5	21.0	17.5	18.5	23.5	26.7
就诊太贵	5.1	7.8	3.9	3.8	5.0	4.1	1.4
无时间	2.7	2.0	2.9	2.9	3.2	2.7	3.2
交通不便	0.6	0.3	0.7	0.4	0.3	1.2	0.7
其他	36.0	40.7	33.9	39.7	29.6	34.0	30.3

（三）被访者使用中医的情况

为了解农村中医治疗情况，本次调查中设计了"在过去的一年里，您是否接受过下列治疗?"这道题，选项有针灸（拔火罐）、中草药治疗、指压法或按摩这三项。从调查结果来看，有 12.0% 的被访者接受过针灸（拔火罐）治疗，26.5% 的被访者接受过中草药治疗，有 7.0% 的被访者接受过指压法或按摩治疗（见表 5－20）。可见，在农村，中医治疗已经不再普遍，一方面是因为中医治疗见效慢，所以很多农村居民倾向于选择西医治疗；另一方面是因为现在中医不多见，而且治疗水平也不太高。原来在农村中非常盛行的中医和中药已经逐渐衰落，这需要引起有关部门的重视并下大力气解决。

表 5－20　中医治疗情况（2012"千人百村"）

	是	否	观测值
针灸（拔火罐）	12.0%	88.0%	2 632
中草药治疗	26.5%	73.5%	2 657
指压法或按摩	7.0%	93.0%	2 513

（四）被访者享受医疗保险的情况

从被访者所享受的医疗保险情况来看，我国的医疗保险主要有四大类，分别是城镇职工基本医疗保险、城乡居民基本医疗保险、新型农村合作医疗以及商业医疗保险，2003 年以来，我国新型农村合作医疗发展迅速，覆盖面积大幅度扩大，本次调查把前三类合并为公共医疗保险。从被访者的回答来看，享受公共医疗保险的比例为 83.1%，同时享有公共医疗保险和商业保险的比例为 6.5%，两项合计达到 89.6%，只有商业保险的比例为 0.7%，没有医疗保险的比例为 5.8%（见表 5－21）。

表 5－21　您享有下列哪种形式的医疗保险（2012"千人百村"）

	频数	百分比	有效百分比	累计百分比
只有公共医疗保险	2 232	82.3%	83.1%	83.1%
公共医疗保险和商业保险	175	6.4%	6.5%	89.6%

续表

	频数	百分比	有效百分比	累计百分比
只有商业保险	19	0.7%	0.7%	90.3%
没有医疗保险	157	5.8%	5.8%	96.1%
不确定	103	3.8%	3.9%	100.0%
小计	2 686	99.0%	100.0%	
缺失值	28	1.0%		
总计	2 714	100.0%		

（五）被访者参加社会保险的情况

在本次调查中，为了考察被访者参加社会保险的情况，分别询问了被访者参加新型农村合作医疗和新型农村社会养老保险的情况。如表 5 - 22 所示，有 87.4% 的被访者参加了新型农村合作医疗，有 8.6% 的人没有参加，另外有 4.0% 的人选择"不适用"。

表 5 - 22　您目前是否参加了新型农村合作医疗（2012"千人百村"）

	频数	百分比	有效百分比	累计百分比
参加了	2 335	86.0%	87.4%	87.4%
没有参加	229	8.5%	8.6%	96.0%
不适用	106	3.9%	4.0%	100.0%
小计	2 671	98.4%	100.0%	
缺失值	44	1.6%		
总计	2 714	100.0%		

从新型农村社会养老保险来看，被访者中，参加的占 60.7%，未参加的占 29.5%，另外还有 9.8% 的被访者表示"不适用"（见表 5 - 23）。这表明，新型农村社会养老保险的覆盖面还不是很广，还需要进一步扩大其覆盖的范围，使广大农村居民能够享受这一保险。

表 5 - 23　您目前是否参加了新型农村社会养老保险（2012"千人百村"）

	频数	百分比	有效百分比	累计百分比
参加了	1 561	57.5%	60.7%	60.7%
没有参加	758	27.9%	29.5%	90.2%

续表

	频数	百分比	有效百分比	累计百分比
不适用	252	9.3%	9.8%	100.0%
小计	2 571	94.7%	100.0%	
缺失值	143	5.3%		
总计	2 714	100.0%		

三、农村居民的社会支持状况

在本次调查中，我们还设计了社会支持方面的问题，询问被访者在特定情况下获得相关社会支持的情况，在社会支持来源方面，分别设计了"家人、亲属"以及"朋友、同事、邻居"两个维度，从社会支持的内容来看，分别设计了感情支持、经济支持、家务支持三个方面。

问卷设计了"在过去的一年里，当您有需要的时候，您的家人和亲属是否做了一下这些事情"这道题，答案有三项，分别是：倾听个人问题或者个人关心的事情；提供经济上的支持；做一些家务杂事（例如家务、照顾小孩、护理）。结果显示，在广大农村中，人们遇到问题时，得到家人和亲属的社会支持是比较容易的，在"倾听个人问题或者个人关心的事情"这一项中，能够得到帮助的占 72.9%（其中，"总是"为 14.3%，"经常"为 31.0%，"有时"为 27.6%），"很少"或者"从不"加起来不到 20%（前者为 15.4%，后者为 4.3%），"没有这些需要"和"身边没有这样的人"两项加起来不到 10%（前者为 5.6%，后者为 1.8%）（见表 5 - 24）。

表 5 - 24　家人和亲属倾听情况（2012"千人百村"）

	频数	百分比	有效百分比	累计百分比
总是	379	14.0%	14.3%	14.3%
经常	820	30.2%	31.0%	45.3%
有时	731	26.9%	27.6%	72.9%
很少	409	15.1%	15.4%	88.3%
从不	114	4.2%	4.3%	92.6%
没有这些需要	147	5.4%	5.6%	98.2%

续表

	频数	百分比	有效百分比	累计百分比
身边没有这样的人	48	1.8%	1.8%	100.0%
小计	2 649	97.6%	100.0%	
缺失值	66	2.4%		
总计	2 714	100.0%		

　　在经济支持方面，在需要经济上的支持时，能够从家人和亲属那里得到经济帮助的比例为 71.3%（其中总是能够得到帮助的比例为 19.0%，经常得到帮助的为 26.5%，有时得到帮助的为 25.8%），很少得到帮助的占 14.5%，从来没有得到过帮助的占 5.0%，"没有这些需要"的占 7.7%，"身边没有这样的人"的占 1.5%（见表 5-25）。由此不难看出，在农村中，家人和亲属是经济支持的主要来源。

表 5 - 25　家人和亲属经济支持情况（2012"千人百村"）

	频数	百分比	有效百分比	累计百分比
总是	504	18.6%	19.0%	19.0%
经常	703	25.9%	26.5%	45.5%
有时	683	25.2%	25.8%	71.3%
很少	385	14.2%	14.5%	85.8%
从不	133	4.9%	5.0%	90.8%
没有这些需要	204	7.5%	7.7%	98.5%
身边没有这样的人	39	1.4%	1.5%	100.0%
小计	2 651	97.7%	100.0%	
缺失值	63	2.3%		
总计	2 714	100.0%		

　　从家务杂事方面，能够从家人和亲属那儿得到支持的比例高达 76.7%，很少得到这方面帮助的为 11.1%，而从来得不到这方面帮助的为 4.3%，有 6.2% 的被访者表示没有这些需要，有 1.7% 的被访者表示身边没有这样的人（见表 5-26）。这也说明，在家庭杂事这一项上农村居民大多数时候都能够得到家人和亲属的帮助。

表 5 - 26　家人和亲属家务支持情况（2012"千人百村"）

	频数	百分比	有效百分比	累计百分比
总是	529	19.5%	20.0%	20.0%
经常	935	34.5%	35.3%	55.3%
有时	567	20.9%	21.4%	76.7%
很少	295	10.9%	11.1%	87.8%
从不	114	4.2%	4.3%	92.1%
没有这些需要	164	6.0%	6.2%	98.3%
身边没有这样的人	45	1.6%	1.7%	100.0%
小计	2 649	97.6%	100.0%	
缺失值	65	2.4%		
总计	2 714	100.0%		

　　社会支持不仅仅来自家人和亲属，能够从朋友、同事和邻居那里得到社会支持也非常重要，本次调查表明，与家人和亲属相比，被访者从朋友、同事和邻居那里得到的倾听方面的帮助要少一些，总是能够得到倾听的比例为8.2%，经常得到倾听的为23.9%，有时得到倾听的占31.6%。而很少得到倾听的占19.0%，从来没有得到过倾听的为8.6%，没有倾听需要的占6.6%，"身边没有这样的人"占2.1%（见表5-27）。

表 5 - 27　朋友、同事和邻居倾听情况（2012"千人百村"）

	频数	百分比	有效百分比	累计百分比
总是	216	8.0%	8.2%	8.2%
经常	632	23.3%	23.9%	32.1%
有时	833	30.6%	31.6%	63.7%
很少	501	18.5%	19.0%	82.7%
从不	229	8.4%	8.6%	91.3%
没有这些需要	173	6.4%	6.6%	97.9%
身边没有这样的人	56	2.1%	2.1%	100.0%
小计	2 640	97.3%	100.0%	
缺失值	74	2.7%		
总计	2 714	100.0%		

　　把从朋友、同事和邻居处得到经济支持与从家人和亲属处得到经济支持的情况做一对比，不难发现，从朋友、同事和邻居处得到的支持要少得多。

总是能够得到支持的只占 4.7%，经常能够得到支持的为 11.7%，有时能够得到支持的占 25.3%，三项之和只有 41.7%。相比之下，从家人和亲属那里得到支持的比例达到了 71.3%。可见，一旦有经济上的需要，农村居民大多数时候都是从家人和亲属那里得到帮助（见表 5-28）。

表 5-28　朋友、同事和邻居经济支持情况（2012"千人百村"）

	频数	百分比	有效百分比	累计百分比
总是	124	4.6%	4.7%	4.7%
经常	307	11.3%	11.7%	16.4%
有时	666	24.5%	25.3%	41.7%
很少	689	25.5%	26.1%	67.8%
从不	457	16.8%	17.4%	85.2%
没有这些需要	329	12.1%	12.5%	97.7%
身边没有这样的人	61	2.2%	2.3%	100.0%
小计	2 633	97.0%	100.0%	
缺失值	81	3.0%		
总计	2 714	100.0%		

从家务一项来看，从朋友、同事和邻居处得到支持的比例也比较高。总是能够得到这方面支持的比例为 5.9%，经常得到这方面支持的比例为 14.8%，有时能够得到这方面支持的比例达到了 25.8%，三项相加比例为 46.5%。这表明，虽然跟家人和亲属提供的家务方面的支持相比，从朋友、同事和邻居处得到的支持要少一些，但是比例也不低，有接近 50% 的人可以从朋友、同事和邻居处得到这方面的支持（见表 5-29）。这说明农村社会中，社会支持方面情况还不错。

表 5-29　朋友、同事和邻居家务支持情况（2012"千人百村"）

	频数	百分比	有效百分比	累计百分比
总是	155	5.7%	5.9%	5.9%
经常	389	14.3%	14.8%	20.7%
有时	679	25.0%	25.8%	46.5%
很少	616	22.8%	23.4%	69.9%
从不	410	15.1%	15.6%	85.5%

续表

	频数	百分比	有效百分比	累计百分比
没有这些需要	316	11.6%	12.0%	97.5%
身边没有这样的人	67	2.5%	2.5%	100.0%
小计	2 632	97.0%	100.0%	
缺失值	82	3.0%		
总计	2 714	100.0%		

从家庭成员的照顾需求来看，本次调查发现有 34.2% 的被访者家中有人因为长期的身心疾病、残疾或者年老体弱而需要照顾（见表 5-30）。

表 5-30　家庭成员因病需要照顾情况（2012"千人百村"）

	频数	百分比	有效百分比	累计百分比
是	917	33.8%	34.2%	34.2%
否	1 766	65.1%	65.8%	100.0%
小计	2 683	98.9%	100.0%	
缺失值	31	1.1%		
总计	2 714	100.0%		

当询问到家中的老人生病由谁照顾时，有 2 455 位被访者回答了此题，其中 37.5% 的被访者回答由配偶照顾，有 55.3% 的被访者回答由子女及孙子女照顾，两项合计达到了 92.8%。这表明，在广大农村中，当老年人生病时，主要还是由配偶和其他家庭成员照顾，由亲戚、邻居照顾或者雇人照顾的并不多，值得注意的是，有 2.6% 的被访者回答"无人照顾"，这一点尤其需要注意（见表 5-31）。

表 5-31　家中的老人生病由谁照顾（2012"千人百村"）

	频数	百分比	有效百分比	累计百分比
配偶	920	33.9%	37.5%	37.5%
子女及孙子女	1 358	50.0%	55.3%	92.8%
其他亲戚	25	0.9%	1.0%	93.8%
邻居	6	0.2%	0.2%	94.0%
雇人照顾	4	0.1%	0.2%	94.2%
无人照顾	64	2.4%	2.6%	96.8%

续表

	频数	百分比	有效百分比	累计百分比
其他	78	2.9%	3.2%	100.0%
小计	2 455	90.5%	100.0%	
缺失值	259	9.5%		
总计	2 714	100.0%		

调查发现，个人是长期患病家庭成员的主要照料者的比例为 31.5%，由此表明，农村家庭中如有成员因患长期的身心疾病、残疾或者年老体弱而需要照顾，会成为其家庭的一个重要的负担，因而需要在农村大力发展相关社会服务和公共服务（见表 5-32）。

表 5-32　您是否是其中一位的主要照料者（2012 "千人百村"）

	频数	百分比	有效百分比	累计百分比
是	724	26.7%	31.5%	31.5%
否	1 572	57.9%	68.5%	100.0%
小计	2 297	84.6%	100.0%	
缺失值	418	15.4%		
总计	2 714	100.0%		

四、小结

在本次"千人百村"调查中，我们通过对被访者健康状况、医疗状况和医疗意愿三个主题的问卷调查，不难得出中国农村医疗的基本情况。通过上述情况的基本分析，我们可以总结一下主要发现。

（一）农村居民健康状况总体良好

调查发现，农村居民自评健康状况良好，认为自己身体很不健康或者比较不健康的比例为 20.2%，大多数人认为自己身体比较健康或很健康，认为自己身体健康一般的为 15.9%。这说明，农村居民对自己身体健康状况还是比较有信心的，一般来讲，农村的自然环境和生活环境比城市要好一些，而且农村居民大多从事体力劳动，一定程度上起到了锻炼身体的作用。

因为健康问题影响工作或其他日常活动这方面的调查结果，也印证了上述观点，回答健康问题总是或经常影响工作或其他日常活动的比例为16.9%，而有时会影响到工作或其他日常活动的比例为15.0%。从影响的程度来看，因健康问题总是和经常让被访者无法完成预期的工作或日常生活比例为12.3%，有时无法完成养护期的工作或日常活动的比例为15.9%。从病痛影响工作的情况看，影响比较大和非常大的比例为18.3%。这说明健康问题对农村居民工作或其他日常活动的影响并不是很大。考虑到农村中老龄化越来越严重的趋势，农村中老年人的比例也在增加，而这些老年人正是疾病多发的群体，这也得到了2008年第四次国家卫生服务调查数据的支持。第四次国家卫生服务调查发现，农村65岁及以上居民两周患病率高达39.8%，其中一类农村中65岁及以上居民的两周患病率达到了45.3%（见表5-33）。

表5-33　第四次国家卫生服务农村居民年龄别两周患病率　　　　单位:%

年龄组	农村合计	一类农村	二类农村	三类农村	四类农村
0~4岁	18.0	16.0	19.8	19.9	12.4
5~14岁	8.0	8.3	9.3	8.0	5.7
15~24岁	5.0	4.1	5.7	4.8	4.8
25~34岁	8.0	7.1	7.6	8.3	8.9
35~44岁	14.8	12.4	14.3	15.9	17.3
45~54岁	23.3	21.8	21.6	25.2	26.3
55~64岁	31.0	33.1	26.9	33.0	31.7
65岁及以上	39.8	45.3	34.9	40.4	36.7

值得注意的是，在本次调查中我们发现了农村居民的精神健康问题，在过去的四周中，感到自己心情抑郁或沮丧的被访者所占比例不小，"总是"和"经常"感到心情抑郁或沮丧的比例为12.7%，"有时"感到心情抑郁或沮丧的比例为23.2%。三者相加比例高达35.9%，超过1/3。这说明，精神健康问题不仅仅是身处高度工业化环境下生活节奏较快的城市居民的专利，在农村中的影响也比较广泛。而我们国家对农村居民精神健康的干预和治疗还基本上处于空白状态，需要加强这方面的工作。

（二）慢性病患病比例很高

在本次"千人百村"调查中，我们发现农村中慢性病的患病比例很高，当问到被访者是否有慢性病或者有长期的健康问题时，有31.6%的被访者回答"是"，这一比例远远高于第四次国家卫生服务调查结果的14.0%（按人数计算）。从慢性病的分类来看，患高血压的比例最高，达到10.2%，患心脏病的排在第二位，达到了4.9%，呼吸道疾病（哮喘、长期咳嗽）4.6%，糖尿病比例为1.8%，其他慢性病为19.5%，具体包括风湿关节炎、慢性胃炎等。

随着中国工业化、城镇化、人口老龄化进程的加快，居民慢性病患病、死亡呈现持续快速增长趋势。中国现有确诊慢性病患者2.6亿人，慢性病导致的死亡占中国总死亡数的85%，导致的疾病负担占总疾病负担的70%。在这种大背景下，农村居民的慢性病患病比例也在不断上升，这一点需要引起有关方面的高度注意。

（三）农村居民未就诊比例较高

所谓未就诊指的是患者明明知道自己已经患病，但是由于种种原因，并没有选择去医疗机构就诊。在1993年以来的四次国家卫生服务调查中，这一数据一直是人们非常关注的问题之一。在1993年、1998年、2003年、2008年四次国家卫生服务调查中，我国农村居民两周患病未就诊率分别是33.7%、33.2%、45.8%和37.8%，不难看出，这一比例在2003年的第三次国家卫生服务调查中达到了最高峰，逼近50%，这种情况促使有关部门下大力气推进医药卫生体制改革，加快推进新型农村合作医疗制度建设。

在本次"千人百村"调查中，有37.3%的被访者在过去的一年里，虽然生病了或受了伤（包括感冒），但是并没有去看医生，这一比例与2008年的第四次国家卫生服务调查数据相差无几。这表明，农村居民未就诊的比例几年来并没有太大的变化。我们在对未就诊的原因进行具体分析时发现，有50.0%的人以为没有必要去看医生，这些人是因为感觉病情很轻。除此之外，就医费用太高是主要原因，比例达到了39.8%；然后是不喜欢去看医生（10.7%），就医交通不便（10.4%）；随后是等候时间太长（7.1%），没有时间看医生（6.8%），附近没有医院或诊所（4.1%），没有医疗保险（2.0%），不知道去哪里就医（1.4%）。有 8.5% 的人选择"其他"，具体包括选择自我医疗、不信任医生的医术等。

不难看出，农村居民未就诊的比例仍然很高，虽然这些年新型农村合作医疗发展很快，然而从未就诊的比例来看，从 2008 年到 2012 年，这一指标变化并不明显，这需要我们想办法解决，毕竟身体健康是劳动的基础，而且患病不去看医生，也容易导致小病拖成大病。

（四）农民的社会支持网络以家人和亲属为主

按照费孝通的说法，中国是一个差序格局的社会，这一点在农村显得尤其明显，农村中的社会关系以家庭为中心，社会化程度不高。这一点在本次调查中也得到了印证，调查中我们发现，无论是在倾听方面、经济支持方面，还是在家务支持方面，家人和亲属是社会支持的主要来源，在家庭成员长期生病、残疾或年老体弱的时候，家人是主要的照顾来源。

在需要倾诉个人问题或者个人关心的事情时，能不能找到倾听的对象，是一个人社会支持的重要方面，这一点在现代社会中显得尤其重要，在工业化、城镇化、信息化、国际化的背景下，农村也出现了很大的变化，在这种背景下，一些精神疾病，如沮丧、抑郁等不再是城市居民的专利。这就使得倾诉和倾听变得尤为重要。在本次调查中，我们发现当被访者有个人问题或者个人关心的事情需要倾诉时，45.3% 的家人和亲属能够满足这方面的需要，他们总是或者经常能够倾听家庭成员的个人问题或者个人关心的事情；此外，还有 27.6% 的家人和亲属有时倾听被访者的个人问题或者个人关心的事情，很少倾听或者从不倾听的比例只占 19.7%。而在这方面，被访者从朋友、同事、邻居那里得到的社会支持要少一些，总是和经常倾听被访者个人问题或者个人关心的事情的朋友、同事、邻居只有 32.1%，有时倾听的占 31.6%。

在经济支持方面，家人和亲属与朋友、同事、邻居相比更加具有优势，农村中缺乏银行贷款等寻找经济支持的社会化、制度化途径，家人和亲属便成了经济支持的主要来源。从表 5-34 中我们不难看出，总是和经常从家人和亲属处得到经济支持的被访者占 45.6%，相比之下，总是和经常从朋友、同事、邻居处得到经济支持的只有 16.4%。

表 5 - 34　被访者的经济支持（2012"千人百村"）　　　　单位:%

来源	总是	经常	有时	很少	从不	没有这些需要	身边没有这样的人
家人和亲属	19.0	26.6	25.8	14.5	5.0	7.7	1.5
朋友、同事、邻居	4.7	11.7	25.3	26.1	17.4	12.5	2.3

在问到家中老人生病由谁来照顾这一问题时，我们发现，由配偶照顾的占 37.5%，由子女照顾的占 55.3%，两者相加达到了 92.8%。这说明，家中老人生病时更主要由家人和亲属照顾，由邻居照顾和雇人照顾二者之和占 0.4%。由于农村中缺少社会养老机构，临近的医疗机构也多为简陋的村卫生室，所以在老人生病时，绝大多数都只能靠配偶和子女照顾。

（五）农民医药负担重

调查发现，农村中有很多患病未就诊、应住院却未住院的情况，主要原因都是经济困难。2008 年第四次国家卫生服务调查表明，农村中有 30.6% 的患者因为经济困难，患病未治疗，有 71.4% 的居民因为经济困难应住院却未住院。在本次"千人百村"调查中，我们发现，有 7.7% 的被访者在过去的一年中医疗支出占家庭支出比例高，为治病需到处借钱，有 20.2% 的被访者在过去的一年中医疗支出占家庭支出比例较高，勉强能维持，这表明有 1/5 的人受到医疗支出的困扰。

同样，担心当患重病的时候付不起医药费用的比例很高，非常担心的比例达到 32%，有点担心的比例为 33.6%，两项合计达到 65.6%。

在我们问到家庭医疗支出对家庭造成的压力时，被访者中有 14.6% 的人回答说压力非常大，有 20.1% 的人回答说压力明显。

无论是因为经济困难没有选择去医院治病或者应住院没有住院，还是现实中家庭医疗支出对家庭造成的压力，以及对未来医药费用的担心，都足以表明，农民医药负担重，这也印证了农村中流传很广的一句老话：有什么别有病，没什么别没钱。

第六章　农村居民医疗意愿与医疗发展状况

改革开放以来，农村医疗卫生状况得到了很大的改进，医疗服务的提供情况也得到了极大改进。在本次"千人百村"调查中，我们询问了被访者的医疗意愿，通过调查被访者家庭成员的患病情况、被访者家庭医药费用支出情况、被访者家庭老人生病照护情况、被访者在病患方面的主要担忧等情况，我们可以比较清楚地考察农村居民对医疗卫生服务以及健康保障方面的需求。在此基础上我们进一步询问了被调查地区有关医药卫生的情况，主要包括：当地是否有医院、医疗服务站、卫生室或者诊所等医疗机构或设施；被调查村离最近的医院或卫生院的距离；当地村民参加新型农村合作医疗的人口比例；被调查村在调查之前的一年中医疗纠纷的情况；村干部眼中最突出的医疗卫生问题是什么。由此，我们可以找出农村居民的医疗需求与农村医疗卫生服务之间的差距所在，从而找到改善农村医疗卫生服务的方向和路径。

一、农村居民医疗意愿

本次"千人百村"调查中，我们设计了医疗意愿方面的问题，主要询问被访者家庭成员的患病情况、医疗费用支出情况，以及是否担心家庭成员患病时能得到医疗服务等。

（一）家庭成员长期患病情况

在本次调查中我们询问了被访者家庭成员中是否有人长期患病，该题分别询问了是否长期患病、患病者与被访者的关系、患病者的年龄、患病者的性别、家里每年负担的费用分别是多少。由于每一道题的回答情况并不一样，所以有效回答和缺失情况都不一样，为此我们对该数据进行了处理，对年龄和每年负担的费用进行了分组，经过数据清理，分别对这些问题进行了分析。

如表6-1所示，本次调查中有1 419位被访者做了回答：有721人回答"是"，比例为50.8%；有698人回答"否"，比例为49.2%。

表6-1 家庭成员中长期患病情况（2012"千人百村"）

	频数	百分比	有效百分比	累计百分比
是	721	49.3%	50.8%	50.8%
否	698	47.6%	49.2%	100.0%
小计	1 419	96.9%	100.0%	
缺失值	46	3.1%		
总计	1 465	100.0%		

从长期患病者与被访者的关系来看，主要是父母和子女，前者占40.6%，后者占25.4%，两者之和达到66%；此外，兄弟姐妹为4.6%，孙儿孙女占4.2%，祖父母占2.7%，其他占22.5%（见表6-2）。可见在农村家庭中，长期患病者主要是被访者的父母和子女，这两类人是农村家庭中最容易患病的人群。

表6-2 长期患病者与被访者的关系（2012"千人百村"）

	频数	百分比	有效百分比	累计百分比
子女	354	24.2%	25.4%	25.4%
兄弟姐妹	64	4.4%	4.6%	30.0%
孙儿孙女	58	4.0%	4.2%	34.2%
父母	566	38.6%	40.6%	74.8%
祖父母	38	2.6%	2.7%	77.5%
其他	314	21.4%	22.5%	100.0%
小计	1 394	95.2%	100.0%	
缺失值	71	4.8%		
总计	1 465	100.0%		

为了解被访者家庭中长期患病者的年龄情况，我们对患者年龄进行了处理，把患者年龄进行分组，分成学龄前儿童（0～6岁）、青少年（7～17岁）、成年人（18～59岁）和老年人（60岁以上）四个年龄组，结果发现，在所有

长期患病者中，60 岁以上的老年人比例占到 43.8%；其次是成年人，比例达到 41.2%；学龄前儿童和青少年长期病患较少，比例较低，前者比例为 4.8%，后者比例为 10.2%（见表 6-3 和图 6-1）。

表 6-3　长期患病者的年龄分布（2012"千人百村"）

	频数	百分比	有效百分比	累计百分比
学龄前儿童（0~6 岁）	61	4.2%	4.8%	4.8%
青少年（7~17 岁）	128	8.7%	10.2%	15.0%
成年人（18~59 岁）	520	35.5%	41.2%	56.2%
老年人（60 岁以上）	552	37.7%	43.8%	100.0%
缺失值	204	13.9%		
总计	1 261	86.1%	100.0%	

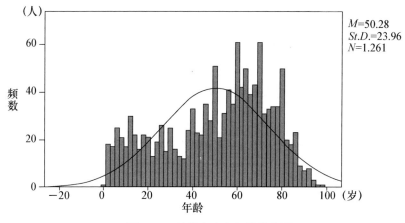

图 6-1　长期患病者年龄分布图

从长期患病家庭成员的性别来看，女性占 51.9%，男性比例为 48.1%，女性比例稍高于男性（见表 6-4）。

表 6-4　长期患病者的性别

	频数	百分比	有效百分比	累计百分比
男	637	43.5%	48.1%	48.1%
女	687	46.9%	51.9%	100.0%
小计	1 324	90.4%	100.0%	
缺失值	141	9.6%		
总计	1 465	100.0%		

（二）家庭医疗费用支出情况

根据被访者的回答情况，我们对被访者家庭中每年的医疗费用负担情况进行了分组，具体分为 500 元以内、501～1 000 元、1 001～2 000 元、2 001～4 000 元、4 001～10 000 元、1 万元以上六个组。结果如表 6-5 所示，从被访者家里每年负担的费用来看，农村家庭医药费用负担比较大，有接近40%的家庭所负担费用在 2 000 元以上，有 6.2%的家庭医药费用负担超过 1万元，被访者中最高支出达到 12 万元之多。

表 6-5　家庭医疗费用负担情况

	频数	百分比	有效百分比	累计百分比
500 元以内	270	18.5%	30.0%	30.0%
501～1 000 元	149	10.2%	16.5%	46.5%
1 001～2 000 元	134	9.1%	14.9%	61.4%
2 001～4 000 元	122	8.3%	13.5%	74.9%
4 001～10 000 元	170	11.6%	18.9%	93.8%
1 万元以上	56	3.8%	6.2%	100.0%
小计	901	61.5%	100.0%	
缺失值	564	38.5%		
总计	1 465	100.0%		

在问到家中老人的医疗费用主要由谁支付这个问题时，共有 2 443 位被访者回答了这一问题。结果显示，老人自己支付医疗费用的占 36.6%，由老人和子女各付一部分的占 24.7%，全部子女负担的占 29.0%，医疗保险、社区或政府补贴的占 7.9%，其他的占 1.8%（见表 6-6）。可见在老年人医药费用的支付方面，医疗保险、社区或政府补贴所占比例很小，主要还是靠家庭负担。

表 6-6　家中老人的医疗费用主要由谁支付（2012"千人百村"）

	频数	百分比	有效百分比	累计百分比
老人自己付	893	32.9%	36.6%	36.6%
自己和子女各付一部分	603	22.2%	24.7%	61.3%
全部子女付	709	26.1%	29.0%	90.3%

续表

	频数	百分比	有效百分比	累计百分比
医疗保险、社区或政府补贴	193	7.1%	7.9%	98.2%
其他	45	1.7%	1.8%	100.0%
小计	2 443	90.0%	100.0%	
缺失值	271	10.0%		
总计	2 714	100.0%		

　　医疗支出是农村家庭支出中一个重要组成部分,很多农村家庭因为家庭成员生病而致贫。在本次"千人百村"调查中,我们发现有 7.7% 的被访者医疗支出占家庭支出比例高,为治病需到处借钱;有 20.2% 的被访者医疗支出占家庭支出比例较高,勉强能维持;回答医疗支出占家庭支出比例一般的占 24.0%,三项合计超过半数,达到了 51.9%(见表 6-7)。

表 6-7　医疗支出占家庭支出的情况 (2012"千人百村")

	频数	百分比	有效百分比	累计百分比
医疗支出占家庭支出比例高,为治病需到处借钱	202	7.4%	7.7%	7.7%
医疗支出占家庭支出比例较高,勉强能维持	530	19.5%	20.2%	27.9%
一般	631	23.2%	24.0%	51.9%
医疗支出占家庭支出比例较低,看病压力较小	714	26.3%	27.1%	79.0%
医疗支出占家庭支出比例低	550	20.3%	21.0%	100.0%
小计	2 630	96.9%	100.0%	
缺失值	87	3.1%		
总计	2 714	100.0%		

　　考虑到新型农村合作医疗越来越完善,报销比例不断提高,报销范围也在不断扩大,我们把医疗支出分为个人自付医疗支出和非个人自付医疗支出两部分。根据数据的情况,我们对医疗支出情况进行分组,分为无支出、500元以内、501~1 000 元、1 001~2 000 元、2 001~4 000 元、4 001~10 000元、1 万元以上七个组(见表 6-8)。从被访者家庭医疗支出情况来看,完全没有家庭自付医疗支出的比例为 10.8%,自付医疗支出在 500 元以内的比例为 26.7%,自付医疗支出在 2 000 元以内的比例为 68.5%,1 万元以内的比

例为 91.3%，1 万元以上的有 8.7%（见表 6-8 和图 6-2）。这也说明了医
疗费用确实是农村居民家庭的一项重要支出，一旦家庭成员中有人患重病，
就会给一个农村家庭带来沉重的经济负担。

表 6-8　个人自付医疗支出情况（2012"千人百村"）

	频数	百分比	有效百分比	累计百分比
无支出	229	8.4%	10.8%	10.8%
500 元以内	567	20.9%	26.7%	37.5%
501~1 000 元	390	14.4%	18.3%	55.8%
1 001~2 000 元	269	9.9%	12.7%	68.5%
2 001~4 000 元	213	7.8%	10.0%	78.5%
4 001~10 000 元	271	10.0%	12.8%	91.3%
1 万元以上	185	6.8%	8.7%	100.0%
小计	2 124	78.3%	100.0%	
缺失值	590	21.7%		
总计	2 714	100.0%		

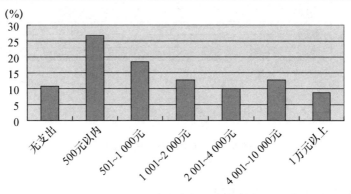

图 6-2　个人自付医疗支出

2003 年以来，随着新型农村合作医疗的不断完善，越来越多的农村居民
享受到了新型农村合作医疗带来的好处。从本次调查中家庭非个人自付医疗
支出情况来看，没有享受到任何非个人自付医疗支出的家庭占 51.2%，这就
有可能造成新农合对广大农村居民吸引力不足，政策设计必须在如何进一步
扩大保障范围方面下功夫。报销费用在 500 元以内的比例为 16.2%，501~
1 000 元的比例为 9.8%，1 001~2 000 元的比例为 6.2%，报销 1 万元以上的
有 7.7%（见表 6-9 和图 6-3）。

表 6 - 9 非个人自付医疗支出情况（2012"千人百村"）

	频数	百分比	有效百分比	累计百分比
无支出	799	29.5%	51.2%	51.2%
500 元以内	253	9.4%	16.2%	67.4%
501～1 000 元	153	5.6%	9.8%	77.2%
1 001～2 000 元	96	3.5%	6.2%	83.4%
2 001～4 000 元	62	2.3%	4.0%	87.4%
4 001～10 000 元	77	2.8%	4.9%	92.3%
1 万元以上	120	4.4%	7.7%	100.0%
小计	1 560	57.5%	100.0%	
缺失值	1 154	42.5%		
总计	2 714	100.0%		

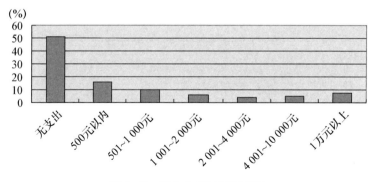

图 6 - 3 非个人自付医疗支出

（三）医疗服务方面的担忧

在本次调查中我们还设计了两道题目，分别考察了医疗服务的提供，以及医疗费用的情况，前者考察的是在需要的时候能否获得医疗服务，后者考察的是患重病的时候能否负担得起医药费用。结果发现，担心自己在需要医疗服务的时候不能获得的被访者达到 65.6%，其中"非常担心"的占 32.0%，"有点担心"的占 33.6%（见表 6 - 10）。

在问及被访者是否担心"当患重病的时候，付不起医药费用"时，"非常担心"的占 47.8%，"有点担心"的占 28.8%，两项合计占到了 76.6%（见

表6-11)。可见医药费用已经成为农村居民最最担心的问题,虽然新型农村合作医疗的推行给广大农村居民带来了实惠,但从实际效果来看,还有很多工作需要做,广大农村居民仍然非常担心自己在患重病的时候付不起医药费用。

表6-10 担心得不到医疗服务 (2012"千人百村")

	频数	百分比	有效百分比	累计百分比
非常担心	854	31.5%	32.0%	32.0%
有点担心	898	33.1%	33.6%	65.6%
不是很担心	602	22.2%	22.5%	88.1%
完全不担心	316	11.6%	11.9%	100.0%
小计	2 671	98.4%	100.0%	
缺失值	44	1.6%		
总计	2 714	100.0%		

表6-11 担心重病时付不起医药费用 (2012"千人百村")

	频数	百分比	有效百分比	累计百分比
非常担心	1 278	47.2%	47.8%	47.8%
有点担心	770	28.4%	28.8%	76.6%
不是很担心	422	15.5%	15.8%	92.4%
完全不担心	201	7.4%	7.6%	100.0%
小计	2 672	98.5%	100.0%	
缺失值	43	1.5%		
总计	2 714	100.0%		

在问到家庭医疗支出对家庭造成压力的情况时,有2 519人做了回答,有195人没有回答此问题。有14.6%的人回答压力非常大,有20.1%回答压力明显,还有26.7%的人认为一般,很少有压力的人占21.1%,没有压力的人占17.5%(见表6-12)。因此,不难理解为什么那么多的被访者担心患重病的时候付不起医药费用。

表 6-12 医疗支出对家庭造成的压力（2012"千人百村"）

	频数	百分比	有效百分比	累计百分比
没有压力	441	16.2%	17.5%	17.5%
很少	532	19.6%	21.1%	38.6%
一般	671	24.7%	26.7%	65.3%
明显	507	18.7%	20.1%	85.4%
非常大的压力	368	13.6%	14.6%	100.0%
小计	2 519	92.8%	100.0%	
缺失值	195	7.2%		
总计	2 714	100.0%		

（四）对医疗机构的信任状况

在广大农村中，人们对医疗机构信任与否是他们生病后是否选择去这些机构看病的重要影响因素之一。在农村，村卫生室和乡镇卫生院等基层医疗机构是为农村居民提供服务的主力军，它们是服务一线的医疗机构。农村居民对其是否信任，是村卫生室以及乡镇卫生院能否充分发挥其服务职能的关键因素。

在本次"千人百村"调查中，我们询问了被访者对医疗机构的信任状况，结果见表 6-13。在 2 490 个有效回答中，我们发现，对医疗机构充分信任的比例为 44.9%，部分信任的比例为 47.8%，二者加起来比例达到了 92.7%，完全不信任医疗机构的比例只有 7.3%。这说明农村居民对医疗机构的信任状况非常不错。

表 6-13 对医疗机构的信任状况（2012"千人百村"）

	频数	百分比	有效百分比	累计百分比
充分信任	1 119	41.2%	44.9%	44.9%
部分信任	1 188	43.8%	47.8%	92.7%
几乎完全不信任	183	6.7%	7.3%	100.0%
小计	2 490	91.7%	100.0%	
缺失值	224	8.3%		
总计	2 714	100.0%		

从被访者对医生的信任来看，如表 6-14 所示，被访者对医生也很信任，充分信任的比例为 49.2%，部分信任的比例为 45.0%，两者之和达到了 94.2%，几乎完全不信任的比例为 5.8%。

表 6-14　对医生的信任状况

	频数	百分比	有效百分比	累计百分比
充分信任	1 186	43.7%	49.2%	49.2%
部分信任	1 086	40.0%	45.0%	94.2%
几乎完全不信任	140	5.2%	5.8%	100.0%
小计	2 412	88.9%	100.0%	
缺失值	302	11.1%		
总计	2 714	100.0%		

二、农村医疗机构或设施情况

通过上面的分析，我们了解到农村家庭中医药费用支出压力很大，农村中患病情况比较多，尤其是随着疾病谱的变化，慢性病的影响日益凸显，慢性病的疾病负担越来越大，农村居民对医疗卫生提出了很高的要求。那么我国农村医疗卫生机构能否提供这些服务，能否满足广大农村居民的医疗卫生服务需求呢？在本次调查中，我们设计了专门的社区问卷，就被调查地区的医疗卫生服务机构、农村居民的医疗保障等情况对村干部进行问卷调查，其中有一些关于医疗方面的情况。

（一）被调查村是否有医疗机构或设施

从调查情况来看，在被调查的 95 个村中，有 94 个村做出了回答，结果显示，有 86 个村有医院、医疗服务站、卫生室或诊所，比例达到 91.5%，只有 8 个被调查的村没有相关的医疗机构或设施，比例为 8.5%（见表 6-15）。不难看出，我国农村的医疗机构建设还是比较好的，绝大多数村庄都有医疗机构或设施，虽然这些机构还比较简陋，医疗设备情况也不能让人满意，但绝大多数的村民在患常见的小病时还是能够就近得到治疗。

表 6-15　村医院/医疗服务站/卫生室/诊所（2012"千人百村"）

	频数	百分比	有效百分比	累计百分比
有	86	90.5%	91.5%	91.5%
没有	8	8.4%	8.5%	100.0%
小计	94	98.9%	100.0%	
缺失值	1	1.1%		
总计	95	100.0%		

（二）被调查村离最近的医院或卫生院有多远

被调查村与最近的医院或卫生院的距离，是考察村民能否方便地获得医疗卫生服务的重要指标，在本次调查中，我们对 95 个村庄进行了调查。在有效应答的 92 个村庄中，我们发现多数村庄离最近的医院或卫生院等医疗机构的距离在 5 公里以内，比例达到了 72.8%。被调查村离最近的卫生机构绝大多数在 10 公里之内，比例高达 91.2%（见表 6-16）。然而，与此同时，离最近的卫生机构距离在 10 公里到 25 公里之间的被调查村仍然还有 8 个，这尤其需要引起有关方面的密切注意。

表 6-16　最近的医院或卫生院（2012"千人百村"）

距离（公里）	频数	百分比	有效百分比	累计百分比
0	15	15.7%	16.3%	16.3%
1	14	14.7%	15.2%	31.5%
2	10	10.5%	10.9%	42.4%
3	7	7.4%	7.6%	50.0%
4	5	5.3%	5.4%	55.4%
5	16	16.7%	17.4%	72.8%
6	4	4.2%	4.3%	77.1%
7	2	2.1%	2.2%	79.3%
8	4	4.2%	4.3%	83.6%
9	2	2.1%	2.2%	85.8%
10	5	5.3%	5.4%	91.2%
11	1	1.1%	1.1%	92.3%
12	1	1.1%	1.1%	93.4%

续表

距离（公里）	频数	百分比	有效百分比	累计百分比
13	1	1.1%	1.1%	94.5%
15	2	2.1%	2.2%	96.7%
20	1	1.1%	1.1%	97.8%
25	2	2.1%	2.2%	100.0%
小计	92	96.8%	100.0%	
缺失值	3	3.2%		
总计	95	100.0%		

2008 年第四次国家卫生服务调查显示，我国农村居民在卫生服务的距离上具有较好的可及性，有 58.0% 的农村居民与最近的医疗单位的距离在 1 公里以内，只有 6.3% 的农村居民与最近的医疗单位的距离在 5 公里及以上（见表 6-17）。而本次"千人百村"调查中，有 27.2% 的被访者与最近的医疗单位的距离在 5 公里以上，甚至有的被访者与最近的医疗单位的距离达到 25 公里。

表 6-17　2008 年调查住户与最近医疗单位距离比例　　　　单位：%

距离（公里）	农村合计	一类农村	二类农村	三类农村	四类农村
<1	58.0	58.8	64.9	58.7	37.5
1	17.9	19.8	18.8	16.9	14.6
2	10.2	12.6	8.6	10.0	9.5
3	5.0	4.7	3.2	5.2	9.7
4	2.6	1.8	1.3	3.3	5.8
>5	6.3	2.3	3.2	5.9	22.9

（三）被调查村居民参加新型农村合作医疗的情况

我国的公共医疗保险有三种形式，分别是城镇职工基本医疗保险、城乡居民基本医疗保险、新型农村合作医疗，其中前两者针对城市，后者针对农村。在本次调查中，我们发现，以 95% 划界，被调查村新型农村合作医疗参加率在 95% 及以下的村庄比例为 37.4%，在 91 个有效应答的被调查村中，有 34 个村的新型农村合作医疗参加人口占总人口的比重低于或等于 95%（见表 6-18）。与此同时，有 57 个村庄的新型农村合作医疗参加人口占总人口的比重超过 95%，尤其让人感到欣慰的是，其中有 28 个村的全体村民都参加了新型农村合作医疗。

表 6-18　参加新型农村合作医疗的人口比例（2012 "千人百村"）

有效值	频数	百分比	有效百分比	累计百分比
0.0%	1	1.1%	1.1%	1.1%
9.8%	1	1.1%	1.1%	2.2%
75.0%	1	1.1%	1.1%	3.3%
76.0%	1	1.1%	1.1%	4.4%
80.0%	3	3.2%	3.3%	7.7%
82.0%	1	1.1%	1.1%	8.8%
85.0%	3	3.2%	3.3%	12.1%
90.0%	7	7.4%	7.7%	19.8%
93.0%	1	1.1%	1.1%	20.9%
95.0%	15	15.9%	16.5%	37.4%
95.2%	1	1.1%	1.1%	38.5%
95.5%	1	1.1%	1.1%	39.6%
95.7%	1	1.1%	1.1%	40.7%
96.0%	2	2.1%	2.2%	42.9%
97.0%	3	3.2%	3.3%	46.2%
98.0%	11	11.7%	12.0%	58.2%
98.5%	2	2.1%	2.2%	60.4%
98.7%	1	1.1%	1.1%	61.5%
99.0%	7	7.4%	7.7%	69.2%
100.0%	28	29.6%	30.8%	100.0%
小计	91	95.8%	100.0%	
缺失值	4	4.2%		
总计	95	100.0%		

（四）农村居民面临的医疗卫生问题

在调查中，我们询问了村干部，请他们评价一下农村居民所面临的最突出的医疗卫生问题。结果如表 6-19 所示，有 34.0％的人认为最突出的医疗卫生问题是医疗费用过高，有 30.9％的人认为是医疗水平和质量太低，然后是诊所、医院不足，比例为 11.7％，此外有 16 个被访者选择了"其他"，具体来说，原因分别有报销极少、服务态度降低、管理问题、检查费用过高、医保只保住院、一卡通的使用不够普及、医疗卫生情况不好、医生坑农民的钱、信息不对称等。

表 6-19　农村居民面临的最突出的医疗卫生问题（2012 "千人百村"）

	频数	百分比	有效百分比	累计百分比
诊所、医院不足	11	11.6％	11.7％	11.7％
医疗费用过高	32	33.7％	34.0％	45.7％
看病难	6	6.3％	6.4％	52.1％
医疗水平和质量太低	29	30.5％	30.9％	83.0％
其他	16	16.8％	17.0％	100.0％
小计	94	98.9％	100.0％	
缺失值	1	1.1％		
总计	95	100.0％		

三、农村医疗纠纷情况

当前，我国医疗纠纷问题频发，医疗已经成为矛盾多发的领域，医疗纠纷处理不好，往往会对当事双方造成严重后果，甚至人员伤亡，影响到社会的稳定。在本次调查中，我们同时在村民和村庄层次上对农村医疗纠纷情况进行了调查。一方面，我们询问了农村居民及其家人遭遇纠纷的情况，如是否遇到过医疗纠纷以及纠纷的解决方式；另一方面，我们询问了村干部所在的村庄的医疗纠纷情况，如该村过去一年之内大约发生了多少次医疗纠纷，村干部本人是否参与了纠纷解决，以及纠纷最终是如何解决的。

(一) 农村居民眼中的医疗纠纷

在城市中医疗纠纷日益严重、社会影响越来越大的背景下，我们的调查发现农村医疗纠纷并不常见，在本次"千人百村"调查中，被访者遭遇过的医疗纠纷仅有 38 次，比例仅为 1.5% (见表 6-20)。

表 6-20 是否遇到过医疗纠纷 (2012 "千人百村")

	频数	百分比	有效百分比	累计百分比
是	38	1.4%	1.5%	1.5%
否	2 434	89.7%	98.5%	100.0%
小计	2 472	91.1%	100.0%	
缺失值	242	8.9%		
总计	2 714	100.0%		

从遭遇的医疗纠纷次数来看，有个别被访者遭遇医疗纠纷的次数很多，达到了 15 次，此外还有 5 次和 3 次的，有 4 个被访者遭遇过 1 次 (见表 6-21)。这也表明，虽然农村医疗纠纷很少发生，但是有个别居民遭遇医疗纠纷很多，这些人需要引起有关方面的高度关注。

表 6-21 遭遇医疗纠纷的次数 (2012 "千人百村")

次数	频数	百分比	有效百分比	累计百分比
1	15	0.7%	55.6%	55.6%
2	5	0.2%	18.5%	74.1%
3	3	0.1%	11.1%	85.2%
4	1	0.0%	3.7%	88.9%
5	1	0.0%	3.7%	92.6%
6	1	0.0%	3.7%	96.3%
7	1	0.0%	3.7%	100.0%
小计	27	1.0%	100.0%	
缺失值	2 687	99.0%		
总计	2 714	100.0%		

当问到医疗纠纷的最终解决方式时，我们发现，农村居民在遇到医疗纠纷时，很多情况下选择了忍让，比例高达 42.3%，选择双方协商的比例为

34.6%，两者之和达到了76.9%，另外还有15.4%的人选择找村干部帮助解决，采用这种解决方式的前提往往是医疗纠纷就发生在村民与村医之间。选择通过打官司解决医疗纠纷的比例为7.7%（见表6-22）。值得注意的是，虽然备选答案中有"上访"一项，但并没有人选择通过这种途径解决医疗纠纷，说明虽然各地农村中确实存在一些上访的情况，但因医疗纠纷上访的人很少。

表6-22　医疗纠纷的最终解决方式（2012"千人百村"）

	频数	百分比	有效百分比	累计百分比
忍忍算了	11	0.4%	42.3%	42.3%
双方协商	9	0.3%	34.6%	76.9%
找村干部帮助解决	4	0.2%	15.4%	92.3%
打官司	2	0.1%	7.7%	100.0%
小计	26	1.0%	100.0%	
缺失值	2 688	99.0%		
总计	2 714	100.0%		

进一步分析被访者选择上述解决方式，是自己主动、迫不得已还是别人建议时，我们发现，选择"迫不得已"的人是最多的，比例高达70.4%，其次是"自己主动"（22.2%），只有7.4%的人听从了别人的建议（见表6-23）。

表6-23　为什么采取上述解决方式（2012"千人百村"）

	频数	百分比	有效百分比	累计百分比
自己主动	6	0.2%	22.2%	22.2%
迫不得已	19	0.7%	70.4%	92.6%
别人建议	2	0.1%	7.4%	100.0%
小计	27	1.0%	100.0%	
缺失值	2 687	99.0%		
总计	2 714	100.0%		

那么，被访者对医疗纠纷的解决结果满不满意呢？从表6-24中我们可以看出，实际上，在医疗纠纷解决以后，当事人并不满意，比例高达64.3%，只有21.4%的当事人对纠纷解决结果表示满意。

表6-24 对纠纷解决结果是否满意（2012"千人百村"）

	频数	百分比	有效百分比	累计百分比
满意	6	0.2%	21.4%	21.4%
不满意	18	0.7%	64.3%	85.7%
一般	4	0.1%	14.3%	100.0%
小计	28	1.0%	100.0%	
缺失值	2 686	99.0%		
总计	2 714	100.0%		

（二）村干部眼中的医疗纠纷

我们对95个村庄进行了调查，有63个村庄对此进行了有效回答。我们发现，在被调查的村庄中医疗纠纷的发生次数并不多，在63个有效的样本村庄中有51个村庄中没有发生过医疗纠纷，比例高达81.0%，在过去的一年中发生过1次医疗纠纷的有5个村庄，发生2次医疗纠纷的有2个村庄，这三项相加，比例达到了92.0%（见表6-25）。这表明农村医疗纠纷并不如城市中的医疗纠纷那么频发，不过值得注意的是，本次调查发现，有2个村庄的医疗纠纷高达50次，这尤其需要引起注意，很多情况下往往是同一件医疗纠纷多次反复都未能得到有效解决，甚至最终造成严重的矛盾和冲突。

表6-25 医疗纠纷发生次数（2012"千人百村"）

次数	频数	百分比	有效百分比	累计百分比
0	51	53.6%	81.0%	81.0%
1	5	5.2%	7.8%	88.8%
2	2	2.1%	3.2%	92.0%
3	1	1.1%	1.6%	93.6%
4	1	1.1%	1.6%	95.2%
5	1	1.1%	1.6%	96.8%
50	2	2.1%	3.2%	100.0%
小计	63	66.3%	100.0%	
缺失值	32	33.7%		
总计	95	100.0%		

在调查中，我们询问了被访者是否参与了医疗纠纷调解的情况，结果有13个被访者对本题进行了回答，在这13个被访者中有10位参与了医疗纠纷的调解，有3位没有参与。有82个被访者没有回答此题（见表6-26）。这说明在农村发生医疗纠纷时，比较常见的解决方式就是请村干部出面进行纠纷调解。

表6-26　是否参与调解医疗纠纷（2012"千人百村"）

	频数	百分比	有效百分比	累计百分比
是	10	10.5%	76.9%	76.9%
否	3	3.2%	23.1%	100.0%
小计	13	13.7%	100.0%	
缺失值	82	86.3%		
总计	95	100.0%		

在问到医疗纠纷最终的解决方式时，我们发现，农村医疗纠纷出现以后，有两种主要的解决方式，首选是"找村干部解决"，比例达到58.4%，其次是"双方协商"，比例为25.0%。纠纷不了了之以及上访的各有1例（见表6-27）。

表6-27　医疗纠纷解决方式（2012"千人百村"）

	频数	百分比
不了了之	1	8.3%
双方协商	3	25.0%
找村干部解决	7	58.4%
上访	1	8.3%

四、小结

通过对农村居民的医疗意愿、农村医疗机构和设施以及农村医疗纠纷的分析，我们不难得出以下几点结论。

（一）农村居民长期患病情况比较严重

随着疾病模式的转变，我国农村中的慢性病患者也越来越多，在人口老龄化、环境污染、生活方式等因素的综合影响下，农村慢性病患病率在提高。第四次国家卫生服务调查表明，无论城市还农村，慢性病患病率都随年龄的增长而上升。农村地区数量上排前六的疾病分别是循环系统、肌肉骨骼系统、消化系统、呼吸系统、泌尿生殖系统、内分泌系统疾病，合计占87%。农村地区慢性病患病率较高的疾病是高血压、胃肠炎、类风湿关节炎、椎间盘疾病、慢性阻塞性肺疾病，与2003年第三次国家卫生服务调查相比，椎间盘疾病、脑血管疾病的比例有了较大上升，胆囊结石和胆囊炎所占的比例下降。本次"千人百村"调查中，我们发现长期患病者以老年人为主，60岁以上的老年人比例占到了43.8%，女性比男性比例稍高。

慢性病一旦发生，通常就会变成终身性疾病，不仅导致患者健康恶化，生活质量下降，而且持续性的医疗费用给患者及其家庭带来了严重的经济负担。在本次调查中，因为家庭成员长期患病，有38.6%的家庭每年支出的医疗费用在2 000元以上，1万元以上的有6.2%，个别家庭花费12万元之多。为适应疾病模式转变、农村居民慢性病经济负担越来越重的现状，必须加强对农村慢性病的综合治理。首先重视对慢性病的宣传和教育，提高广大农村居民对慢性病的认识；其次要进一步完善医疗服务提供机制，改变"重治疗、轻预防"的模式，建立"重预防、重治疗"的健康维持模式，尤其要注重发挥村卫生室和乡镇卫生院的作用，提高慢性病防治的效率；再次建立与慢性病防治任务有效衔接的医疗卫生与医疗保障制度，逐步提高医疗保障水平，减轻慢性病患者的医疗费用负担；最后，进一步建立健全慢性病防治的管理体制、运行机制和组织保障，尤其是要加强慢性病防治基本药物制度建设，为农村数量庞大的慢性病患者提供合理、高效、价廉、可持续的防治药物。

（二）农村医疗机构急需加强

近年来，我国农村医疗机构和医疗设施建设取得了较大进步，设卫生室的村数占行政村数的比例稳步提高（见表6-28），然而仍然有些行政村没有设卫生室，2011年我国设卫生室的村数占行政村的比例为93.4%，仍有6.6%的行政村没有设卫生室。从乡镇卫生院的情况来看，2007年以来，乡镇卫生院数量实际上是逐年减少的。在本次"千人百村"调查中，我们发现91.5%的村有医疗机构或设施，低于国家的平均水平。此外，本次调查发现，被调查的农村居民与卫生服务在距离上的可及性有待提高，与最近的医疗机构距离在 1 公里之内的比例只有 31.5%，与最近的医疗机构距离在 5 公里以上的比例达到了 37.2%，而在 2008 年第四次国家卫生服务调查中，在与医疗机构的距离方面，距离在 1 公里之内的农村居民比例达到了 58.0%，距离在 5 公里以上的比例只有 6.3%。正因为如此，有 65.6% 的被访者担心在自己需要医疗服务的时候，不能获得相应的医疗服务。在对村干部的调查中，对于村民面临的最突出的医疗卫生问题，有 30.9% 的人认为是医疗水平和质量太低，有 11.7% 的人认为诊所、医院不足，另外还有 6.4% 的人认为是看病难，这也表明农村医疗机构急需发展，以满足广大农村居民的基本医疗卫生需求。

表 6 - 28　　2007—2011 年我国村卫生室和乡镇卫生院情况

调查时间	村卫生室（个）	设卫生室的村数占行政村的比例（%）	乡镇卫生院（个）
2007 年	613 855	88.7	39 876
2008 年	613 143	89.4	39 080
2009 年	632 770	90.4	38 475
2010 年	648 424	92.3	37 836
2011 年	662 894	93.4	37 295

资料来源：2012 中国卫生统计年鉴. 北京：中国协和医科大学出版社，2012：17，20.

按照《中共中央国务院关于深化医药卫生体制改革的意见》，在新医改过程中，国家要大力发展农村医疗卫生服务体系，进一步健全以县级医院为龙头、乡镇卫生院和村卫生室为基础的农村医疗卫生服务网络。乡镇卫生院负责提供公共卫生服务和常见病、多发病的诊疗等综合服务，并承担对村卫生室的业务管理和技术指导；村卫生室承担行政村的公共卫生服务及一般疾病的诊治等工作。有条件的农村实行乡村一体化管理。积极推进农村医疗卫生基础设施和能力建设，政府重点办好县级医院，并在每个乡镇设置一所卫生院，采取多种形式支持村卫生室建设，使每个行政村都有一所村卫生室，大力改善农村医疗卫生条件，提高服务质量。随着新医改的稳步推进，农村医疗机构有望得到稳步改善，为农村居民服务的能力会逐步提高，农村居民与医疗卫生服务在距离上的可及性也会极大改善。

(三) 新型农村合作医疗有待完善

2003 年以来，我国新型农村合作医疗稳步推进，截至 2011 年底，新型农村合作医疗的参合率达到了 97.48%（见表 6-29），当年补偿受益人次达到了 13.15 亿，人均筹资达到了 246.21 元。但是在本次"千人百村"调查中，经过对村干部的调查，我们发现有近 20% 的农村居民没有参加新型农村合作医疗，这一数据基本上得到了我们对农村居民所做调查的证实。在对农村居民的调查中，有 87.4% 的被访者参加了新型农村合作医疗。这说明，被调查地区新型农村合作医疗的覆盖面有待继续扩大。

表 6-29 2007—2011 年新型农村合作医疗情况

调查时间	参加新农合人数 （亿人）	参合率 （%）	人均筹资 （元）	补偿受益人次 （亿人次）
2007 年	7.26	86.2	58.90	4.53
2008 年	8.15	91.53	96.30	5.85
2009 年	8.33	94.19	113.36	7.59
2010 年	6.36	96.00	156.57	10.87
2011 年	8.32	97.48	246.21	13.15

资料来源：2012 中国卫生统计年鉴. 北京：中国协和医科大学出版社，2012：317.

从补偿受益情况来看，本次"千人百村"调查发现，有 51.2% 的人没有享受过非个人自付医疗支出，加上享受 500 元以内的非个人自付医疗支出的 16.2% 的人，不难得出这样的结论：虽然参加新型农村合作医疗的人很多，但享受到补偿的人并不是太多。由此必须进一步改善现有新型农村合作医疗，一方面要继续提高政府补助水平，适当增加农民缴费，提高保障能力；另一方面扩大补偿范围，这样才能增加新农合的吸引力，让新农合在保障广大农民医疗服务需求方面发挥更大的作用。

按照卫生事业发展"十二五"规划的路径，国家会继续巩固发展新农合制度，参合率保持在 95% 以上，建立长期稳定的筹资增长机制，不断提高新农合筹资水平，逐步缩小城乡医保筹资水平和保障水平的差距，为实现城乡统一的医疗保障制度奠定基础；逐步扩大保障范围，到 2015 年，实现普通门诊统筹全覆盖；扩大大额门诊慢性病、特殊病种补偿的病种范围。

（四）农村医疗纠纷较少

当前我国城市中医疗纠纷越来越多，医疗纠纷发生率逐年上升趋势明显，严重影响了医疗机构和医生的执业环境，同时也影响到对患者的治疗，破坏了医患关系。但是在本次"千人百村"调查中，我们发现广大农村居民无论是对医疗机构还是对医生，信任程度都很高，对医疗机构充分信任和部分信任的比例高达 92.7%，对医生充分信任和部分信任的比例达到 94.2%。在这种背景下，医疗纠纷也很少，在我们的调查中，只有 1.5% 的人遇到过医疗纠纷，而且遇到医疗纠纷的次数也很少，55.6% 的人只遇到过 1 次医疗纠纷，在遇到过医疗纠纷的人中，有 85.2% 的人遇到纠纷的次数在 3 次以内。但是值得注意的是医疗纠纷的最终解决方式。在本次"千人百村"调查中，我们发现，在被访者遇到医疗纠纷时，有 42.3% 的人选择"忍忍算了"，有 34.6% 的人选择"双方协商"，有 15.4% 的人选择"找村干部帮助解决"，只有 7.7% 的人选择"打官司"。而当问到为什么采取上述解决方式时，有 70.4% 的人是因为"迫不得已"，自己主动选择的只占 22.2%。这也表明，大部分农村居民之所以选择忍让，而不是深究，从而进一步引发医疗纠纷，是因为迫不得已，一旦条件发生变化，这些人很有可能会改变自己解决问题的方式。一方面，农村中很多医疗纠纷发生在村民与村医之间，大家乡里乡亲，低头不见抬头见，如非万不得已，都不愿意撕破脸皮把事情闹大，搞得大家没法收场；另一方面，农村居民的医学知识、法律知识有限，经济实力也很有限，不会投入那么多的精力去跟医生深究，所以很多时候都选择忍忍算了或双方协商。但是随着社会大环境的变化，这种局面可能会发生变化，为此，在全社会关注医疗纠纷的同时，不能忘了农村居民这一人口规模庞大的群体，虽然由于种种原因，他们目前参与医疗纠纷的比例并不高，但也要防患于未然。

第七章　农村老年人及养老现状

　　数千年来我国一直是一个农业大国，时至"千人百村"调查开展的 2012年，虽然全国的名义城镇化率超过了 52%，但城市户籍人口仍然只占 35%左右[①]，全国人口的 2/3 仍然是农村户籍。由于大量青壮年农民长期在城镇务工、经商，农村地区出现严重的人口空心化现象。据国家统计局公布的数据，2000 年农村空巢家庭占 37.9%，到 2010 年已达到 45.6%，农村老年人如何养老这一问题随之凸显出来。值得注意的是，我国人口在快速城镇化的同时，也在急速地老龄化。可以说，未来相当长的时期内，在人口老龄化和城镇化快速推进的合力作用下，农村老年人的养老问题将更加突出，农村养老负担也将更加沉重。

　　本章以中国农村养老的基本形势和已有的相关研究成果为基础，使用"千人百村"调查中的相关数据，对中国农村养老的总体状况、农村老年人的养老需求，以及养老观等进行分析，并在此基础上对未来如何进一步完善农村养老保障体系建设进行一些思考。

一、农村老年人养老新特征

　　改革开放几十年来，农村的社会经济结构发生了彻底的变迁，人口结构也随之出现了变化，其中的一个巨变就是农村地区分离式家庭明显增多，加之农村人口的老龄化程度迅速上升，导致农村老年人的养老趋势日益严峻。从总体上看，中国农村的养老状况出现了以下两个新的特征，即传统家庭养

---

　　① 李克强. 学习党的十八大精神 促进经济持续健康发展和社会进步. 人民日报，2012-11-21.

老的内在结构发生变化，农村养老保险逐步健全但养老功能依然较弱。

（一）传统家庭养老的内在结构发生变化

长期以来，家庭养老一直是中国农村老年人养老的最主要方式。家庭养老是指以家庭为单位，由家庭成员主要是年轻子女或孙子女赡养年老家庭成员的养老方式。在儒家思想的支配下，全社会尊老爱老，"父慈子孝""长幼有序""父母在不远游"等成为人们行为的基本准则。

从总体上讲，目前家庭养老依然是农村老年人养老的最主要方式，以养老院为代表的新型养老服务机构所发挥的作用依然有限。据统计，截至2011年底，农村养老服务机构共3.2万个，床位仅232.6万张，收养各类人员182.8万人[①]，与上亿的农村老年人相比几乎可以忽略不计。如图7-1所示，在本次"千人百村"调查中，有601名年龄在60周岁以上的老年人对养老方式进行了有效应答，结果表明，有96.6%的老年人是靠家庭养老，在养老院中养老的仅有7人，占微不足道的1.2%，这与全国农村老年人养老的整体状态是一致的，可以说，在可以预见的未来里，家庭养老都将会是农村老年人养老的最主要形式，这是农村老年人与城市老年人在养老承体上最大的区别之一，也是国家出台相关政策时应当考虑的最基本的现实基础。

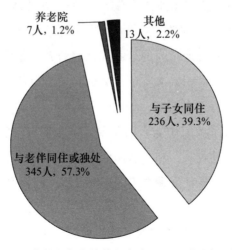

图7-1　农村老年人的养老方式（2012"千人百村"）

---

① 国家统计局. 中华人民共和国2011年国民经济和社会发展统计公报. （2012-02-22）［2021-05-23］. https：//www.stats.gov.cn/sj/tjgb/ndtjgb/qgndtjgb/202302/t20230206_1901955.html.

值得注意的是，虽然家庭养老占绝对主导地位的局面依然如旧，但跟传统家庭养老相比，无论是在居住形式上，还是在养老资源供给上，农村家庭养老的内在结构已然发生了巨大的变化。这具体表现为以下几点。

第一，与子女同住的传统家庭在减少，超过一半的老年人处于独居状态。在传统社会中，农村老年人绝大部分与子女同住，老年人作为一家之主，在生产和生活中处于支配地位，而且《唐律疏议》规定，祖父母、父母在而子孙别藉异财者为不孝大罪，历代法律皆有类似规定，因此农村地区基本不会出现老年人无人奉养的局面。直到 20 世纪 90 年代中期，这种老年人与子女同住养老的传统农村家庭依然占多数。据 1995 年全国 1‰人口抽样调查，在全国有老年人口的家庭户中，老年人与成年子女等亲属生活在一起的有 6 764 万户，占有老年人口户的 74.73％，其中三代户又占绝大多数。但近年来，随着流入城市的农村青壮年不断增多，农村独居老人越来越多。如图 7-1 所示，"千人百村"调查数据表明，在 613 名被调查的老年人中，与子女同住的仅占 39.3％，仅与老伴同住或自己一人独处的却占了 57.3％。老年人与子女同住家庭的比例在十几年间大幅下降。

第二，农村老年人自我养老的比例大幅增加，家庭养老的经济供养功能在弱化。一般而言，养老的内容包括经济支持、生活照顾和精神慰藉三个方面，其中经济支持是最基本的内容。数千年来，在传统伦理道德的维系下，年老后由子女提供养老资源的"养儿防老"一直是农村养老最基本的内容。但自改革开放以来，农村老年人的自我养老趋势越来越明显。自我养老是指通过农民在年轻时的财富积累来实现养老的目的，目前农民的自我养老主要通过耕种土地和外出打工来实现。如表 7-1 所示，在"千人百村"调查中，有 580 名被访者应答了"家中老人的主要经济来源"，其中有 59.8％的老年人主要依靠"当前劳动收入"和"退休金或早期个人储蓄"来维持日常生活，而主要依靠子女提供养老资源的仅占 26.6％。回溯历史数据可以发现，1990 年第三次全国人口普查中，以退休金为主要经济来源的农村老年人仅占 4.39％。[①] 到 2003 年中国城乡老年人口状况一次性抽样调查时，农村老年人的经济来源仍以子女供给为主，自己劳动收入次之，享受退休金（5.8％）

---

① 杜鹏，武超．中国老年人主要经济来源分析．人口研究，1998（4）．

和社会养老保险金的比例很低。[①] 而到 2012 年 "千人百村" 调查时，我们发现，依靠退休金或早期个人储蓄、救济与社会养老保险金生活的农村老年人占 24.5%，说明农村老年人的自我养老能力在十年间有了非常明显的增强。近年来，积累了一些经济资本的第一代农民工进入老年人行列，农村人均纯收入迅速增加，新型农村社会养老保险（简称 "新农保"）等国家力量提供养老资源能力回归和增强，等等，都会直接导致农村老年人自我养老能力大幅提升。

表 7-1　家中老人的主要经济来源（2012 "千人百村"）　　　　单位：人

	当前劳动收入	退休金或早期个人储蓄	子女提供	救济与社会养老保险金	其他	总计
人数	271	76	154	66	13	580
百分比	46.7%	13.1%	26.6%	11.4%	2.2%	100.0%

（二）农村养老保险的养老功能有待增强

改革开放以后的十几年间，农村的养老保险制度基本处于缺位状态。1992 年，国务院颁布《县级农村社会养老保险基本方案》，此后我国农村社会养老保险制度开始在全国范围内逐步建立。2009 年，《国务院关于开展新型农村社会养老保险试点的指导意见》出台，农村养老保险的覆盖面快速扩大。据国家统计局统计，截至 2011 年底，全国有 27 个省、自治区的 1 914 个县（市、区、旗）和 4 个直辖市部分区县开展国家新型农村社会养老保险试点。年末新农保参保人数为 32 643 万人，实际领取待遇人数为 8 525 万人。全年新农保基金收入 1 070 亿元，支出 588 亿元，累计结存 1 199 亿元。在国家的大力推动下，未来的数年间新 "农保" 将会在全国农村地区实现全覆盖，养老金将会成为农村老年人最为固定的养老资源。

从全国的情况来看，虽然新农保已经在全国铺开，但其承担的养老功能依然有限。在本次 "千人百村" 调查中，有 530 人应答了是否参加新农保，结果表明，有 443 人（83.6%）参加了，87 人（16.4%）没有参加，新农保

---

① 中国老龄科学研究中心. 中国城乡老年人口一次性抽样调查数据分析. 北京：中国标准出版社，2003：1-9.

已经覆盖了绝大多数农村老年人。但如表7-1所示，在农村老年人依赖的主要养老资源统计数据中，仅有11.4%的老年人主要依靠"救济与社会养老保险金"生活，近九成老年人并不依靠农村养老保险的资源。这主要是因为养老金交纳和发放标准过低。如2011年，全国新农保基金支出588亿元，实际领取待遇人数8 525万人，在不考虑其他支出费用的条件下，平均每位农村老年人每年领取的养老金不足690元，每月仅有52元左右，与老年人的养老需求相比，确有杯水车薪之感。尽管如此，随着中央和各地区基础养老金标准的逐步提高，养老金所发挥的养老功能将日益增加。新"农保"制度的建立，对保障农村老年人的基本生活，维护农村老年人的基本尊严，逐步缩小城乡差距和维护农村社会稳定，所发挥的作用将会越来越明显。

二、农村老年人的养老需求分析

养老需求是养老资源供给的前提和基础，也是国家出台养老保障政策措施的主要依据。随着农村养老总体状况的不断变化，农村老年人的具体养老需求也在不断进行调整。

（一）农村老年人的养老需求状况

从总体上讲，农村老年人的养老需求很大，老年人对经济支持、生活照顾和精神慰藉等的需求都较为迫切，但需求的程度却有较大的区别。

1. 农村老年人的经济支持需求最为迫切

经济支持即经济性需求，是养老需求中较低层次的物质需求。一般而言，农村老年人的经济支持主要来自三个方面：一是子女供养。受子女孝心和自身家庭经济水平的影响，不同家庭的子女供养水平差异明显，老年人对经济支持需求的迫切程度也随之不同。二是土地保障。正如费孝通先生所认为的，"土地是农民的命根子"。土地是农民生产生活资源的主要来源，农村老年人一般都会活到老、种到老。三是养老保险。近年来，新农保养老金的发放一方面部分缓解了老年人生活的经济压力，另一方面也改善了老年人与子女的关系。

从"千人百村"调查获得的数据来看，**农村老年人对经济支持的需求最为迫切。**

第一，农村家庭的养老压力较大，有 1/4 以上的家庭急需外力扶助。如表 7-2 所示，在接受调查的 613 名农村老年人中，有 535 人应答了家庭每月的养老支出水平，结果表明，认为养老支出占家庭支出"比例高，为赡养老人到处借钱"和"比例较高，勉强能维持"的家庭占 26.5%。认为压力一般的占 33.8%，认为压力较小甚至没有压力的占 39.5%。从中可以发现，有 1/4 以上的农村家庭认为，在目前的状态下无力从经济上赡养家里老人，急需通过其他途径获得外力帮助，以缓解养老的经济压力。

表 7-2　您家庭成员养老支出占家庭支出的比例
（2012 "千人百村"）　　　　　　　　　　单位：人

	比例高，为赡养老人到处借钱	比例较高，勉强能维持	一般	比例较低，压力较小	比例低	其他	总计
人数	13	129	181	110	101	1	535
百分比	2.4%	24.1%	33.8%	20.6%	18.9%	0.2%	100.0%

第二，农村老年人的养老水平较低，1/3 老年人的养老水平低于农村扶贫标准。如表 7-3 所示，在接受调查的 613 名农村老年人中，有 438 人应答了家庭每年的养老支出，结果表明，有 14.8% 的家庭没有对老人进行经济供养；有 97.2% 的家庭每年用于养老的费用在 2 000 元以下。按照 2012 年国家开始执行的农村人均纯收入每年 2 300 元为扶贫线的新规定，有近 98% 的农村老年人的实际生活水平在贫困线以下，急需增加经济投入。

表 7-3　家庭每年的养老支出（2012 "千人百村"）　　单位：元、人

支出	人数	百分比
0	65	14.8%
1~1 000	289	65.9%
1 000~2 000	72	16.5%
2 000~3 000	6	1.4%
>3 000	6	1.4%
总计	438	100.0%

农村家庭的养老支出水平较低，老年人的养老水平也很低。如表 7 - 4 所示，在 579 名应答的老年人中，如果生病，会有 10.0% 的人 "不诊治硬挺过去"，另有 24.7% 的人会 "自己买药吃或用偏方"，仅有不到 1/5 的老年人（19.7%）会 "去正规医院看病"，农村老年人的经济拮据情况由此可见一斑。

表 7 - 4　如果家中老人感到身体不适通常会采取的措施
（2012 "千人百村"）

单位：人

	不诊治 硬挺过去	自己买药 吃或用偏方	去本村卫 生院看	去正规 医院看病	其他	总计
人数	58	143	254	113	11	579
百分比	10.0%	24.7%	43.9%	19.5%	1.9%	100.0%

第三，农村老年人自我养老的比例较高，近七成的农村老年人要依靠自身的经济资源养老。前面已经说明有六成的老年人主要依靠自身当前的劳动收入、早年储蓄及来自国家的资源等养老；从养老支出的角度来看，这一比例可能还要更高一些。如图 7 - 2 所示，在接受调查的 613 名农村老年人中，有 575 人应答了 "家中老人的医疗费主要由谁付"。结果表明，有 41.7% 的老年人生病后，医疗费用完全由自己承担；"自己和子女各付一部分" 的占 25.2%。完全依靠子女和医疗保险、社区或政府补贴的分别占 23.8% 和 7.7%。也就是说，近七成的农村老年人生病后的医疗费主要由自己解决，这也从一个侧面表明农村老年人的养老经济资源要依靠自身来解决。

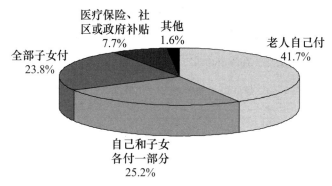

图 7 - 2　家中老人医疗费用支付状态（2012 "千人百村"）

2. 农村老年人的生活照顾需求相对较低

生活照顾是养老需求层次的较高层次，这类需求的特点是弹性较大，老年人的身体健康状况与生活自理能力直接决定着生活照顾需求的大小。相较于城镇老年人，农村老年人生活照顾的方式仍较为传统，主要来源于家庭，包括子女及孙子女照顾、老伴照顾以及其他亲戚照顾等，诸如保姆、钟点工等社会化养老服务，除了一些城郊农村和发达地区的村庄，在全国大部分农村地区仍较为少见。

从理论上讲，随着人口老龄化尤其是高龄化趋势的不断增强，老年人的健康状况日益下滑，生活自理能力逐步降低，农村老年人对生活照顾的需求也会日益强烈。如表 7-5 所示，在"千人百村"调查中，接受问卷调查的老年人生活自理能力确实都出现了明显的下降。按照下降的比例高低，前十位可以排列如下：有近 50% 的被访老年人无法搬起 10 公斤重的东西（比如大米），有30.1% 的老年人做弯腰、蹲下或跪坐这些基本动作有困难，有 27.7% 的老年人爬一层楼的楼梯都有困难，有 24.6% 的老年人步行 500 米有困难，有 23.4% 的老年人生病去卫生院或医院很困难，有 18.4% 的老年人无法承担家务，有15.6% 的老年人无力做饭，有 15.4% 的老年人无力管理家中的钱财，有 13.9%的老年人自己洗澡困难，有 11.4% 的老年人穿（脱）衣服困难。生活能力的下降程度从反面说明农村老年人在这个领域内的生活照顾需求在上升。

表 7-5　老年人的生活自理能力　　　　　　　　　　单位:%

排序（由高至低）	活动	有困难的百分比
1	搬起 10 公斤重的东西（比如大米）	48.2
2	弯腰、蹲下或跪坐	30.1
3	爬一层楼的楼梯	27.7
4	步行 500 米	24.6
5	生病去卫生院或医院	23.4
6	做家务	18.4
7	做饭	15.6
8	管理家中的钱财	15.4
9	洗澡	13.9
10	穿（脱）衣服	11.4

在日常生活中，子女对老年人的照顾比较少，但绝大多数老年人都处在有人照顾的状态，对生活照顾的需求并不太突出。如图 7-3 所示，在接受调查的 613 名农村老年人中，有 580 人应答了"家中老人生病由谁照顾"。结果表明，老人生病时，有 50.7% 的人主要依靠配偶来照顾；有 39.1% 的人依赖

子女及孙子女照顾；有30人即5.2％的农村老年人处于无人照顾的状态，无人照顾的农村老年人急需关注，但所占比例极低。

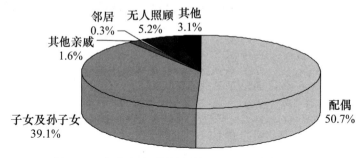

图7-3 老人生病后的照顾者（2012"千人百村"）

3. 农村老年人的精神慰藉明显缺位

精神慰藉是一种精神性需求，它是养老需求的最高维度。在传统文化中，"孝"被理解为"菽水承欢"，相对于物质层面的"菽水"奉养来说，精神层面的"承欢"更被人们所追求。穆光宗认为，老年人精神需求主要来自自尊、期待与亲情三方面，相对应的精神需求包括人格的尊重满足自尊的需求，成就的安心契合期待的需求，情感的慰藉贴近亲情的需求。① 当前，农村老年人独居成为新趋势，与子女交流的减少让老年人的精神无所依托，老年人的精神养老问题日益凸显出来。

在实际的养老支出中，农村老年人主要用于满足精神需求的支出比例微乎其微。如表7-6所示，在"千人百村"调查中，有582人应答了"家中老人的主要支出"，结果表明，老年人中有70.8％的人的主要支出为购买基本生活用品；26.3％的老年人的主要支出为治病吃药；支出主要用于补贴子女的老年人占1.5％。在582名农村老年人中，仅有1人选择把支出主要用于休闲娱乐，占0.2％，几乎为零。

表7-6 家中老人的主要支出（2012"千人百村"）

	基本生活支出	治病吃药	休闲娱乐	补贴子女	其他	合计
人数	412	153	1	9	7	582
百分比	70.8％	26.3％	0.2％	1.5％	1.2％	100.0％

---

① 穆光宗. 老龄人口的精神赡养问题. 中国人民大学学报，2004（4）.

在农村青壮年大多外出务工的背景下，家庭对老年人的精神慰藉功能日趋弱化。大多数农村老年人没有长期和子女共同生活，无法享受大家庭的天伦之乐，难以从子女方面获取精神慰藉。"千人百村"数据显示，在接受调查的 613 名农村老年人中，有 319 人未与子女居住在一起。结果表明，在这 319 人中，仅有 14.1%（45 人）的老年人的子女会每天来看望其一次；20.4%（65 人）的老年人的子女会每周来看望其一次；19.1%（61 人）的老年人的子女会每月来看望其一次；大多数即 65.2%（147 人）的老年人的子女在"遇到有事的情况或老人要求"时，才会去看望其一次。这一格局的出现可能是因为大部分中青年人在外务工，与老年人大多依靠电话联系，难以长时间陪伴在老年人身边；另外也有一部分与父母分居的子女由于缺乏孝心或过于忙碌，忽视了对老年人的关心，不愿或不能经常与老年人进行沟通。由于一般的村庄中文体活动设施极为匮乏，老年人只能通过聊天、打牌等方式自娱自乐，这种老年人群体之间的交流方式不足以满足其精神慰藉的需求，更不用说形成丰富的精神慰藉氛围了。

（二）不同学历老年人的养老需求

受教育程度不同，老年人的养老需求结构会有所差异；养老资源的供给也相应地要有所区别，应对其进行适当的调整和适应。

1. 不同学历老年人养老的经济压力差别大

在养老的经济压力方面，学历越高，养老的经济压力也越小。如表 7 - 7 所示，在 532 位应答了不同学历的老年人中，总体上认为养老压力大的比例是 26.5%。其中，学历在中专及以上的 34 人中，仅有 1 人认为家庭养老支出占家庭支出"比例高，为赡养老人需到处借钱"，有 6 人认为"比例较高，勉强能维持"，分别占 2.9% 和 17.6%，即八成学历较高的老年人认为养老压力不大。在较低学历的老年人中，不识字的老年人认为养老压力不大的比例为 69.7%，小学未毕业的老年人认为养老压力不大的比例为 72.1%，小学文化程度的老年人认为养老压力不大的比例为 75.9%，初中毕业的老年人认为养老压力不大的比例为 73.2%，比例均低于文化水平较高的老年人。

表7-7 不同学历老年人养老支出占家庭支出的比例
(2012 "千人百村")   单位：人

	比例高，为赡养老人需到处借钱	比例较高，勉强能维持	一般	比例较低，压力较小	比例低	缺失值	总计
不识字	6	38	57	28	16	0	145
小学未毕业	1	23	29	15	18	0	86
小学	3	37	61	31	37	1	170
初中	2	24	31	18	22	0	97
中专	1	2	0	9	5	0	17
技校或职校	0	0	0	1	0	0	1
普通高中	0	3	0	6	1	0	10
职业高中	0	0	1	0	0	0	1
大专及以上	0	1	1	1	2	0	5
总计	13	128	180	109	101	1	532

在对养老经济资源的需求程度上，学历越高的老年人越主要依靠自我养老和社会保障，而学历越低的老年人越依赖子女供养和自己的当前劳动收入。如表7-8所示，在575位应答了不同学历的老年人中，有36人的学历为中专及以上，其中有22人主要依靠退休金或早期个人储蓄生活，4人主要依靠子女供养，2人主要依靠救济与社会养老保险金，6人主要依靠当前劳动收入，分别占61%、11%、5.6%、16.7%。而在不识字的164名老年人中，仅有11人主要依靠退休金或早期个人储蓄生活，有55人主要依靠子女供养，27人主要依靠救济与社会养老保险金，68人主要依靠当前劳动收入，相应的比例分别为6.7%、33.5%、16.5%、41.5%。以此类推，小学未毕业的老年人相应的比例分别是12.2%、25.6%、11.1%、51.1%，小学毕业的老年人相应的比例是7.1%、30.4%、9.8%、50.0%，初中毕业的老年人相应的比例是17.8%、15.8%、7.9%、55.4%。由这种比例的变化趋势可以看出，学历越高，经济来源越多，经济上自我养老倾向越强，经济需求也就越弱。

表7-8 不同学历老年人的主要经济来源（2012 "千人百村"）   单位：人

	当前劳动收入	退休金或早期个人储蓄	子女提供	救济与社会养老保险金	其他	总计
不识字	68	11	55	27	3	164
小学未毕业	46	11	23	10	0	90

续表

	当前劳动收入	退休金或早期个人储蓄	子女提供	救济与社会养老保险金	其他	总计
小学	92	13	56	18	5	184
初中	56	18	16	8	3	101
中专	3	8	4	0	1	16
技校或职业学校	0	1	0	0	0	1
普通高中	3	6	0	2	1	12
职业高中	0	1	0	0	0	1
大专及以上	0	6	0	0	0	6
总计	268	75	154	65	13	575

　　这一基本趋势从表7-9和表7-10中也可以得到辅证。574位应答了不同学历的农村老年人，如果感觉身体不适，他们所做出的选择有很大的区别。从表7-9中可以看到，生病后"不诊治硬挺过去"的，主要是不识字和小学未毕业的老年人；"自己买药吃或用偏方"的主要也是小学文化程度及以下的老年人；而去正规医院看病的，主要是中专及以上学历的老年人。从表7-10中可以看到，在老年人的医疗费用支付上，学历在初中及以下的老年人自付费用的比例都不超过50%，而学历在初中以上的老年人自付费用的比例都在50%以上，甚至是全部。这些数据都从一个侧面表明，学历越高，经济条件越好，养老的经济资源就越不紧张；学历越低，越需要外力的经济资助来帮助养老。

表7-9　不同学历老年人感到身体不适通常会采取的措施
（2012"千人百村"）　　　　　　　　　　　单位：%

	不诊治硬挺过去	自己买药吃或用偏方	去本村卫生院看	去正规医院看	其他
不识字	13.9	25.5	41.8	18.2	0.6
小学未毕业	16.7	21.1	43.3	18.9	0
小学	6.0	27.3	45.4	19.1	2.2
初中	8.0	23.0	46.0	19.0	4.0
中专	6.2	12.5	50.0	31.3	0
技校或职校	0	0	100.0	0	0
普通高中	0	33.3	41.7	16.7	8.3

续表

	不诊治硬挺过去	自己买药吃或用偏方	去本村卫生院看	去正规医院看	其他
职业高中	0	0	0	100.0	0
大专及以上	0	0	33.3	50.0	16.7
平均	10.1	24.4	44.1	19.5	1.9

表 7-10 不同学历老年人医疗费用支付状态（2012"千人百村"） 单位：%

	老人自己付	自己和子女各付一部分	全部子女付	医疗保险、社区或政府补贴	其他
不识字	35.2	27.9	27.9	7.3	1.7
小学未毕业	49.4	22.5	23.6	4.5	0
小学	34.3	29.3	25.4	8.8	2.2
初中	49.5	21.2	19.2	8.1	2.0
中专	62.5	6.3	25.0	6.2	0
技校或职业学校	100.0	0	0	0	0
普通高中	50.0	33.3	8.3	8.4	0
职业高中	100.0	0	0	0	0
大专及以上	83.3	0	0	16.7	0
平均	41.4	25.4	24.0	7.5	1.7

2. 不同学历农村老年人的生活照顾需求相差不大

如表 7-11 所示，在 575 位应答了不同学历的农村老年人中，家中老人生病后主要由配偶照顾的，按学历由低到高，分别为 44.6%、61.8%、46.6%、55.6%、56.2%、58.4%、100%、50%，平均水平为 50.5%。由子女及孙子女照顾的，按学历由低到高，分别为 42.2%、31.5%、43.8%、34.3%、37.5%、100.0%、33.3%，平均水平为 39.3%。由这些数据可以看出，在生活照顾方面，不同学历的老年人的生活照顾需求除了因样本量有限出现了 100% 的极值，并没有表现出一种规律性变迁，而是相差不大。这说明，所有学历的老年人的生活照顾主要都依靠家庭，其中包括配偶、子女、孙子女。只是在配偶照顾的老年人中，低学历的比例高些；而在子女及孙子女照顾的老年人中，高学历的比例高些。

表 7-11 不同学历老年人生病后的照顾者（2012"千人百村"） 单位:%

	配偶	子女及孙子女	其他亲戚	邻居	无人照顾	其他	总计
不识字	44.6	42.2	0	0.6	8.4	4.2	100.0
小学未毕业	61.8	31.5	3.4	0	2.2	1.1	100.0
小学	46.6	43.8	2.2	0	4.3	3.2	100.0
初中	55.6	34.3	2.0	1.1	4.0	3.0	100.0
中专	56.2	37.5	0	0	0	6.3	100.0
技校或职业学校	0	100.0	0	0	0	0	100.0
普通高中	58.4	33.3	0	0	8.3	0	100.0
职业高中	100.0	0	0	0	0	0	100.0
大专及以上	50.0	33.3	0	0	16.7	0	100.0
平均	50.5	39.3	1.6	0.3	5.2	3.1	100.0

（三）不同收入等级老年人的需求

收入水平不同，养老需求的重点和内涵也可能会有所不同。以下从收入等级角度对不同收入等级老年人的养老需求做进一步分析。

本次"千人百村"调查问卷设计了针对主观认同于不同收入等级的老年人的问题。在应答"您认为您自己目前在哪个等级上"这一问题时，"10"代表最顶层，"1"代表最底层。结果显示，在586名有效应答的老年人中，有94人选择最低的1级，85人选择2级，78人选择3级，72人选择4级，147人选择5级，57人选择6级，30人选择7级，17人选择8级，分别有3人选择了第9级和第10级。如果将1—3级视为低收入等级，4—7级视中收入等级，8—10视为高收入等级，可以发现，在586名进行了有效应答的老年人中，43.9%的人自认为低收入人群，而52.2%的人自认为中等收入人群，仅有3.9%的人自认为高收入人群。以下分析涉及收入等级时，多按此标准来划分低收入、中等收入和高收入三个收入等级。

1. 不同收入等级农村老年人养老的经济压力相差很大

一般而言，收入等级越高，经济收入越多，相应地，养老的经济压力也越小。这次调查数据的分析结果也与此相同。在这次"千人百村"调查中，有 561 名老年人有效应答了主要经济来源。在低收入人群中，共有 197 名老年人的主要经济来源是当前劳动收入和子女提供，占低收入人群的 79.4%。在中等收入人群中，共有 204 人的主要经济来源是当前劳动收入和子女提供，占中等收入人群的 69.8%。在高收入人群中，共有 11 人的主要经济来源是当前劳动收入和子女提供，占高收入人群的 52.2%。即收入越高，养老就越依赖退休金、早期个人储蓄和养老保险金等，家庭的养老压力也就越小。

559 位应答了收入等级的老年人，如果感觉身体不适，他们所做出的选择也有很大的不同。从表 7-12 中可以看到，生病后"不诊治硬挺过去"的主要是自认 1—7 级的低收入和中收入等级的老年人；"自己买药吃或用偏方"的主要也是自认 1—5 级的低收入和中收入等级的老年人；而"去本村卫生院看"和"去正规医院看病"的，主要是中高收入等级的老年人。这些数据都从侧面表明，收入越高，经济条件越好，养老的经济资源就越不紧张；收入越低，越需要外部的经济资助来帮助其养老。

表 7-12　不同收入等级老年人感到身体不适通常会采取的措施
（2012 "千人百村"）

单位：人

收入等级	不诊治硬挺过去	自己买药吃或用偏方	去本村卫生院看	去正规医院看病	其他	合计
1	12	23	32	20	1	88
2	14	23	31	14	0	82
3	6	21	36	11	1	75
4	7	21	30	13	1	72
5	8	30	64	28	5	135
6	6	8	26	14	1	55
7	2	5	15	8	0	30
8	0	6	8	2	0	16
9	0	1	1	1	0	3
10	0	0	1	0	2	3
总计	55	138	244	111	11	559

2. 不同收入等级农村老年人的生活照顾需求相类似

如表 7-13 所示，在 581 位应答了不同收入等级的老年人中，家中老人的养老方式分别为：低收入等级农村老年人中，与子女同住的占 37.1%，与老伴同住或独处的占 60.0%；中等收入等级农村老年人中，与子女同住的占 40.1%，与老伴同住或独处的占 55.6%；高收入等级老年人中，与子女同住的占 45.5%，与老伴同住或独处的占 54.5%。由这些数据可以看出，在日常生活照顾方面，不同学历的老年人生活照顾需求并没有表现出一种规律性变迁，而是彼此相差不大。这说明，几乎所有收入等级的农村老年人的日常生活照顾都是类似的，即主要依靠家庭。

表 7 - 13　您或您家人的养老方式（2012 "千人百村"）　　　单位：人

	1	2	3	4	5	6	7	8	9	10	总计
与子女同住	26	31	37	32	60	19	13	6	2	2	228
与老伴同住或独处	62	50	40	39	77	37	17	10	1	1	334
养老院	1	0	0	1	5	0	0	0	0	0	7
其他	3	3	0	2	3	1	0	0	0	0	12
总计	92	84	77	74	145	57	30	16	3	3	581

从不同领域来看，农村老年人的养老需求多种多样，不同需求的满足都很重要，但其迫切程度却有明显的区别，即农村老年人的经济支持需求较为迫切，生活照顾的需求不太突出，而精神慰藉需求的满足问题日益凸显。具体而言，在经济支持方面，农村老年人养老的经济支持需求较为迫切，从"千人百村"调查中可以发现，农村家庭的养老压力较大，有 1/4 以上的家庭急需外力扶助；农村老年人的养老水平较低，近 1/3 的老年人的养老水平低于农村扶贫标准；农村老年人自我养老的比例较高，近七成的农村老年人主要依靠自身的经济资源养老。在生活照顾方面，老年人的生活照顾需求相对较少。现实生活中，子女对老人的生活照顾虽然比较少，但绝大多数老年人都处在有人照顾的状态。值得注意的是，对农村老年人的精神慰藉明显缺位。在养老支出中，农村老年人主要用于满足精神需求的支出的比例几乎为零；在农村青壮年大多外出务工的背景下，家庭对老年人的精神慰藉功能日趋淡化，随着经济支持需求得到相对满足，精神需求可能会进一步凸显出来。

从不同角度来看，农村老年人的养老需求也有内在的区别，我们分不同学历和不同收入水平对农村老年人进行了进一步分析，结果表明，不同学历和不同收入水平的老年人的养老需求有同有异，即经济需求相差大，生活照顾需求相差小。从学历角度来看，不同学历老年人养老的经济压力差别大，在养老的经济压力方面，学历越高，养老的经济压力越小；在养老经济资源的需求程度上，学历越高的老年人越主要依靠自我养老和社会保障，而学历越低的老年人越依赖子女供养和自己的当前劳动收入。不同学历的农村老年人的生活照顾需求相差不大，都主要依靠家庭来进行日常生活照顾。从收入水平来看，不同收入等级的老年人需求不同。不同收入等级农村老年人养老的经济压力相差很大，收入等级越高、经济收入越多，养老的经济压力也越小；不同收入等级的农村老年人的生活照顾需求相差不大，几乎所有收入等级的农村老年人的日常生活照顾都主要依靠家庭。由于精神慰藉方面的相关数据极少，无法进行相关分析。

总体而言，从对养老需求的分析中，基本上可以概括出农村老年人养老需求的基本特征，同时也从侧面反映出农村养老内容的供给现状：老年人养老的经济支持方式呈现出多样化趋势，生活照顾需求相对较少，但精神慰藉需求难以得到满足。而且从总体上看，农村老年人的养老需求仍处于一个较低的供给水平，仅是最低层面对老年人的经济支持就有很多问题存在，至于高层次的精神慰藉需求对于绝大多数农村老年人还遥不可及。随着农村生活水平的提高，老年人的经济需求会出现相对满足状态，但未来农村老年人的精神养老缺位如何解决仍然是一个难题，需要政府和学界进行深入的研究，并提出可行的解决方案。

三、农村老年人的养老观分析

养老观是在社会变迁过程中所形成的，它是国家、政府、社会、老年人及其家庭对养老问题较为稳定和普遍的认识，具体包括传统的文化习俗，相应的制度规范等内容[①]，作为一种社会态度，它本身是在社会发展变化的过程中不断演变的。养老观是决定中国老年人养老方式选择和国家养老制度供给的心理基础。农村老年人的养老问题的凸显，除了人口老龄化加速、家庭结构小型化、社会流动增加、国家"未富先老"等，还有一个重要原因在于中国人的养老观念出现了变化。

在乡村地区，传统的养老观以家庭养老为载体。家庭在中国人心中占有绝对的核心地位。一个 1860 年来到中国的英国传教士曾经用这样的笔触描画

---

① 陈静. 试析中国养老观的演变. 人民论坛, 2012, 9 下 (378).

他眼中的中国家庭："中国人十分专注于家庭生活，并且对家人怀有深厚的感情。事实上，这种感情似乎已经占据了他们的全部内心……从童年到老年，他总愿意居住在同一个地方，那里有他熟悉的人和环境。如果他被逼无奈而远走他乡，他的心也会依恋着故乡。"① 由此，农村居民在理念上并不是依靠自己的储蓄养老，而是期望以家庭为核心，希望"反哺"式养老能够长久持续下去，即把家庭的收入全部花在子女身上，在其失去劳动能力直至生命终结的这段时间，再依靠子女提供反哺。农村老年人在心理上和事实上对子女的依赖性都非常强，养老负担基本由家庭独立承担。但近年来，由于外出务工人员的增加，农村老年人独立意识明显增强，同时国家开始从经济和医疗方面加强对农村老年人生活的保障，这些都对农村人口和老年人的养老观产生了一定程度的影响。现实中，各地农村地区出现的家庭养老、自我养老、社会养老和社区养老等，以及商业养老保险和土地保障，都表明农村养老观呈现出多元化的趋势，因此需要做进一步的分析。

（一）农村人口的养老观

1. 对养老问题的关注度

对养老问题是否关注是养老观形成的前提和最基本的表现形式。在农村养老问题的关注度上，有 3/4 以上的农村人口经常关注和偶尔关注，说明农村人口对养老问题的关注度较高。在这次"千人百村"所调查的 2 714 名农村人口中，有 2 680 人应答了"您有关注过农村养老的问题吗"，其中有 32.6％的人"经常关注"农村养老问题，比 60 岁以上接受调查的老年人口还要多 200 多人；有44.7％的人"偶尔关注"农村养老问题，两者合计占 77.3％。

2. 对养老责任分担的态度

对养老责任分担的态度是对养老主体的基本认识。在老年人养老责任的承担方面，有五成多的人强调子女的责任，但也有四成多的人强调政府责任。如图 7-4 所示，在 2 691 名应答了"有子女的老人的养老应该主要由谁负责"这一问题的人中，有 53.2％的人认为应当由子女负责；但有四成以上（8.1％加上 33.5％）的人认为政府也要承担主要责任，至少是与子女、老人共

---

① 麦高温. 中国人生活的明与暗. 北京：时事出版社，1998：271.

同承担养老责任。这跟传统的"养儿防老"、主要由子女来养老的观念有很大的区别，说明农村养老保险制度的建立等国家力量的介入，对农村人口的养老观影响较大，农村人口对国家的依赖程度较高，这是尤其值得注意的一个变化。

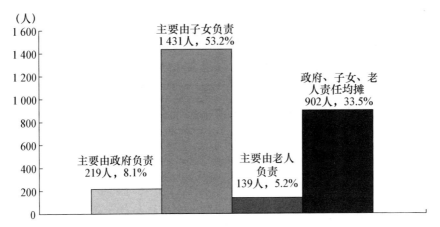

图 7-4 被访者认为有子女的老人的养老应该主要由谁负责（2012"千人百村"）

3. 对养老机构的态度

对待养老机构的态度是反映农村人口养老观变化的一个重要表现形式。传统农村社会对社会化的养老机构如养老院，一直持保留甚至是否定的态度。

在对养老院的态度方面，有近五成的农村人口持欢迎态度，但也有 1/5 的人持抵触态度。如图 7-5 所示，在 2 684 名应答了"您对养老院的态度"这一问题的人中，持欢迎态度的有 28.3%，持欢迎态度但有所顾虑的人占 20.6%，两者合计占 48.9%。但是值得注意的是，有 29.4% 的人持无所谓的态度，更有二成以上（21.6%）的人是持抵触态度的。

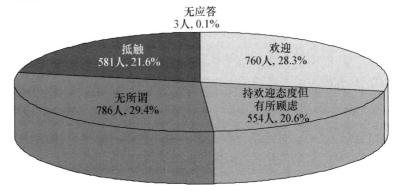

图 7-5 被访者对养老院的态度（2012"千人百村"）

对于养老院中存在的问题，除常规回答之外，有 1/3 以上的人应答为不清楚。如表 7-14 所示，在 2 516 名应答了"目前养老院存在的主要问题"这一问题的人中，认为服务态度差、设施不好、费用过高和冷清的合计占66.0%。按应答选项的比例由高至低进行排名，分别为费用过高、服务态度差、设施不好和冷清。值得注意的是，有 856 人选择了"其他"选项，占被访者的 34.0%。在这 856 位被访者中，除 25 人填答了"无养老院"、42 人没有应答之外，绝大多数都填答了"不了解"和"不清楚"，这可能跟农村地区养老院较少、对养老院缺乏认识有直接的关系。

表 7-14　被访者认为目前养老院存在的主要问题（2012"千人百村"）

	服务态度差	设施不好	费用过高	冷清	其他	总计
人数	474	304	580	302	856	2 516
百分比	18.8%	12.1%	23.1%	12.0%	34.0%	100.0%

对亲人到养老院养老的态度上，3/4 的被访者持否定态度，仅有 1/4 左右的人愿意自己或自己的亲人到养老院养老。数据分析表明，在 2 646 名应答了"是否愿意让您或您亲人到养老院接受基本养老保障（忽略经济成本，如果你要工作）"这一问题的人中，有 73.5%的选择"不愿意"，仅有 26.5%的人，即 1/4 的人选择"愿意"。值得注意的是，这 1/4 的人选择去，还是在不考虑经济成本，而且假定需要工作的前提下做出决定的。如果没有这两个假定，选择让自己和自己的亲人到养老院养老的比例可能还会下降。

4. 对养老保险制度的态度

养老保障制度的介入对农村人口的养老观产生了重要冲击。对于国家出台的农村养老保险制度，农村人口的看法总体上比较积极，但值得注意的是，有近二成的农村人口对国家的农村养老保险制度不太了解。在 1 941 名应答的农村人口中，有 1 133 人认为"效果很好，有利于农民生活得更好"，占58.4%，但也有 375 人（19.3%）对这些信息不太了解。另外还有近 800 名被访者没有应答，可能也跟对这一制度不太了解有关。

在是否参加养老保险这一问题上，个人缴费的多少对农村人口参保意愿的影响非常大，个人缴费比例越低，参保意愿越高。对这次调查问卷数据进行的分析表明，如果完全由个人缴纳养老保险费用，应答的 1 914 名农村人口中有 944 人明确表示愿意参加养老保险，仅占 49.3%；而明确表示不愿意的有 564 人，占 29.5%，即有近三成的人明确表示不会参加养老保险。如果政府、集体、个人三方各承担农村养老保险 1/3 的费用，应答的 1 929 名农村人口中有 1 616 人明确表示愿意参加养老保险，比例高达 83.8%，而明确表示不愿意的仅有 83 人，比例由 29.5% 迅速下降至极低的 4.3%，下降了约 25 个百分点。

5. 对养老内容的担心程度

通过汇总"千人百村"调查的相关数据，可以形成表 7-15。从该表中可以发现，按选择比例高低排序，农村人口最担心的养老内容排序为：第一，担心程度最高的是日常生活不能自理。在 2 714 名被访者中，有 60.2% 的人对于"我担心当我年老时生活不能够自理"选择了"完全同意"和"同意"这两项。第二，担心程度较高的是经济依赖程度过高。在 2 714 名被访者中，有 49.8% 的人对于"在经济上依赖别人是我对年老最大的担心之一"选择了"完全同意"和"同意"这两项。第三，担心程度最低的是年老后的自主能力缺失。在 2 714 名被访者中，有 41.1% 的人对于"我担心当我年老时不得不让别人替我拿主意"选择了"完全同意"和"同意"这两项。

表 7-15　被访者所担忧的老年人养老内容（2012"千人百村"）　　单位：%

完全同意与同意	我担心当我年老时生活不能够自理	我担心当我年老时不得不让别人替我拿主意	在经济上依赖别人是我对年老最大的担心之一
农村人口（2 714 人）	60.2	41.1	49.8
老年人（613 人）	61.3	42.9	49.4

（二）农村老年人的养老观

1. 对养老问题的关注度

在农村养老问题的关注度上，有 3/4 以上的老年人经常关注和偶尔关注，这与农村人口整体应答状态基本持平。在问卷调查中，有 600 名农村老年人应答了"您有关注过农村养老的问题吗",其中有 35.7% 的人"经常关注"农村养老问题,有 40.7% 的老年人"偶尔关注"农村养老问题,两者合计占76.4%,与整体上 77.3% 的应答率基本持平。

2. 对养老责任分担的态度

在老年人养老责任的承担方面,有五成多的老年人强调子女的责任,这与农村人口整体应答状态持平,但有四成多的老年人强调政府责任,比农村人口整体的应答状态稍高。如图 7-6 所示,在 604 名应答了"有子女的老人的养老应该主要由谁负责"这一问题的人中,有 44.2% (11.4% 加上32.8%)的老年人认为政府要承担主要责任,其中有 11.4% 的老年人认为养老应该主要由政府负责,这比 8.1% 的农村人口的整体应答状态高出 3.3个百分点。

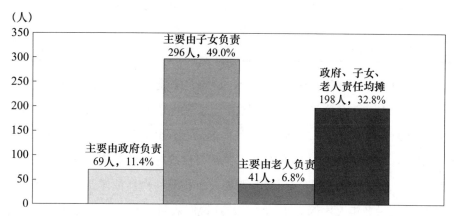

图 7-6　被访老年人认为有子女的老人的养老应该主要由谁负责(2012"千人百村")

3. 对养老机构的态度

在对养老机构的态度方面,有四成多的农村老年人持欢迎态度,有 1/4以上的老年人持抵触态度,老年人对养老院的负面态度明显比农村整体人口要强。在 613 名应答了"您对养老院的态度"这一问题的老年人中,完全持欢迎态度的有 28.4%,持欢迎态度但有所顾虑的人占 17.6%,两者合计占45.9%,比农村人口的整体比例 48.9% 低 3 个百分点。有 1/4 以上的老年人(25.7%)对养老院持抵触态度,比农村人口的整体比例 21.6% 高出大约 4个百分点。

对于目前养老院中存在的问题,除了常规回答之外,有四成以上的老年人应答为不清楚，比农村整体人口应答率要高。如表 7 - 16 所示，在 552 名应答了"目前养老院存在的主要问题"这一问题的人中，认为服务态度差、设施不好、费用过高和冷清的合计占 60.1%，比农村人口整体状态（66.0%）低约 6 个百分点。按应答选项的比例由高至低进行排名，老年人认为的问题分别为费用过高（26.6%）、服务态度差（14.1%）、冷清（10.1%）和设施不好（9.3%）。其中，相对于农村人口，老年人对养老院过于冷清的关注度高，主要是因为设施不好。另外，有 220 名老年人（39.9%）选择了其他选项，绝大多数都填答了不了解和不清楚，比农村人口整体应答状态（34.0%）要高出近 5 个百分点，说明老年人对养老院状态的认知更不清楚。

表 7 - 16 被访老年人认为目前养老院存在的主要问题
(2012 "千人百村")

单位：人

	服务态度差	设施不好	费用过高	冷清	其他	总计
人数	78	51	147	56	220	552
百分比	14.1%	9.3%	26.6%	10.1%	39.9%	100.0%

对于自己在养老院养老的态度上，持肯定态度的老年人比例比农村整体人口要高。在 597 名应答了"是否愿意让您或您亲人到养老院接受基本养老保障（忽略经济成本，如果你要工作）"这一问题的老年人中，有 70.5%选择不愿意，仅有 29.5%持愿意态度，比例要比农村整体状态（26.5%）高出 3 个百分点。在 2003 年的中国城乡老年人口状况一次性抽样调查中，愿意住养老院的农村老年人比例为 15.3%[①]，这说明农村老年人在最近十年对养老院的认可度有了较大程度的提升。

至于老年人为何选择"愿意"去养老院养老，具体原因可以见图 7 - 7。老年人与总人口所考虑的因素不同。老年人愿意去养老院最重要的原因是自己在家不安全，在养老院可以减轻负担和缓解在外务工子女的担心。对于养老院的生活和医疗条件等，老年人的关心程度反而比整体水平要低约 10 个百分点，这可以用中国农村亲子关系比较密切、父母子女相互关怀体谅来进行解释。

---

① 中国老龄科学研究中心. 中国城乡老年人口一次性抽样调查数据分析. 北京：中国标准出版社，2003：1-9.

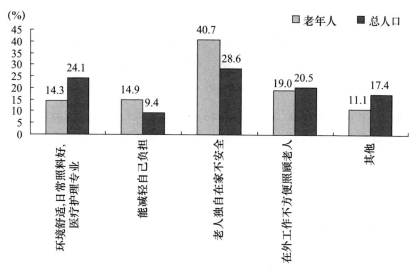

图 7-7　总人口与老年人愿意在养老院养老的原因（2012"千人百村"）

4. 对养老保险制度的态度

对于国家出台的农村养老保险制度，不同学历的老年人的看法都比较积极，这跟农村整体人口的态度类似。在 598 名应答的老年人中，有 393 人认为效果很好，有利于农民生活更好；有 88 人认为没什么用处，老年人生活和以前差不多；有 94 人不太了解这一制度，这可能是因为新农保在该地区还没有铺开；仅有 7 人认为效果不好，老年人生活水平下降了。

在是否参加养老保险这一问题上，个人缴费的多少对农村老年人参保意愿的影响非常大，个人缴费比例越低，参保意愿越高。从调查结果中可以看到，如果完全由个人缴纳养老保险费用，应答的 593 名老年人中只有 298 人明确表示愿意参加养老保险，仅占 50.3%；而明确表示不愿意的有 172 人，占 29.0%，即有近三成的人明确表示不会参加养老保险。如果政府、集体、个人三方各承担农村养老保险 1/3 的费用，应答的 598 名老年人中有 495 人明确说愿意参加农村基本养老保险，比例高达 82.8%；而明确说不愿意的仅有 24 人，比例由 29.0% 迅速下降至极低的 4.0%。

5. 对养老内容的担心程度

从总体上看，老年人所担心的养老内容与农村人口整体状态也没有明显的区别。调查数据表明，两者共同担心的重点内容排序是相同的：两者担心程度最高的都是日常生活不能自理。在 2 714 名被访者中，有 60.2% 的人对于"我担心当我年老时生活不能够自理"选择了"完全同意"和"同意"这两项。61.3%的老年人也选择了这两项，两者选择的比例相差无几。其次，担心程度较高的是经济依赖程度过高。在2 714名被访者中，有49.8%的人选择了"完全同意"和"同意"这两项。老年人中，有49.4%的人也选择了这两项，两者选择的比例几乎没有区别。最后，担心程度最低的是年老后的自主能力缺失。在2 714名被访者中，有41.1%的人选择了"完全同意"和"同意"这两项。老年人中，有42.9%的人也选择了这两项，两者选择的比例也相差无几。

（三）不同学历老年人的养老观

1. 对养老问题的关注度

在农村养老问题的关注度上，学历越高，对养老问题的关注度越高，反之亦然。如表7-17所示，在这次"千人百村"调查中有594人应答了"您有关注过农村养老的问题吗"，其中学历在中专及以上的39名老年人中，仅有2人说从未关注过，比例为5.1%。反之，学历在中专以下的555名老年人中，有136人说从未关注过，比例达24.5%，两者相差近20个百分点。

表7-17　不同学历老年人对农村养老问题的关注度
（2012"千人百村"）

单位：人

	不识字	小学未毕业	小学	初中	中专	技校或职业学校	普通高中	职业高中	大专及以上	总计
经常关注	50	24	67	48	11	1	10	1	2	214
偶尔关注	68	42	78	42	4	1	3	0	2	240
从未	54	26	44	12	2	0	0	0	2	140
总计	172	92	189	102	17	2	13	1	6	594

2. 对养老责任分担的态度

在老年人养老责任的分担方面，学历对老年人态度的影响有限。有五成多的老年人强调子女的责任，这与农村人口整体应答状态持平，但有四成多的老年人强调政府责任，比农村人口整体的应答状态稍高。如表7-18所示，关于"有子女的老人的养老应该主要由谁负责"这一问题，有11.5％的老年人认为主要由政府要负责，33.0％的老年人认为由政府、老人和子女均摊责任。

表7-18　不同学历老年人认为有子女的老人的养老应该主要
由谁负责（2012"千人百村"）　　　　　　单位：人

	不识字	小学未毕	小学	初中	中专	技校或职业学校	普通高中	职业高中	大专及以上	总计
主要由政府负责	23	9	15	18	1	0	2	1	0	69
主要由子女负责	89	46	100	41	10	1	6	0	1	294
主要由老人自己负责	10	4	11	8	1	0	2	0	3	39
政府、子女、老人责任均摊	52	32	65	36	5	1	4	1	2	198
总计	174	91	191	103	17	2	14	2	6	600

3. 对养老机构的态度

在对养老机构的态度方面，学历越高的老年人越多地持开放的欢迎态度，学历越低，对养老院越抵触。如表7-19所示，在596名应答了"您对养老院的态度"这一问题的老年人中，学历水平自"不识字"起到"中专"止，对养老院很抵触的比例分别为：30.8％、26.4％、23.6％、21.2％、17.6％，呈现逐步下降趋势，技校或职业学校以上的老年人过少，不具有统计意义。但从统计结果来看，学历在中专及以上的38名应答老年人中，有6人对养老院感到抵触，比例为15.8％。反之，学历在中专以下的558名老年人中，有144人说对养老院抵触，比例达25.8％，二者相差8个百分点以上。学历高的老年人之所以对养老院相对认可一些，可能与其知识积累和阅历较丰富、立场观点相对理性有关。

表7-19　不同学历老年人对养老院的态度（2012"千人百村"）　单位：人

	不识字	小学未毕	小学	初中	中专	技校或职业学校	普通高中	职业高中	大专及以上	总计
欢迎	38	30	48	39	5	5	0	4	0	169

续表

	不识字	小学未毕	小学	初中	中专	技校或职业学校	普通高中	职业高中	大专及以上	总计
持欢迎态度但有所顾虑	26	20	36	20	2	2	0	0	0	106
无所谓	55	17	62	23	7	4	1	2	0	171
抵触	53	24	45	22	3	3	0	0	0	150
总计	172	91	191	104	17	14	1	6	0	596

4. 对养老保险制度的态度

对于国家出台的农村养老保险制度，不同学历的老年人的看法都比较积极，但值得注意的是，学历低的老年人对国家的农村养老保险政策的了解程度较低。如表7-20所示，从不识字开始，到普通高中文化水平，不同学历的老年人认为"效果很好，有利于农民生活更好"的比例分别为60.5%、69.2%、67.0%、68.3%、64.7%、100%、78.6%。高中以上文化水平的老年人数量过少，不具有统计意义。而对这些政策不了解的94名老年人中，不识字和小学文化程度的老年人共有82人，占87.2%，说明对文化程度低的老年人的政策宣传还有进一步深化的必要性。

表7-20 不同学历老年人对国家出台的农村养老保险制度的态度
(2012"千人百村")

单位：人

	效果很好，有利于农民生活更好	没什么用处，老人生活和以前差不多	效果不好，老人生活水平下降了	不了解这些政策	其他	总计
不识字	104	22	0	41	5	172
小学未毕业	63	11	2	14	1	91
小学	128	26	3	27	7	191
初中	71	21	2	9	1	104
中专	11	3	0	2	1	17
技校或职业学校	2	0	0	0	0	2
普通高中	11	2	0	1	0	14
职业高中	0	1	0	0	0	1
大专及以上	3	2	0	0	1	6
总计	393	88	7	94	16	598

在是否参加养老保险这一问题上，个人缴费的多少对农村老年人参保意愿的影响非常大，个人缴费比例越低，参保意愿越高。从不同学历角度来看，老年人对于完全由个人缴费这一假设的反应是类似的。如表7-21所示，如果完全由个人缴纳养老保险费用，学历在中专及以上的40名老年人中，有11人说不愿意参保，比例为27.5%。反之，学历在中专以下的553名老年人中，有161人说不愿意参保，比例高达29.1%，两者比例相差无几。如表7-22所示，如果政府、集体、个人三方各承担农村养老保险1/3的费用，学历在中专及以上的40名老年人中，有1人说不愿意参保，比例为2.5%。学历在中专以下的558名老年人中，有23人说不愿意参保，比例为4.1%，可以说不愿意参保的人都只占极少数。

表7-21　不同学历老年人的参保意愿（完全由个人缴纳养老保险费用）（2012"千人百村"）

单位：人

	不识字	小学未毕业	小学	初中	中专	技校或职业学校	普通高中	职业高中	大专及以上	总计
愿意	85	41	99	52	9	0	7	1	4	298
不愿意	53	27	53	28	5	0	5	0	1	172
说不清	34	22	36	23	3	2	2	0	1	123
总计	172	90	188	103	17	2	14	1	6	593

表7-22　不同学历老年人的参保意愿（政府、集体、个人三方各承担农村养老保险1/3的费用）（2012"千人百村"）

单位：人

	不识字	小学未毕业	小学	初中	中专	技校或职业学校	普通高中	职业高中	大专及以上	总计
愿意	137	76	169	79	15	1	13	0	5	495
不愿意	12	2	7	2	0	0	0	1	0	24
说不清	24	12	15	23	2	1	1	0	1	79
总计	173	90	191	104	17	2	14	1	6	598

5. 对养老内容的担心程度

在日常生活不能自理方面，不同学历的老年人担心度都是很高的，学历本身并没有对老年人的担心程度产生明显影响。如表7-23所示，在578名被访的老年人中，有61.8%的人对于"我担心当我年老时生活不能够自理"选择了"完全同意"和"同意"两项，其中初中及以下学历的老年人中有

62.0%的人选择了这两项，而学历在初中以上的人中有58.9%的人选择了两项，两者的比例仅相差约3个百分点。这说明，在日常生活不能自理方面，无论学历高低，老年人的担心程度都是最高的。

表7-23 我担心当我年老时生活不能够自理
(2012"千人百村")

单位：人

	不识字	小学未毕业	小学	初中	中专	技校或职业学校	普通高中	职业高中	大专及以上	总计
完全同意	47	22	46	29	2	1	4	0	1	152
同意	58	33	66	33	8	0	6	0	1	205
不同意	59	33	74	39	7	1	3	1	4	221
总计	164	88	186	101	17	2	13	1	6	578

在经济依赖程度方面，学历高的老年人担心程度很低，但学历低的老年人则非常担心。如表7-24所示，在573名被访老年人中，有49.4%的人对于"在经济上依赖别人是我对年老最大的担心之一"选择了"完全同意"和"同意"这两项，其中初中及以下学历的老年人中有51.1%的人选择了这两项，而学历在初中以上的老年人中仅有25.6%的人选择了这两项，两者选择的比例相差约25个百分点。这说明在经济依赖程度方面，学历越低，老年人的担心度越高。

表7-24 在经济上依赖别人是我对年老最大的担心之一
(2012"千人百村")

单位：人

	不识字	小学未毕业	小学	初中	中专	技校或职业学校	普通高中	职业高中	大专及以上	总计
完全同意	40	14	29	26	0	0	1	0	0	110
同意	50	30	57	27	5	1	3	0	0	173
不同意	70	43	100	48	12	1	9	1	6	290
总计	160	87	186	101	17	2	13	1	6	573

在自主能力缺失方面，学历低的老年人担心度相对较高，学历高的老年人担心程度则相对较低。如表7-25所示，在572名被访老年人中，有43.2%的人对于"我担心当我年老时不得不让别人替我拿主意"选择了"完全同意"和"同意"这两项，其中初中及以下学历的老年人中有44.1%的人

选择了这两项，而学历在初中以上的人中仅有 30.8% 的人选择了这两项，两者选择的比例相差约 13 个百分点。这说明，在年老后担心自主能力缺失方面，学历越高，老年人的担心度越低。

表 7 - 25　我担心当我年老时不得不让别人替我拿主意
（2012 "千人百村"）

单位：人

	不识字	小学未毕业	小学	初中	中专	技校或职业学校	普通高中	职业高中	大专及以上	总计
完全同意	33	15	23	15	0	0	1	0	0	87
同意	44	26	54	25	6	1	4	0	0	160
不同意	84	46	109	59	11	1	8	1	6	325
总计	161	87	186	99	17	2	13	1	6	572

（四）不同收入等级老年人的养老观

1. 对养老问题的关注度

在农村养老问题的关注度上，收入等级越高的老年人的关注度越高。如表 7 - 26 所示，有 579 名老年人应答了"您有关注过农村养老的问题吗"，平均有 23.3% 的应答者应答从未关注农村养老问题。其中收入等级处于低水平的第 1—3 级的 253 位老年人中，有 81 人应答从未关注农村养老问题，占 32.0%；处于中等水平的第 4—7 级的 304 位老年人中，有 53 人从未关注过农村养老问题，占 17.4%；处于高水平的第 8—10 级的 22 位老年人中，有 1 人从未关注过农村养老问题，占 4.5%。也就是说，低收入农村老年人中有近七成的人关注养老问题，而中等收入农村老年人中有八成多的人关注养老问题，高收入农村老年人几乎全部都关注养老问题。

表 7 - 26　不同收入等级老年人对农村养老问题的关注度
（2012 "千人百村"）

单位：人

等级	1	2	3	4	5	6	7	8	9	10	总计
经常关注	31	21	23	17	59	32	12	9	1	2	207
偶尔关注	32	35	30	40	60	19	12	7	2	0	237
从未	29	29	23	15	27	7	4	0	0	1	135
总计	92	85	76	72	146	58	28	16	3	3	579

2. 对养老责任分担的态度

在老年人养老责任的分担方面，中低收入等级老年人的态度比较接近，高收入等级老年人相对更加强调政府的责任。如表 7 - 27 所示，在 584 名应答了"有子女的老人的养老应该主要由谁负责"这一问题的人中，有约 44.2% 的老年人认为政府要承担主要责任，其中 11.1% 的老年人认为主要由政府单独负责，33.1% 的老年人认为政府与子女、老人共同负主要责任。从分收入等级来看，收入等级处于低水平的第 1—3 级老年人有 255 人，其中有 29 人认为主要由政府负责，90 人认为政府、子女和老人共同负主要责任，两者合计占 46.7%（11.4% 与 35.3%），稍高于平均水平。处于中等水平的第 4—7 级老年人有 306 人，其中有 34 人认为主要由政府负责，91 人认为政府、子女和老人共同负主要责任，两者合计占 40.8%（11.1% 与 29.7%），低于平均水平约 3 个百分点。处于高水平的第 8—10 级老年人有 23 人，其中有 2 人认为主要由政府负责，12 人认为政府、子女和老人责任分摊，两者合计占 60.9%（8.7% 与 52.2%）。

表 7 - 27　不同收入等级老年人认为有子女的老人的养老应该主要由谁负责
（2012 "千人百村"）　　　　　　　　　　　单位：人

等级	1	2	3	4	5	6	7	8	9	10	合计
主要由政府负责	17	7	5	4	14	13	3	2	0	0	65
主要由子女负责	45	41	37	41	75	22	16	6	1	2	286
主要由老人自己负责	4	5	4	5	14	7	1	0	0	0	40
政府、子女、老人责任均摊	27	32	31	23	43	16	9	9	2	1	193
总计	93	85	77	73	146	58	29	17	3	3	584

3. 对养老机构的态度

在对养老机构的态度方面，收入等级越高的老年人，对养老院的抵触情绪越小；但总体而言，不同收入等级的老年人对养老院的抵触情绪都比较明显。如表 7 - 28 所示，在 584 名应答了"您对养老院的态度"这一问题的老年人中，收入等级处于低水平的第 1—3 级老年人有 255 人，其中有 67 名老年人持抵触态度，占 26.3%。处于中等水平的第 4—7 级老年人有 306 人，其中有 77 名老年人持抵触态度，占 25.2%。处于高水平的第 8—10 级老年人有 23 人，其中有 5 名老年人持抵触态度，占 21.7%。

表 7-28　不同收入等级老年人对养老院的态度
（2012 "千人百村"）

单位：人

等级	1	2	3	4	5	6	7	8	9	10	总计
欢迎	26	18	19	22	42	21	9	8	1	1	167
持欢迎态度但有所顾虑	15	24	7	11	26	13	3	2	1	1	103
无所谓	25	26	28	23	39	9	11	3	0	1	165
抵触	27	17	23	18	38	15	6	4	1	0	149
总计	93	85	77	74	145	58	29	17	3	3	584

对于亲人或自己到养老院养老的态度上，中低收入等级的老年人持否定态度的比例要高一些，而高收入等级的老年人相对低一些。如表 7-29 所示，在 576 名应答了"是否愿意让您或您亲人到养老院接受基本养老保障（忽略经济成本，如果你要工作）"这一问题的老年人中，收入等级处于低水平的第 1—3 级老年人有 252 人，其中有 178 名老年人选择不愿意去，占 70.6%。处于中等水平的第 4—7 级老年人有 302 人，其中有 216 名老年人选择不愿意去，占 71.5%。处于高水平的第 8—10 级老年人有 22 人，其中有 13 名老年人持抵触态度，占 59.1%。即使是对养老院养老认可度高的高收入等级老年人，其中也有一半多对养老院养老持否定态度。

表 7-29　是否愿意让您或您亲人到养老院接受基本养老保障
（2012 "千人百村"）

单位：人

等级	1	2	3	4	5	6	7	8	9	10	总计
愿意	26	31	17	22	39	18	7	6	1	2	169
不愿意	67	53	58	50	104	40	22	10	2	1	407
总计	93	84	75	72	143	58	29	16	3	3	576

4. 对养老保险制度的态度

在是否参加养老保险这一问题上，个人缴费的多少对不同收入等级的农村老年人参保意愿的影响不同，个人缴费比例过高，对收入等级低的老年人参保意愿的负面影响相对较大；如果个人缴费比例较低，则所有收入等级的老年人参保意愿都会有明显的提高。如表 7-30 所示，在 608 名应答了"如果完全由个人缴纳养老保险费用，您的参保意愿是"这一问题的老年人中，如果完全由个人缴纳养老保险费用，收入等级处于低水平的第 1—3 级的 282 位老年人中，有 86 名老年人选择不愿意参保，占 30.5%。处于中等水平的第 4—7 级的 303 位老年人中，有 75 名老年人选择不愿意参保，占 24.8%。处于高收入水平的第 8—10 级 23 位老年人中，有 7 名老年人选择不愿意参保，占 30.4%。如表 7-31 所示，如果政府、集体、个人三方各承担农村养老保险 1/3 的费用，则收入等级处于低水平的第 1—3 级的 255 位老年人中，有 8 名老年人选择不愿意参保，占 3.1%。处于中等水平的第 4—7 级的 305 位老年人中，有 14 名老年人选择不愿意参保，占 4.6%。处于高水平的第 8—10 级的 22 位老年人中，有 2 名老年人持抵触态度，占 9.1%。选择不愿意参保的比例都极低。

表 7-30　不同收入等级老年人的参保意愿（完全由个人缴纳养老保险费用）
（2012 "千人百村"）

单位：人

等级	1	2	3	4	5	6	7	8	9	10	总计
愿意	40	40	32	38	78	36	18	10	2	1	295
不愿意	34	22	30	20	36	13	6	3	2	2	168
说不清	49	21	14	13	31	9	5	3	0	0	145
总计	123	83	76	71	145	58	29	16	4	3	608

表 7-31　不同收入等级老年人的参保意愿（政府、集体、个人三方
各承担农村养老保险 1/3 的费用）（2012 "千人百村"）

单位：人

等级	1	2	3	4	5	6	7	8	9	10	总计
愿意	77	67	66	56	122	55	25	14	2	2	486
不愿意	3	4	1	7	5	0	2	1	0	1	24
说不清	13	14	10	10	18	3	2	1	1	0	72
总计	93	85	77	73	145	58	29	16	3	3	582

5. 对养老内容的担心程度

不同收入等级老年人的养老担心内容总体趋势保持一致，但是在担心程度上有所区别。

在日常生活不能自理方面，收入高和收入低的老年人担心程度最高，中等收入的老年人的担心程度相对较低。如图 7-8 所示，在 10 个不同收入等级的老年人中，收入最低的第 1 级和第 2 级老年人的担心程度（15.55％和 14.31％）要高于总人口的平均水平；收入最高的 7—10 级老年人的担心程度（5.12％、2.83％、0.53％、0.53％）也高于总人口的平均水平；收入处于中间状态的 3—6 级老年人的担心程度低于总人口的平均状态。

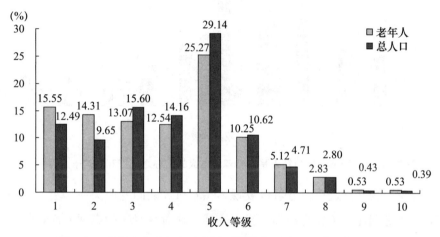

图 7-8　我担心当我年老时生活不能够自理（2012"千人百村"）

在经济依赖程度和自主能力缺失方面，收入高和收入低的老年人担心程度最高，中等收入的老年人的担心程度相对较低。具体如图 7-9 和图 7-10 所示，这里不再赘述。

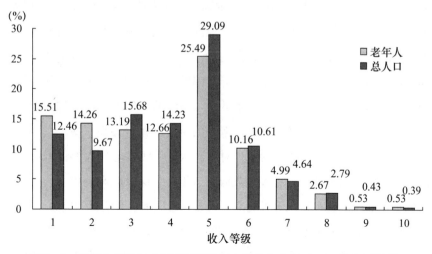

图 7-9　我担心当我年老时不得不让别人替我拿主意（2012"千人百村"）

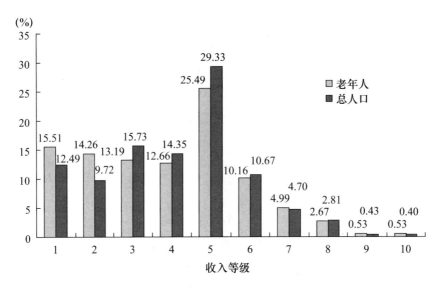

图 7 - 10　在经济上依赖别人是我对年老最大的担心之一（2012"千人百村"）

以学历为基础进行划分可以发现，在农村养老问题的关注度上，学历越高，对养老问题的关注度越高，反之亦然。在对养老院的态度方面，学历越高的老年人越多地持开放的欢迎态度，学历越低，对养老院越抵触；但总体上讲老年人对养老院养老的认可度都不太高。在对待养老保险制度的态度上，不同学历的老年人对完全由个人缴费的反应与老年人的整体应答是类似的。

以收入为基础进行划分可以发现，在农村养老问题的关注度上，收入等级越高的老年人对农村养老问题的关注度越高。在老年人养老责任的承担方面，中低收入等级的老年人态度比较接近，但高学历相对更加强调政府的责任。在对养老院的态度方面，收入等级越高的老年人，对养老院的抵触情绪越小，但总体而言，不同收入等级的老年人对养老院的抵触态度区别不太明显。对于亲人或自己在养老院养老的态度上，中低收入等级的老年人对养老院养老持否定态度的多，高收入等级的老年人对养老院的认可度相对要高一些。在对待养老保险制度的态度上，个人缴费的多少对不同收入等级的老年人参保意愿的影响不同：个人缴费比例高，对收入等级低的老年人参保意愿影响最大；个人缴费比例如果较低，则所有收入等级的老年人参保意愿都会有明显的提高。

总体而言，农村整体人口和农村老年人在养老主体、养老方式、养老内容以及养老担心程度等方面的意愿选择有一定程度的内部差异，这体现了不同群体对未来养老的态度与期待有所不同，这些是构建适宜农村人口养老意愿的养老模式的客观现实基础。

四、小结

综上所述，在农村老年人的养老观方面，可以得出以下一些基本结论。

农村人口整体上的养老观。在农村养老问题的关注度上，有 3/4 以上的人经常关注和偶尔关注，说明关注度较高；在老年人养老责任的承担方面，有五成多的人强调子女的责任，但也有四成多人强调政府责任，这跟传统的"养儿防老"观念有很大的区别，尤其值得关注。在对养老机构的态度方面，有近五成的农村人口持欢迎态度，但也有 1/5 的人持抵触态度，但是有二成以上的人持不欢迎态度。对于目前养老院中存在的问题，除了常规回答之外，有 1/3 以上的人应答为不清楚。对于自己或亲人到养老院养老的态度，3/4 的被访者都持否定态度，仅有 1/4 左右的人愿意自己或亲人到养老院养老。值得注意的是，这 1/4 的人是在不考虑经济成本，而且假定需要工作的前提下选择愿意的，如果没有这两个假定，选择愿意的比例可能还会下降。

农村老年人的养老观。在农村养老问题的关注度上，有 3/4 以上的老年人经常关注和偶尔关注，这与农村人口整体应答状态基本持平。在老年人养老责任的承担方面，有近五成多的老年人强调子女的责任，这与农村人口整体应答状态持平，但有四成多的老年人强调政府责任，比农村人口整体的应答状态稍高。在对养老院的态度方面，有四成多的农村老年人持欢迎态度，有 1/4 以上的老年人持抵触态度，老年人对养老院的负面态度明显比农村整体人口要强。对于目前养老院中存在的问题，除了常规回答之外，有四成以上的老年人应答为不清楚，比农村整体人口应答比例要高。但对于自己或亲人在养老院养老，持肯定态度的老年人比例却比农村整体人口要高。对于国家出台的农村养老保险制度，老年人的看法都比较积极，在是否参加养老保险这一问题上，个人缴费的多少对农村老年人参保意愿的影响非常大，个人缴费比例越低，参保意愿越高。从总体上看，老年人所担心的养老内容与农村人口整体状态没有明显的区别，问卷调查数据表明，两者共同担心的重点内容排序相同。

第八章 农村养老问题与养老保障体系建设

从第七章的分析结果中可以看到，中国农村养老出现了一些新特征，农村老年人的养老需求较大，养老观也发生了很大的变化，因此必须对农村养老保障体系进行相应的、具有前瞻性的调整，即结合农村养老现实中存在的各种问题，顺应新时期我国农村养老需求和养老观的变化，结合国情和不同地区农村的特点，逐步建立健全适应我国农村经济社会发展状况的农村养老保障体系。

一、农村养老面临的主要问题

随着人口老龄化和农村城镇化进程的不断推进，未来我国农村养老的压力将会空前巨大。结合第七章中的相关统计分析结论和其他一些相关研究，可以从总体上将中国农村养老面临的主要问题概括为一句话：在农村养老需求不断增加的前提下，农村自我供养能力不断萎缩，而国家和社会提供的养老制度和社会扶助等明显滞后甚至缺位。

在未来相当长的时期内，我国农村地区的养老需求都会保持高位运行并持续快速增加。一方面，农村老龄化程度较深，老年人的比例已经非常高。2010年的第六次全国人口普查结果显示，大陆地区31个省、自治区、直辖市和现役军人的人口中，60岁及以上人口为1.776亿人，占13.26%，其中65岁及以上人口为1.188亿人，占8.87%。从人口分布来看，农村老年人占多数，农村的老龄化程度和老年人的比例都超过了城镇。至2011年，我国农村人口老龄化的程度已经达到15.40%，比全国13.26%的平均水平高出

2.14 个百分点，也高于城镇水平。[①] 另一方面，农村老年人的养老需求比城镇强烈，但应对能力低于城镇。当前，农村老年人无人养老的现象非常普遍。但与此同时，城市应对人口老龄化的能力也明显强于农村。在城镇地区，我国已经基本形成了以社会保险、社会救助、社会福利为主体，以基本养老、基本医疗、低保制度为重点，以慈善事业、商业保险为补充的多层次社会养老保障制度框架，但在农村地区，养老保险依然处于起步阶段，社会福利几乎无从谈起，而慈善事业和商业保险等对普通的农民都还是遥不可及的事情。

我国农村地区自身的养老资源供给能力非常有限，甚至有逐步萎缩的趋势，这主要表现在以下一些方面：一是家庭的实际供养能力有限。在 2012 年"千人百村"调查中，我们可以看到，农村老年人中自我养老的比例相比过去已明显提高，但很多老年人的养老水平极低，甚至有很高比例的老年人的生活水平处在扶贫线以下；很多家庭的青壮年外出务工，实际上老年人活到老、干到老，不是青年人在养活老年人，而是老年人在不断地发挥余热，照顾孙辈，耕种土地，维护家庭生活的正常运作。二是家庭规模缩小、家庭功能弱化。生育率降低，子女数量减少，家庭规模变小，为老人提供的经济资源数量减少。我国计划生育政策实行以来，农村的独生子女越来越多，"421"家庭在农村也越来越普遍，而且很多年轻夫妇主要把精力集中在下一代，所以看望老人、照顾老人的时间必然会减少，传统意义上的家庭养老、多子女分担照料的形式被打破，家庭的功能逐渐弱化。三是伦理道德滑坡、亲子关系疏远。社会变革给新旧两代人在伦理道德、价值观念等方面造成了代际隔阂，加上家庭小型化等，老年人的家庭地位日益下降。

从外部力量扶助来讲，农村养老保障制度正在逐步健全，但无法解决全部农村养老问题。在农村养老的发展趋势方面，唯一的有利因素是农村养老保障制度正在逐步建立健全，将会在一定程度上缓解农村养老面临的上述挑战。从第七章对这次"千人百村"调查数据的分析中可以发现，农村人口养老观最大的一个变化就是，与此前相比，农村人口无论是从整体上看还是从

---

① 我国农村人口老龄化程度高于城市 已达到 15.4%. (2011-09-19) [2022-03-18]. https://www.gov.cn/jrzg/2011-09/19/content_1951168.htm.

老年人的角度看，对国家在家庭养老中承担的责任更加看重，对养老保险所发挥的养老作用更加倚重，期望值也更高。但是农村养老保障制度本身就存在一系列有待进一步解决的问题，另外，即使未来农村养老保障制度达到非常健全的地步，受中国传统文化和现实的社会结构等因素的影响，该制度也无法解决所有的农村养老问题，如日常生活照顾和精神慰藉问题。

与农村养老保障有欠缺并存的是，农村地区各种补充性养老方式发展缓慢，也无法充分发挥补充作用。包括社区养老、居家养老和商业养老等在内的补充性养老方式的发展，能部分地解决农村老年人的日常生活照顾和精神慰藉问题。从对这次"千人百村"调查数据的分析中可以发现，农村人口和老年人对养老院的评价都比较低，即使不用考虑经济成本，也有很大比例的老年人对养老院养老持否定态度；虽然有一些老年人愿意去养老院，也是基于为子女考虑和自身行动所限的无奈之举。社区养老无人组织，或者没有资金、无法发展，由于经费问题，只有部分较富裕的农村地区组织实施了社区养老。而且我国农村社区养老的服务水平普遍不高，基础设施不完善，缺少现代化的管理设备和管理人才，社区养老的运营效率较低，运营技术落后。另外，由于在享受待遇前需要支付很高的费用，加之对商业保险认识不足，许多农村居民根本无力也不愿意购买商业养老保险，商业养老保险在农村地区的覆盖面一直受到极大的限制，无法发挥其应有的养老保障功能。

二、农村养老问题的成因分析

农村养老出现上述局面，是多种因素共同作用的结果，从社会层面来看，社会结构的快速转型、相关制度变革不力以及传统的养老文化等都是使农村养老不利局面存在并延续下去的基本作用力量。

（一）社会结构转型

社会结构的快速转型是当前中国经济社会发展的一个基本背景。近年来，随着中国在各领域内的日益崛起，社会学界进一步对于中国社会结构转型的具体内涵和基本特征进行了多个层面的总结和提升。有些学者认识到，当代中国社会结构的转型是一种多元转型，即从传统农业社会向工业社会、工业社会向后工业社会的双重转型。进一步的研究认为，中国社会结构转型是一种从传统性向现代性，以及现代性向后新型现代性的转型过程。① 社会结构的不断优化是社会发展中国模式的一种重要特征。② 这些研究从思维结构、制度结构等层面，对中国社会结构的总体性特征进行了宏观上的总结，为我们从宏观角度理解农村养老问题的成因提供了有力的分析视角。具体而言，社会结构的快速转型对农村养老的直接影响表现在以下方面。

城乡结构转型。随着城乡结构的不断转型，农村劳动力不断外移进城。近几十年来中国特有的"民工潮"，造成了农村父母与子女的时空分离。至2010 年，中国举家迁徙的农民工总量已达 3 071 万人。这些农民工大多是跨区域落户，处于半市民化状态。到本次"千人百村"调查开展的 2012 年，全国大约有 2.11 亿农民工和 7 000 万城镇间流动人口处于流动的状态。在未来将会大力推进的新型城镇化浪潮下，将会有更多的农村人口进入城镇地区工作生活。这种城乡结构的转变使亲子间长期分离，父母与子女的感情纽带松弛，儿女有心养老也不能如愿。

人口结构转型。人口结构的变化让农村养老问题越来越凸显。一方面是年龄等自然属性的结构转型，未来青年人口供给不足，养老供给主体减少。我国劳动年龄人口在 2012 年达到峰值后开始递减。2012 年全年全国 15～59岁的劳动年龄人口比上年减少 345 万人，中国劳动年龄人口供给出现拐点，此后劳动力年龄结构日益老化，劳动年龄人口的逐步减少，使总人口抚养比发生了较大变化，社会抚养压力越来越沉重。另一方面是受教育程度等社会属性的结构转型。从这次"千人百村"调查中可以看到，不同学历老年人间养老的经济压力差别大，在养老的经济压力方面，学历越高，养老的经济压力也越小；在养老经济资源的需求程度上，学历越高的老年人越主要依靠自我养老和社会保障，而学历越低的老年人越依赖子女供养和自己的当前劳动收入。不同学历的农村老年人的生活照顾需求相差不大，都主要依靠家庭来进行日常生活照顾。以学历为基础进行划分还可以发现，在农村养老问题的关注度上，学历越高，对养老问题的关注度越高，反之亦然。

---

① 参见：郑杭生. 中国特色社会学理论的探索. 北京：中国人民大学出版社，2005.
② 李培林. 现代性与中国经验. 社会，2008（3）.

收入阶层结构转型。收入分层越明显，养老的需求就会越多样化，养老问题可能也就会越突出。在这次"千人百村"调查中，我们分不同收入水平对农村老年人进行了进一步分析，结果表明，不同收入水平的老年人的养老需求有同有异，即经济需求相差大，生活照顾需求相差小。不同收入等级农村老年人养老的经济压力相差很大，收入等级越高、经济收入越多，养老的经济压力也越小；不同收入等级的农村老年人的生活照顾需求相差不大，几乎所有收入等级的农村老年人的日常生活照顾都主要依靠家庭。以收入为基础进行划分还可以发现，在农村养老问题的关注度上，收入等级越高的老年人对农村养老问题的关注度越高。在老年人养老责任的承担方面，中低收入等级的老年人态度比较接近，但高学历相对更加强调政府的责任。在对待养老保险制度的态度上，个人缴费的多少对不同收入等级的农村老年人参保意愿的影响不同：个人缴费比例太高，对收入等级低的老年人的参保意愿影响最大；个人缴费比例如果较低，则所有收入等级的老年人的参保意愿都会有明显的提高。

（二）制度变革

如果说社会转型以无形的方式从宏观角度对农村养老产生制约的话，那么制度本身的存在与否、存在的状态及其变革则是农村养老问题的直接决定因素。制度变革会从很多方面决定一种制度作用的发挥。从理论上讲，制度的刻板性与社会活动的能动性之间存在着不可调和的矛盾，而且在现实生活中，还存在着形式制度与现实制度的矛盾、制度的普适性与少数人垄断的矛盾，等等。但最为重要的还是要防止出现制度化逃避现象，如制度缺位（真空）、制度滞后及制度冲突；要积极消除制度偏向现象，如对城市过度偏向的社会政策使资源过度流动和集中于城市中。

制度滞后对农村老年人养老影响很大，主要表现为由于制度建设滞后，农村养老保障制度自身存在有待完善之处。目前，我国社会养老保障制度框架虽已经初步形成，但老年社保领域还存在着制度不健全、城乡发展不平衡、覆盖范围窄、保障水平低、个人账户空账数额巨大、社保基金保值增值缺少可靠途径等诸多问题。其他农村社会保障有待进一步发展。从本次"千人百村"调查中可以发现，在农村养老方面，养老保险制度的建设是较为滞后的：

农村家庭的养老压力较大，有 1/4 以上的家庭急需外力扶助；农村老年人的养老水平较低，近 1/3 的老年人的养老水平低于农村扶贫标准；农村老年人自我养老的比例较高，近七成的农村老年人主要依靠自身的经济资源养老。

制度缺位对农村老年人的养老影响也非常大，表现之一是养老保障制度立法滞后。所有国家社会保障制度的建立，几乎无一例外都是立法先行，但我国目前还没有一部完整的规范农村养老保险制度的法律，各地农村养老保险工作都是靠地方性的法规和政策来指导实施，制度上存在很大的不稳定性和随意性，无法提高农民参保的积极性，也使很多农民对政府产生不信任感，为以后推进农村养老保险制度增加了难度。表现之二是农村老年社会福利仍处于相对缺位状态。在城市地区，老年优待政策不断完善，如北京、天津、上海等地探索建立高龄养老津贴制度，还顺应高龄化和失能老年人增多的护理服务需求，开始研究和探索建立失能老年人的长期照顾和护理保险制度，但这些在全国大多数农村地区都远没有到普及的地步。这也正是这次"千人百村"调查问卷的设计中没有涉及农村其他老年保障内容的原因所在。

制度偏向对农村老年人的养老影响更为明显和直接。在养老保险这一领域，制度的城市偏向非常明显，主要表现为农村养老的财政支持力度不足。目前我国农村社会养老保险的资金筹集采用的原则是个人缴纳为主，集体补助为辅，国家给予政策扶持，农村社会养老保险实际变成了一种强制性储蓄或鼓励性储蓄制度。但在绝大多数欠发达地区和贫困地区，农民没有多余的钱去缴纳养老保险，只能靠基础养老金来度日，但是按照当前的物价，每月数十元的基础养老金根本不足以维持日常生活开支；个人账户中的养老金积累比较少，加上政府和集体的补贴比较少，这就使得参保人的账户收益难抵通货膨胀的侵蚀，这一情况严重地弱化了这一制度的社会性和福利性。对这次"千人百村"调查数据进行的分析，也得出了类似的结果，即农民所得到的养老金水平极低，在未来相当长的时期内可能都无力成为经济赡养的主角。而且对"千人百村"调查数据的分析还表明，虽然对于国家出台的农村养老保险制度，老年人的看法都比较积极；但在是否参加养老保险这一问题上，个人缴费的多少对农村老年人参保意愿的影响非常大，个人缴费比例越低，参保意愿越高。

制度冲突对农村老年人养老也有很大的影响。随着新农保试点范围的不断扩大，新农保与其他农村社会保障制度难以衔接成为其在推行过程中的突出问题。一是新农保制度如何与 1986 年起开始探索实施的老农保制度衔接，直接关系到其是否可以更好地发展下去。二是新农保与农村社会救助制度之间的衔接。三是新农保如何与农村"五保"制度衔接，保证养老保障资源公平有效地在农村居民中分配，也是很多地区仍然没有处理好的问题。四是新农保如何与农村"低保"制度衔接，领取低保的农民参加了新农保之后，是既领取低保金，又领取基础养老金，还是二者选其一，是各地在制定政策的过程中需要注意的问题。此外，未来的新农保制度在施行的过程中还要考虑与城镇职工养老保险制度的衔接，与农村医保的配套，与计划生育政策的衔接，等等。这些都还是没有一整套应对和整合措施的未解难题。

（三）文化传统

新中国成立后，家庭养老文化的载体如家谱和祠堂一度遭到禁止，但子女孝养父母的观念在数千年一直作为中华民族的优良传统继续得到国家的提倡。庶人之孝便是"谨身节用以养父母"，子女赡养父母作为"孝"的基本内容在新中国的不同发展时期都得到了普遍认同。虽然传统的家庭养老得到了较好的继承，但传统的家庭养老文化也受到了严峻的挑战。正是这种传统文化的继承和挑战并存的局面共同导致了农村养老的一些问题。

在中国的传统文化氛围下，家庭作为最主要的养老载体的地位无可替代，分离式家庭的大量存在也将使农村养老问题长期存在。从这次"千人百村"调查中可以发现，绝大多数农村老年人都选择居家养老，如果从经济和文化角度来分析，其主要原因有两个：一方面，家庭养老有其现实合理性，如农村老年人的经济来源主要为子女提供，家庭养老的成本较低，社会尚无足够的能力承担起农村老年人养老的任务，等等。另一方面，传统的"报恩"观念将会长期影响中国人的养老观。尊老敬老是中华民族的传统美德，《说文解字》中对"孝"字的解释是："善事父母者。从老省，从子，子承老也。"这是中国传统文化中最重要的内容之一，也是中国人最基本的文化价值观之一，未来也不会有太大的改变，只有让子女与父母共同生活才能实现这一价值观，这与农村地区的现实是相悖的。这次"千人百村"调查的数据分析结果就对此给予了强烈的支持。数据分析表明，对于自己或亲人到养老院养老的态度，

3/4 的被访者都持否定态度，仅有 1/4 左右的人愿意自己或亲人到养老院养老。值得注意的是，这 1/4 的人选择愿意还是在不考虑经济成本，而且假定需要工作的前提下进行的，如果没有这两个假定，选择愿意的比例可能还会下降。在对养老院的态度方面，有四成多的农村老年人持欢迎态度，有 1/4 以上的老年人持抵触态度，老年人对养老院的负面态度明显比农村整体人口要强。而且值得注意的是，收入和受教育程度等因素对孝文化传统的影响不是太大。在对养老院的态度方面，收入等级越高的老年人，对养老院的抵触情绪越小，但总体而言，不同收入等级的老年人对养老院的抵触态度区别不太明显。在亲人或自己在养老院养老方面，中低收入等级的老年人对养老院养老持否定态度的多，高收入等级的老年人对养老院的认可度相对要高一些；但两者的区别并不太明显，对养老院的否认态度都占主导地位。

之所以会对社会养老有这么强的否定倾向，主要原因之一就在于受传统的孝文化影响，农村老年人除了经济需求外，未来可能会更为渴望子女的精神慰藉。这次"千人百村"调查发现，从不同领域来看，农村老年人的养老需求多种多样，不同需求的满足都很重要，但其迫切程度有明显的区别，即农村老年人的经济支持需求较为迫切，日常生活照顾的需求不太突出，而精神养老需求的满足问题在日益凸显。具体而言，在经济支持方面，农村老年人养老的经济支持需求较为迫切。在生活照顾方面，老年人的生活照顾需求相对较少。现实生活中，子女对老人的日常生活照顾虽然比较少，但绝大多数老年人都处在有人照顾的状态。但是值得注意的是，对农村老年人的精神慰藉明显缺位。在养老支出中，农村老年人主要用于满足精神需求的支出的比例几乎为零；在农村青壮年大多外出务工的背景下，家庭对老年人的精神慰藉作用日趋淡化，随着经济需求得到相对满足，精神需求可能会进一步凸显出来。从这次"千人百村"调查中还可以看到，无论是从总体上，还是从学历和收入等级上来看，农村老年人对经济支持的需求都最大，对日常生活照顾的需求还不太明显，精神慰藉方面的需求根本无从谈起；但在未来经济上相对富足后，农村老年人对精神慰藉的需求可能会不断上升。正如《战国策》所言："孝子之于亲也，爱之以心，事之以财"。爱之以心放在事之以财前面，说明古代中国人对老年人的关爱极为重视。当前，传统的"子孙满堂"观念在农村地区依然根深蒂固，社会化养老难以保证老年人所需要的精神慰藉与天伦之乐。如前所述，农村养老保险制度可能会解决其养老过程中的经济赡养问题，但对于精神养老问题，社会保障制度却无能为力，只能通过家庭来进行解决。

三、完善农村养老保障体系

（一）进一步完善农村养老保障体系的基本原则

以农村经济发展为根本保障。经济基础决定上层建筑。本次"千人百村"调查的数据分析结果表明，农民的自我养老能力相比此前有很大的提升；经济实力强、收入水平和学历水平较高的农村老年人所需要的经济支持较少，对养老院等持开放态度，给社会带来的养老压力也相应较小。因此，只有最大限度地做大做强农村经济，才能实现农村老年人的老有所养、老有所依。为此，完善农村养老体系的首要原则就是全力发展农村经济，努力提高农民收入。农民富裕了，才够使农村养老保障体系发展的基础得到夯实，保险支付标准得到提高，强化农民的自我养老能力，保障老年人的基本生活水平。

以农民养老的现实需求为立足点。在老龄化和高龄化的人口背景下，农村养老压力逐步加大。受不同经济条件、社会地位和个人特征的影响，农民的养老需求表现出很强的差异性。从这次"千人百村"调查来看，对农村老年人的养老需求的供给仍然处于一个较低的水平，老年人对经济支持和生活照顾等较低层次的需求远远高出对精神慰藉的需求，但从长远来讲，农村老年人的精神养老缺位现象将会日益突出。而且不同学历、不同收入等级的农村老年人的养老需求都有所区别。因此，在完善农村养老体系的过程中，要以农民养老的现实需求为立足点，因地、因人、因时制宜，确立未来农村养老体系完善的重点领域，着力解决农村老年人在养老过程中最迫切、最直接的现实问题，在保障其较低层次养老需求的基础上，不断提高较高层次的养老需求。

以农民的养老意愿为突破口。养老意愿体现着农民群众对于未来养老的态度与期待。从这次"千人百村"调查来看，不同特征的人群在养老关注度、社会化养老、最担心的养老内容等方面都呈现出不同程度的差异。农村养模式的构建应以农民的养老意愿为突破口，充分尊重农民群众对于养老的期待，将养老意愿的差异与养老模式的构建有效结合起来。这给农村养老模式的构建指出了新的方向，在养老模式构建过程中不能采取统一的模式在不同地域上复制，而应该充分结合地域差异和农民的养老意愿构建出适合不同人群结构的养老模式。

以复合型养老体系为发展愿景。这次"千人百村"调查的数据分析结果表明，新农保的推行让农民群众看到了政府在养老中的责任，对政府的依赖度明显增加，但仅仅依靠养老金，农村老年人的基本生活都将难以维持，受传统文化和现实国力的限制，未来相当长的时间内农村养老保险都不会成为农村养老的主角。基于此，未来的农村养老体系应以家庭为基础，多种供给主体相互协调，共同来满足农村老年人的养老需求，为此必须构建多元化、复合型的养老模式。为此，学者已有很多论述，如周跃锋等人认为应建立"土地保障＋家庭养老＋社区服务"三位一体的综合型养老模式①；杨复兴提倡我国农村应建立以家庭养老为主体，辅以农民个人养老账户制度的内源生长、纵向扩展的养老保险体系②；此外，穆光宗提出的"3＋2"养老工程③、卢海元的"实物换保障"观点等④，都表达了在农村地区构建复合养老体系的愿景，区别只是在于不同地区、不同特征的农村老年人在养老的内在结构上会有所侧重，这要根据具体情况具体进行区分。

（二）以农民的养老观为基础完善农村养老模式

养老模式是一个包含"谁是养老需求的供给主体""选择怎样的养老方式"以及"在哪养老"的综合性概念，即老年人如何度过其老年生活。结合这次"千人百村"调查的数据分析结果，可以认为未来的农村养老模式建设的着力点应当是家庭养老和居家养老，而其他养老模式只能是辅助和补充。

在文化建设和社会建设中大力支持家庭养老。正如1982年维也纳老龄问

① 周跃锋，刘敏. 对我国农村养老模式的探讨. 改革与战略，2010 (3).
② 杨复兴. 论新型农村养老保障模式的基本架构. 经济问题探索，2005 (3).
③ 参见：穆光宗，3＋2养老工程：中国特色的综合养老之路. 经济日报，1998-09-14；穆光宗. 中国传统养老方式的变革与展望. 中国人民大学学报，2000 (5).
④ 卢海元. 实物换保障：农村社会养老保险制度的创新之路. 湖湘论坛. 2003 (1).

题国际行动计划所强调的："家庭，不论其形式或组织方式如何，被公认为是社会的一个基本单位。"① 在中国，情形尤其如此。在可预见的相当长的历史时期内，家庭养老仍是农村主要的养老方式，对于不愿意脱离熟悉环境且子女有经济能力、闲暇时间、照顾精力和照顾意愿的农村老年人而言，这种养老模式是最佳选择。当下绝大多数农村家庭还是家庭养老，但家庭养老的功能在弱化，因此农村家庭养老功能急需大大加强。具体而言，一方面，在文化建设中大力弘扬中华民族"孝文化"传统美德，培育农村良好的社会风气，培养人们敬老爱老的道德风尚。具体可以考虑把家庭养老纳入乡规民约，约束不孝行为。另一方面，要在社会建设中逐步减轻农村家庭养老的负担。可以考虑采取的措施有：建立利益诱导和激励机制，强化子女提供养老服务的功能；建立农村家庭赡养协议书和敬老保证书制度；乡（镇）、村通过行政手段，采取强制性措施，对不赡养老人的子女征收养老费；对虐待老人触犯刑律的子女，由司法部门从重追究法律责任。

引入社会力量逐步完善居家养老。由于农村地区青壮年与老年人长年分居的趋势在短期内不会改变，甚至还有进一步加剧的可能，因此在家庭养老之外，可以考虑发挥居家养老的补充作用。居家养老是指老年人居住在家中，由社会来提供养老服务的养老方式，该模式适合子女无暇照顾，有一定自理能力且不愿意离开原有熟悉环境的农村老年人，居家养老使老年人既能继续留在熟悉的环境中，又能得到适当的生活和精神照顾。在农村地区，居家养老服务的提供主体是依托社区而建立的社会化的养老服务体系，包括基本生活照料、休闲娱乐设施支持等。因此，中央和地方政府在未来的社会主义新农村建设中，可以考虑将支持发展居家养老服务作为重心之一，通过政财税收金融手段鼓励居家养老服务机构的成立，鼓励老年公寓、托老所等与居家养老相衔接的养老机构的发展，逐步做实农村养老志愿者队伍，鼓励非政府组织参与居家养老管理并提供相关服务，完善居家养老服务体系，为广大老年人群体创造并提供良好的生活状态。

以其他养老模式对家庭养老和居家养老加以补充。具体包括：一是社区

---

① 谢联辉，宋玉华. 全球行动：迎接人口老龄化（联合国老龄话题文件总汇）. 北京：华龄出版社，1998：33.

养老，如社区可以组织老年人组成"老年人互助组"或"老年人家庭公寓"等各种互助性组织，使老年人在经济上可相互接济，在生活上可相互照顾，在精神上可相互抚慰。二是互助养老，如老年人结伴而居的拼家养老、社区内成员相互照顾的社区互助养老等。三是有侧重地发展机构养老。从"千人百村"调查结果来看，机构养老不会成为中国农村地区养老的主要模式，但可以起辅助作用，值得注意的是，在不同类型的农村老年人入住机构养老后，应进一步实行分级管理，如区分为自理型、半自理型和完全不能自理型三种老年人，不同的老年人入住养老院、护理院、临终关怀机构等不同类型的养老机构，为不同学历、不同收入水平和不同需求的农村老年人提供不同类型的养老服务内容。

（三）以农民的养老需求为基础确立农村养老的重点发展领域

不同的农民有不同的养老需求，但从"千人百村"调查的数据分析结果来看，农民的养老需求总体上有规律可循，即相对于日常生活照顾而言，经济支持更迫切，精神慰藉最缺位。因此，在未来相当长的时期内，政府和社会各界的努力目标应当是：加快步伐满足农村老年人最基本的经济养老需求，同时不断提高养老需求层次，实现养老模式由生存性养老向精神性养老的跨越。

当前最迫切的事情是通过多种渠道增强对农村老年人的经济支持力度。可以考虑的对策有：一是以土地换保障，增强土地养老功能。通过土地流转，将土地耕作交给其他主体来完成，能够最大限度地实现土地经营规模化，让老年人的收益最大化。二是加强道德教育，恪守养老义务，确保子女经济扶持力度。其中，除了常规的行动主体外，村委会应发挥更大的引导和规范作用，采取更有力的措施，保证农村中年轻一代恪守经济养老的义务。

未来一段时期最需要进行规划的是通过多种主体介入，逐步填补农村老年人的精神慰藉空白。[①] 可以考虑的对策有：一是弘扬传统孝道文化。如深入推广普及文化宣传与道德建设活动，大力倡导敬老养老之风，积极开展表彰敬老养老典型，号召村民主动参与到评选"文明家庭"等活动中，树立尊

---

① 王媛. 农村养老：需求意愿与模式构建：以鄂西北易村为个案. 武汉：华中师范大学，2012.

老敬老的典型模范。二是开展文娱活动，丰富精神文化生活。一方面，基层
政府要引导开展文化下乡活动，组织文艺力量分批分期赴农村开展文艺演出
活动。另一方面，鼓励老年人艺术团队深入老年人群体，提高自我的精神慰
藉供给能力。基层政府和村级自治组织要积极谋划，搭桥引入诸如腰鼓队、
秧歌队等老年人自发组织的表演。同时在本地区也积极成立相应的老年人文
化娱乐团体。三是完善日常感情交流组织，营造和谐养老氛围。这方面的措
施主要有利用老年人协会这一平台，组织农村老年人开展邻里互帮互助等活
动；定期开展打牌、下棋等活动，增强老年人的团体认同感；完善村庄养老
硬件设施，向老年人开放村级老年人活动中心、图书室，以满足部分老年人
对于文化知识的需求。

（四）发展其他农村养老保障，让农村养老保障真正成为一个"体系"

目前，农村养老保障制度建设的重心在养老保险，这与城市地区老年人
的以社会保险、社会救助、社会福利为主体，以基本养老、基本医疗、低保
制度为重点，以慈善事业、商业保险为补充的多层次社会养老保障制度框架
有明显的区别。

为此，未来需要在其他农村养老保障制度建设方面进行着力。一是完善
农村基本医疗保障制度。着力的重心是逐步提高统筹层次、筹资水平和保障
水平，减轻老年人的医疗费用负担，积极探索研究建立失能老年人的长期照
料和护理保险制度。二是完善老年社会救助制度。着力的重心是在将符合条
件的贫困老年人全部纳入最低生活保障范围的基础上，做到分类施保，制定
低保与养老保险之间的衔接办法，完善农村医疗救助制度。三是建立健全老
年社会福利制度。要积极探索在农村地区发展适度普惠型的老年社会福利事
业，推行政府为特殊老年困难群体购买服务，积极为老年人提供各种形式的
照顾和优先、优待服务，逐步让全国所有地区向高龄老人、困难老人发放高
龄养老津贴和养老服务补贴，保障老年人更好地安享晚年，共享改革发展成果。

四、小结

随着人口老龄化和农村城镇化进程的不断推进，未来我国农村养老的压

力将会空前巨大。在未来相当长的时期内，我国农村地区的养老需求都会保持高位运行并持续快速增加。一方面，农村老龄化程度较深，老年人的比例已经非常之高。另一方面，农村老年人的养老需求比城镇强烈，但应对能力却低于城镇。

为应对农村老龄化问题，加强建设和不断完善农村养老保障体系显得格外重要。在建设和完善农村养老保障体系方面，需要坚持以农村经济发展为根本保障，以农民养老的现实需求为立足点，以农民的养老意愿为突破口，以复合型养老体系为发展愿景等基本原则。以农民的养老观为基础完善农村养老模式，以农民的养老需求为基础确立农村养老的重点发展领域，在发展农村养老保险的同时，不断创造条件把养老保障体系的其他内容都逐步发展起来，使农村养老保障真正成为一个"制度体系"。

第九章 农村社会的纠纷现状

纠纷普遍存在于任何一个社会之中，当然，在不同的社会形态和文化脉络中，纠纷的呈现形式及其解决方式是存在差异的。具体到中国农村社会，由于受传统的纠纷解决文化、法制建设状况以及现代性因素的综合影响，农村地区纠纷的类型、产生原因、特征、演变过程和解决方式越加复杂，需要给予关注。

鉴于此，本章基于 2012 年"千人百村"调查，并结合以往的相关经验材料，对中国农村地区的纠纷现状进行了比较全面的描述，以期勾勒出转型期中国农村社会的纠纷图景。

一、中国农村社会的纠纷形态演变

明初《教民榜文》对乡里组织受理范围内的民间纠纷所做的分类是："户婚、田土、斗殴、争占、失火、盗窃、买卖、骂詈、钱债、赌博、擅食田园瓜果等、私宰耕牛、弃毁器物稼穑等、畜产咬杀人、卑幼私擅用财、亵渎神明、子孙违犯教令、师巫邪术、六畜践食禾稼、均分水利。"① 清代法律将这些纠纷大体概括为"户婚田土细故"，主要包括"婚姻、家庭、赡养、抚养、继承、债务、房屋、田地、宅基地、山林、墓葬以及斗殴、伤害、损害赔偿等方面……清代乡土社会常见的纠纷和诉讼类型恰好反映了大陆法系民法中的'物权编''债编''亲属编'和'继承编'所调整的范围"②。

---

① 刘海年，杨一凡. 中国珍稀法律典籍集成：乙编 第一册. 北京：科学出版社，1994：636.
② 春杨. 晚清乡土社会民事纠纷调解制度研究. 北京：北京大学出版社，2009：9.

对于新中国成立之后的民事纠纷，高见泽磨将其形态分为"户婚"（如婚姻、家庭、继承等纠纷）、"田土"（如土地、房屋的纠纷）与"钱债"（如债务、经济等的纠纷）三大类。^① 其中户婚类纠纷主要有这几项：干涉恋爱、干涉婚姻自由所引发的纠纷，即当家长做主订立的婚姻关系不符合男女双方本人的意愿时，纠纷产生，甚至引发械斗、自杀；围绕恋爱、订婚、结婚的财物发生的纠纷；家庭关系不和，媳妇与婆家的人产生的纠纷；离婚纠纷；继承、抚养（赡养老人、抚养子女、抚养配偶）、分家所引起的纠纷。田土类纠纷则主要涉及的是不动产，如土地、房屋。土地是农村居民重要的经济来源和生计保障，人多地少的状况使中国农村土地纠纷极为频繁。在中国农村，围绕土地、山林、水利、坟地所产生的纠纷往往会引发村庄之间、宗族之间的激烈冲突。随着经济体制改革，钱债类纠纷在中国农村地区日益增多，尤其是土地承包合同纠纷极为多见，如拒交土地承包费、单方面变更或解除承包合同等。到 20 世纪80 年代，农村债务纠纷的主体已经不限于个人，农村企业或者作为企业的农村居民成为纠纷主体中的重要一方，如乡镇企业、个体工商户、农村专业户，而且纠纷涉及的债务额也越来越高。与此相伴而生的是，农村的金融纠纷作为一种新类型受到关注。另外，民间借贷、担保、交通事故及医疗事故等损害赔偿纠纷也占到了一定的比例。总体上，与债务纠纷相比，有关婚姻、家庭、继承的户婚类纠纷和有关土地、房屋的田土类纠纷比较容易激化成械斗、自杀等流血暴力事件，并且往往牵涉到家族、宗族的血缘联合。^②

当然，上述对中国农村纠纷形态的探讨更多是在法律史的脉络中进行的。近些年来，社会学、人类学对中国农村地区的纠纷研究为我们提供了不一样的视角。例如，郭星华等基于 2002 年中国人民大学社会学系在全国 6 个县30 个村的入户问卷调查，研究了中国农村社会的纠纷状况。调查数据显示，55.1％的中国农村家庭遇到了"不满"事件，排在前五位的不满事件类型是人身伤害索赔、财产受损索赔、婚姻纠纷、邻里纠纷、对他人伤害；在所有的"不满"事件中，65.7％进入了权利要求阶段，演变成了冲突；在所有进

---

① 高见泽磨. 现代中国的纠纷与法. 何勤华，等译. 北京：法律出版社，2003：109.
② 同①.

入冲突阶段的事件中，27.5％出现了"请人帮忙或者找有关部门解决问题"，冲突转变为了真正意义上的纠纷。^① 该研究考虑到纠纷的产生过程通常包含了三个阶段，即不满或前冲突阶段（单向）、冲突阶段（双向的）以及纠纷阶段（三方的）。^② "在前冲突阶段，一个个体或者一个组织感受到自己受到不公正对待并且思考这种怨恨或者抱怨的根源……如果在前冲突或者不满阶段，这一状况没有得到化解，冲突阶段将出现。在冲突阶段，受伤害者将对抗冒犯者，并且表达自己的愤恨感和不公正感。在纠纷阶段，冲突被公开，第三方开始参与进来。"^③

董磊明通过对宋村（位于河南省中部地区）20 年来发生的纠纷的研究，为我们理解转型期中国农村地区的纠纷提供了一个样本。在宋村，1985 年至1995 年是纠纷发生最多的时期。"1985 年后，因为经济合作引起的纠纷明显增多。分田到户以后，宋村普遍出现了两三户人家合买大型牲畜、手扶拖拉机的情况，但是经过几年的合作，彼此之间产生了不满，于是纠纷就纷纷出现了，到 90 年代中后期，这些合作基本都解体，在分割财产时很容易发生纠纷……到了 1995 年之后，很多村民开始建造新房，圈地建院墙，房屋的高低、朝向、侵占集体道路等问题都很可能成为纠纷的引爆点……从 90 年代末至今的十多年间，宋村的纠纷逐渐减少了……1992—1997 年的 6 年间，村委调解纠纷共 72起……而 2001—2006 年的 6 年间，村委调解的纠纷只有 20 起。"^④ 另外，在经村委会调解的家庭内纠纷中，发生在父子、公婆儿媳、娘家婆家之间的代际纠纷占到了 49％，远高于夫妻之间的纠纷（18％）、兄弟之间的纠纷（21％）和其他亲属之间的纠纷（18％）。就纠纷的直接诱因而言，37％的家庭成员之间的纠纷是由生活琐事引起的，16％是由婚姻矛盾引起的，16％与赡养有关，13％涉及财产问题，9％属于宅基地问题。与此相比，家庭间纠纷的诱因主要是宅基地问题（26％），其次是财产经济问题（18％）。^⑤

---

① 郭星华，王平. 中国农村的纠纷与解决途径：关于中国农村法律意识与法律行为的实证研究. 江苏社会科学，2004（2）.

② Laura N, Todd H. The disputing process: law in ten societies. New York: Columbia University Press, 1978: 1-40.

③ 瓦戈. 法律与社会：第 9 版. 梁坤，邢朝国，译. 北京：中国人民大学出版社，2011：203-204.

④ 董磊明. 宋村的调解：巨变时代的权威与秩序. 北京：法律出版社，2008：99.

⑤ 同④102-115.

通过以上文献资料，我们对近代以来中国农村社会的纠纷形态有了一个历史纵向的了解。与这些研究相比，本章使用 2012 年"千人百村"调查数据开展分析工作，以期对中国农村社会的纠纷状况提供一个总体性的横向描述。

二、中国农村社会的纠纷状况

（一）以村庄为分析单位

由图 9-1 的数据可知，在过去一年里，被调查村中用水方面纠纷的总数量达到了 361 件，是所有纠纷类型中发生次数最多的，其次是土地方面纠纷（324 件），再其次是邻里纠纷（296 件）和婚姻家庭纠纷（247 件），这四类纠纷的数量明显高于其他类型的纠纷。人身伤害纠纷和医疗纠纷的总数分别为 146 件和 121 件，数量上明显低于前面四类纠纷，但也明显高于其他类型的纠纷，在所有类型的纠纷中处于中间位置。相对而言，发生次数较少的纠纷类型依次为财产纠纷（61 件）、债权债务纠纷（49 件）、计划生育纠纷（38 件）、干群纠纷（23 件）和环境纠纷（10 件）。

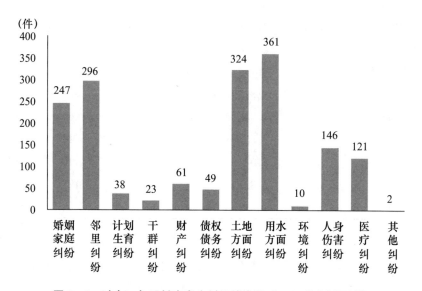

图 9-1　过去一年里村庄发生纠纷的次数（2012 "千人百村"）

如表 9-1 所示，在纠纷发生的平均数上，排在前四位的是用水方面纠纷（平均发生次数为 5.55 次，同样是所有纠纷类型中发生次数最多的）、土地方面纠纷（4.76 次）、邻里纠纷（3.95 次）和婚姻家庭纠纷（3.48 次），这四类纠纷的平均发生次数同样明显高于其他类型的纠纷。

如表 9-1 所示，就单个村庄来说，用水纠纷在单个村庄的发生次数最多达到了 150 次，土地方面纠纷在单个村庄的发生次数最多达到了 90 次，邻里纠纷和婚姻家庭纠纷在单个村庄的发生次数最多也达到了 50 次。当然，标准差显示，这四类纠纷的发生次数在不同村庄之间存在较大的差异，相较而言，财产纠纷、债权债务纠纷、计划生育纠纷、干群纠纷以及环境纠纷的发生次数在村庄间的分布并没有特别大的差异。这提醒我们，用水方面纠纷发生的总数和平均数如此之高，很可能是由于个别村庄用水方面纠纷高发，并不一定能反映出村庄用水方面纠纷的普遍状况。对此，我们将在以农村居民为单位的纠纷分析中进行验证。

表 9-1　过去一年里村庄发生纠纷的次数（2012"千人百村"）　　　单位：件

纠纷类型	平均值	标准差	最大值	最小值	合计	有效样本
婚姻家庭纠纷	3.48	8.789	50	0	247	71
邻里纠纷	3.95	8.702	50	0	296	75
计划生育纠纷	0.6	2.044	15	0	38	63
干群纠纷	0.37	1.097	6	0	23	63
财产纠纷	0.98	2.956	15	0	61	62
债权债务纠纷	0.79	2.490	15	0	49	62
土地方面纠纷	4.76	13.835	90	0	324	68
用水方面纠纷	5.55	21.348	150	0	361	65
环境纠纷	0.16	0.553	3	0	10	61
人身伤害纠纷	2.28	8.922	50	0	146	64
医疗纠纷	1.92	8.827	50	0	121	63
其他纠纷	0.08	0.400	2	0	2	25

综上所述，在村庄层次上，无论是从纠纷的绝对总数来看，还是从纠纷的平均数量来看，中国农村地区不同类型纠纷的发生频次从高到低依次为用水方面纠纷、土地方面纠纷、邻里纠纷、婚姻家庭纠纷、人身伤害纠纷、医疗纠纷、财产纠纷、债权债务纠纷、计划生育纠纷、干群纠纷和环境纠纷。

　　另外，根据纠纷的发生状况，这些纠纷大体上可以分成"常发型纠纷"（土地方面纠纷、邻里纠纷、婚姻家庭纠纷）和"偶发型纠纷"（人身伤害纠纷、医疗纠纷、财产纠纷、债权债务纠纷、计划生育纠纷、干群纠纷和环境纠纷）。根据以往关于中国农村纠纷的媒体报道以及学术研究的结果，土地方面纠纷、邻里纠纷、婚姻纠纷一直是农村社会中最为常见的纠纷类型，这一状况在本次调查中再次得到证实，但相比之下，财产纠纷、计划生育纠纷、干群纠纷这三类过去发生频次较高的纠纷已转变成"偶发型纠纷"，已不像以往那样多见。此外，值得注意的是，医疗纠纷、环境纠纷这类新型纠纷已经出现在当前的中国农村社会，需要给予关注。

（二）以农村居民为分析单位

1. 纠纷发生状况的一般描述

　　根据图9-2的数据，我们可以看到，在过去2年内，被访者或其家人经历过的最多的纠纷类型是婚姻家庭纠纷（348件），其次是邻里纠纷（338件）和土地方面纠纷（151件），经历过这三类纠纷的被访者或其家人的数量是最多的。被访者及其家人经历过的其他类型纠纷的数量分别为：干群纠纷（122件）、计划生育纠纷（60件）、医疗纠纷（56件）、财产纠纷（52件）、债权债务纠纷（44件）、用水方面纠纷（37件）、人身伤害纠纷（37件）和环境纠纷（26件）。

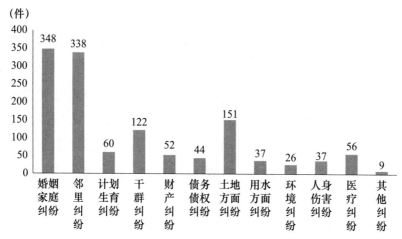

图9-2　被访者或其家人在过去2年内经历过各类纠纷数量的比例（2012"千人百村"）

图 9-3 和表 9-2 进一步说明了农村居民在过去 2 年内经历过的纠纷情况。其中图 9-3 显示了被访者或其家人在过去 2 年内经历过的各类纠纷数量在纠纷总数中所占的比例。根据该图我们可以看到,婚姻家庭纠纷(27%)和邻里纠纷(26%)的比例远高于其他种类的纠纷,土地方面纠纷(12%)和干群纠纷(10%)所占的比例处于中间位置,余下的纠纷所占的比例大体上处于相同层次,如计划生育纠纷5%、医疗纠纷4%、财产纠纷4%、债权债务纠纷3%、用水方面纠纷3%、人身伤害纠纷3%、环境纠纷2%。

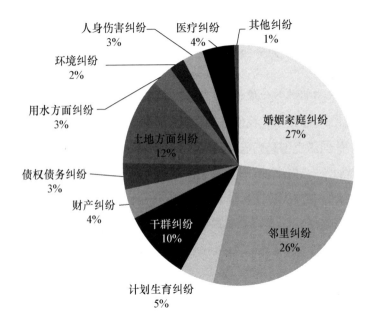

图 9-3　被访者或其家人在过去 2 年内经历过的各类纠纷数量在纠纷总数中所占的比例(2012 "千人百村")

表 9-2 的数据显示,平均每个被访者或其家人经历过 2.42 件婚姻家庭纠纷,2.14 件邻里纠纷,经历过的纠纷平均超过 1 件的类型是干群纠纷(1.67件)、土地方面纠纷(1.41件)、医疗纠纷(1.27件)、计划生育纠纷(1.11件)、财产纠纷(1.06件)和债权债务纠纷(1.02件),经历过的纠纷平均不到 1 件的类型是人身伤害纠纷(0.90件)、用水方面纠纷(0.86件)和环境纠纷(0.74件)。

表 9 - 2　被访者或其家人在过去 2 年内经历过的纠纷数量

(2012 "千人百村")

单位：件

纠纷类型	平均值	标准差	最大值	最小值	合计	有效样本
婚姻家庭纠纷	2.42	3.385	20	0	348	144
邻里纠纷	2.14	4.183	50	0	338	158
计划生育纠纷	1.11	1.930	10	0	60	54
干群纠纷	1.67	3.575	30	0	122	73
财产纠纷	1.06	1.144	5	0	52	49
债权债务纠纷	1.02	1.300	5	0	44	43
土地方面纠纷	1.41	2.028	20	0	151	107
用水方面纠纷	0.86	1.060	5	0	37	43
环境纠纷	0.74	1.094	4	0	26	35
人身伤害纠纷	0.90	1.319	6	0	37	41
医疗纠纷	1.27	1.648	7	0	56	44
其他纠纷	0.90	0.876	2	0	9	10

与以村庄为分析单位的数据相比，婚姻家庭纠纷、邻里纠纷和土地方面纠纷在村民经历过的纠纷中仍然是排在前几位的纠纷类型，相比之下，用水方面纠纷的比重有明显的下降，从排名第一的 361 件下降到第九位的 37 件，这在一定程度上说明村庄层面的用水方面纠纷高发很可能是因为单个村庄产生了极端数值，并不能反映村庄的普遍情况。另外，干群纠纷和计划生育纠纷的发生总数和平均值在以村民为分析单位的数据中都有较大幅度的上升，从之前的第十位和第九位上升到第四位与第五位。导致这种差异的一个可能的原因是，村庄问卷的被访者是村干部（27.6％是村委会主任，30.1％是书记，42.3％是村委会其他干部或工作人员），他们在填答问卷时可能会少报干群纠纷和计划生育纠纷，使这两类纠纷的数量低于真实状况。

结合以村庄为分析单位的数据和以农村居民为分析单位的数据，我们可以得出这样的结论，在中国农村地区，婚姻家庭纠纷、邻里纠纷和土地方面纠纷是最为常见的纠纷形态，属于"常发型纠纷"，这一状况与以往中国农村社会并无多少差异；计划生育纠纷和干群纠纷已不像 20 世纪 80 年代和 90 年代那样突出；财产纠纷、债权债务纠纷和人身伤害纠纷仍然是农村社会中比较常见的纠纷形态；医疗纠纷和环境纠纷作为新型的纠纷形态出现，尤其是医疗纠纷发生的比例不容小视。

2. 纠纷发生状况的交互分析

(1) 婚姻家庭纠纷。

A. 性别变量。

根据表 9-3 的数据，在男性被访者中，经历过婚姻家庭纠纷的比例为
5.0%，没有经历过婚姻家庭纠纷的比例为 95%。相比之下，女性被访者经
历过家庭纠纷的比例为 7.0%，这一比例要比男性被访者的比例高两个百分
点，并且二者之间的差异在统计意义上显著。这也就是说，女性经历婚姻家
庭纠纷的比例高于男性。

表 9-3　不同性别经历婚姻家庭纠纷的情况
(2012 "千人百村")

		是否经历过		总计
		经历过	没有经历过	
男性	频数	66	1 255	1 321
	在性别中的百分比	5.0%	95.0%	100.0%
	在经历情况中的百分比	44.9%	53.8%	53.3%
女性	频数	81	1 076	1 157
	在性别中的百分比	7.0%	93.0%	100.0%
	在经历情况中的百分比	55.1%	46.2%	46.7%
总计	频数	147	2 331	2 478
	在性别中的百分比	5.9%	94.1%	100.0%
	在经历情况中的百分比	100.0%	100.0%	100.0%

注：$R^2 = 4.442$，$p = 0.035 < 0.05$。

B. 年龄变量。

从年龄上来看，"90 后"被访者经历过婚姻家庭纠纷的比例相对最高
(7.0%)，之后依次是"50 后"(6.8%)、"70 后"(6.7%)、"80 后"(6.2%)
和"60 后"(5.6%)，1949 年及之前出生的被访者经历过婚姻家庭纠纷的比
例是最低的 (3.4%)。尽管不同年龄组经历过婚姻家庭纠纷的比例存在一些
差异，但该差异在统计意义上并不显著。换言之，不同年龄组在经历婚姻家
庭纠纷的比例上没有明显差异（见表 9-4）。

表 9-4　不同年龄组经历婚姻家庭纠纷的情况
（2012 "千人百村"）

| | | 是否经历过 | | 总计 |
		经历过	没有经历过	
1949 年及以前出生	频数	14	395	409
	在年龄中的百分比	3.4％	96.6％	100.0％
	在经历情况中的百分比	9.7％	17.0％	16.5％
1950—1959 年出生	频数	34	466	500
	在年龄中的百分比	6.8％	93.2％	100.0％
	在经历情况中的百分比	23.4％	20.0％	20.2％
1960—1969 年出生	频数	34	572	606
	在年龄中的百分比	5.6％	94.4％	100.0％
	在经历情况中的百分比	23.4％	24.6％	24.5％
1970—1979 年出生	频数	30	415	445
	在年龄中的百分比	6.7％	93.3％	100.0％
	在经历情况中的百分比	20.7％	17.8％	18.0％
1980—1989 年出生	频数	22	333	355
	在年龄中的百分比	6.2％	93.8％	100.0％
	在经历情况中的百分比	15.2％	14.3％	6.4％
1990 年及以后出生	频数	11	146	157
	在年龄中的百分比	7.0％	93.0％	100.0％
	在经历情况中的百分比	7.6％	6.3％	14.4％
总计	频数	145	2 327	2 472
	在年龄中的百分比	5.9％	94.1％	100.0％
	在经历情况中的百分比	100.0％	100.0％	100.0％

注：$R^2 = 6.341$，$p = 0.274 > 0.05$。

C. 婚姻变量。

就婚姻状况而言，未婚的被访者经历过婚姻家庭纠纷的比例相对是最低的（4.5％），已婚（有配偶）的被访者经历过婚姻家庭纠纷的比例提高到6.1％，已婚但婚姻出现状况（离婚、丧偶）的被访者经历过婚姻家庭纠纷的比例相对是最高的（7.2％），但这三者之间的差别在统计意义上并不显著（见表 9-5）。

表9-5　不同婚姻状况经历婚姻家庭纠纷的情况（2012"千人百村"）

| | | 是否经历过 | | 总计 |
		经历过	没有经历过	
未婚	频数	11	233	244
	在婚姻状况中的百分比	4.5%	95.5%	100.0%
	在经历情况中的百分比	7.6%	10.3%	10.2%
已婚（有配偶）	频数	124	1 893	2 017
	在婚姻状况中的百分比	6.1%	93.9%	100.0%
	在经历情况中的百分比	85.5%	84.0%	84.1%
已婚但出现状况（离婚、丧偶）	频数	10	128	138
	在婚姻状况中的百分比	7.2%	92.8%	100.0%
	在经历情况中的百分比	6.9%	5.7%	5.7%
总计	频数	145	2 254	2 399
	在婚姻状况中的百分比	6.0%	94.0%	100.0%
	在经历情况中的百分比	100.0%	100.0%	100.0%

注：$R^2 = 1.403$，$p = 0.496 > 0.05$。

D. 政治面貌变量。

统计结果显示，政治面貌为共产党员的被访者经历过婚姻家庭纠纷的比例为6.0%，政治面貌为群众的被访者经历过婚姻家庭纠纷的比例为6.1%，二者之间几乎没有差异。

E. 宗教信仰变量。

对于有宗教信仰的被访者，其家庭经历过婚姻家庭纠纷的比例为5.0%，略低于没有宗教信仰的被访者家庭，后者的比例为6.1%，二者之间没有多少差异。

F. 收入变量。

问卷询问了被访者"2009年全年家庭总收入"，此处以此作为收入变量并对其进行分组，然后与是否经历过婚姻家庭纠纷进行交互分析。结果显示，2009年年收入在1万元及以下的家庭有7.0%在过去的两年里经历过婚姻家庭纠纷，年收入在1万至2万（含2万）的家庭有5.9%经历过婚姻家庭纠纷，年收入在2万至5万（含5万）的家庭有5.5%经历过婚姻家庭纠纷，年收入在5万以上的家庭有5.3%经历过婚姻家庭纠纷。按照这一结果，我们可以初步看出，随着年收入的增长，家庭经历婚姻家庭纠纷的比例是呈微弱的下降趋势的，但是不同收入层次之间的这一差异在统计意义上不显著。

G. 子女数量。

子女的数量和结构会对婚姻家庭纠纷产生什么样的影响呢？表 9-6 显示了家庭中儿子的数量与婚姻家庭纠纷发生状况之间的交互关系。结果显示，随着儿子数量增加，家庭经历婚姻家庭纠纷的比例在逐步提高，从没有儿子的 3.2% 到有 1 个儿子的 6.1%，再到有 2 个及 2 个以上儿子的 7.8%。但总体上，这样的差异在统计意义上不显著。

表 9-6 儿子数量与经历婚姻家庭纠纷的情况（2012"千人百村"）

		是否经历过		总计
		经历过	没有经历过	
没有儿子	频数	3	91	94
	在儿子数量中的百分比	3.2%	96.8%	100.0%
	在经历情况中的百分比	2.4%	4.9%	4.8%
有 1 个儿子	频数	90	1 388	1 478
	在儿子数量中的百分比	6.1%	93.9%	100.0%
	在经历情况中的百分比	72.6%	75.1%	74.9%
有 2 个及以上的儿子	频数	31	369	400
	在儿子数量中的百分比	7.8%	92.2%	100.0%
	在经历情况中的百分比	25.0%	20.0%	20.3%
总计	频数	124	1 848	1 972
	在儿子数量中的百分比	6.3%	93.7%	100.0%
	在经历情况中的百分比	100.0%	100.0%	100.0%

注：$R^2 = 3.079$，$p = 0.214 > 0.05$。

表 9-7 显示了女儿数量与婚姻家庭纠纷发生状况之间的交互关系。其中没有女儿的家庭发生婚姻家庭纠纷的比例是最高的，达到了 8.7%，有 1 个女儿的家庭发生婚姻家庭纠纷的比例为 6.2%，有 2 个及 2 个以上女儿的家庭发生婚姻家庭纠纷的比例相对最低，为 5.0%。总体上，随着女儿数量的增加，家庭里面发生婚姻家庭纠纷的比例逐渐降低，刚好与儿子数量对婚姻家庭纠纷的影响方向相反。同样，这样的差异不具有统计意义。尽管如此，上述两个发现仍值得做后续探究。

表 9-7　女儿数量与经历婚姻家庭纠纷的情况（2012"千人百村"）

| | | 是否经历过 | | 总计 |
		经历过	没有经历过	
没有女儿	频数	18	189	207
	在女儿数量中的百分比	8.7%	91.3%	100.0%
	在经历情况中的百分比	15.0%	10.6%	10.9%
有1个女儿	频数	89	1 346	1 435
	在女儿数量中的百分比	6.2%	93.8%	100.0%
	在经历情况中的百分比	74.2%	75.4%	75.3%
有2个及以上的女儿	频数	13	249	262
	在女儿数量中的百分比	5.0%	95.0%	100.0%
	在经历情况中的百分比	10.8%	14.0%	13.8%
总计	频数	120	1 784	1 904
	在女儿数量中的百分比	6.3%	93.7%	100.0%
	在经历情况中的百分比	100.0%	100.0%	100.0%

注：$R^2 = 2.830$，$p = 0.243 > 0.05$。

　　如果同时考虑儿子数量和女儿数量，也即在考察子女数量的同时，又考虑子女的性别结构，结果又会怎样呢？数据表明（见表 9-8），在"没有女儿"的家庭类别中，既无女儿也无儿子的家庭中发生过婚姻家庭纠纷的比例为 0.0%，只有 1 个儿子的家庭发生过此类纠纷的比例提高到 5.7%，只有 2 个及以上儿子的家庭发生此类纠纷的比例达到了 15.9%。在"有 1 个女儿"的家庭类别中，只有 1 个女儿没有儿子的家庭发生婚姻家庭纠纷的比例为 3.9%，1 儿 1 女的家庭发生此类纠纷的比例增长到 6.3%，有 1 个女儿和 2 个及以上儿子的家庭发生此类纠纷的比例继续增长（7.0%）。在"有 2 个及以上女儿"的家庭类别中，全是女儿没有儿子的家庭发生此类纠纷的比例为 3.7%，有 1 个儿子的家庭发生此类纠纷的比例有所升高（4.9%），有 2 个及以上儿子的家庭发生此类纠纷的比例已增至 6.1%。由此可知，无论家中有没有女儿以及有几个女儿，随着儿子数量的增加，家庭中发生婚姻家庭纠纷的比例都在逐渐升高，并且在没有女儿的家庭中，儿子数量的变化对婚姻家庭纠纷发生率的影响在统计意义上是显著的。

表9-8　儿子数、女儿数与是否经历过婚姻家庭纠纷（2012"千人百村"）

| | | 是否经历过婚姻家庭纠纷 | | |
		是	否	
没有女儿	0.0个儿子	0.0%（0）	100%（15）	$R^2=7.304$
	1个儿子	5.7%（7）	94.3%（115）	$p=0.026<0.05$
	2个及以上的儿子	15.9%（11）	84.1%（58）	
有1个女儿	0个儿子	3.9%（2）	96.1%（49）	$R^2=0.623$
	1个儿子	6.3%（75）	93.7%（1116）	$p=0.732>0.05$
	2个及以上的儿子	7.0%（12）	93.0%（160）	
有2个及以上的女儿	0个儿子	3.7%（1）	96.3%（26）	$R^2=0.309$
	1个儿子	4.9%（5）	95.1%（97）	$p=0.857>0.05$
	2个及以上的儿子	6.1%（7）	93.9%（108）	

H. 家人及亲属之间的关系变量。

问卷中询问了被访者"在过去的一年里，当您有需要的时候，你的家人和亲属是否做了以下这些事情"，即"倾听个人问题或者个人关心的事情"和"提供经济上的支持"，这两个选项在一定程度上可以反映被访者的家庭关系状况。据此，我们分别将其与婚姻家庭纠纷发生状况进行了交互分析，结果如下表9-9所示。家人或者亲属能够经常倾听被访者个人问题或个人关心的事情的家庭经历过婚姻家庭纠纷的比例为5.5%，家人或亲属有时倾听被访者个人问题或个人关心的事情的家庭经历此类纠纷的比例与前者大体相同（5.4%），而家人或亲属很少以及从不倾听被访者个人问题或个人关心的事情的家庭经历过婚姻家庭纠纷的比例为7.2%，高于前两类。

表9-9　家庭关系状况与婚姻家庭纠纷交互表（2012"千人百村"）

		经历过	没经历过	
倾听个人问题或者个人关心的事情	经常、总是	5.5%（61）	94.5%（1 044）	$R^2=2.551$
	有时	5.4%（37）	94.6%（652）	$p=0.279>0.05$
	很少、从不	7.2%（48）	92.8%（622）	
提供经济上的支持	经常、总是	4.8%（54）	95.2%（1 070）	$R^2=7.611$
	有时	5.8%（37）	94.2%（601）	$p=0.022<0.05$
	很少、从不	7.9%（56）	92.1%（650）	

另外，对于家人或亲属经常给被访者提供经济上支持的家庭，其发生过婚姻家庭纠纷的比例是最低的（4.8%），有时给被访者提供经济上支持的家庭发生过婚姻家庭纠纷的比例有所升高（5.8%），很少以及从不给被访者提供经济上支持的家庭发生过婚姻家庭纠纷的比例是最高的（7.9%）。总体上，随着家庭成员之间经济支持的减少，家庭经历婚姻家庭纠纷的比例逐步上升，并且这样的上升幅度在统计意义上是显著的。这在一定程度上反映了家庭成员之间的互动状况对婚姻家庭纠纷的影响。

I. 主观幸福程度变量。

问卷询问了被访者"总的来说，您认为您的生活是否幸福?"，结果显示（见表9-10），认为自己的生活幸福感程度低的比例为20.4%，认为自己生活幸福感程度一般的比例为43.4%，认为自己的生活幸福感程度高的为36.2%。总体上，大部分被访者的主观幸福感还是比较强的，即认为自己的生活状态是幸福的。在此基础上，我们将被访者的主观幸福感与其家庭经历的婚姻家庭纠纷进行了交互分析。结果显示，幸福感程度越高的被访者，其家庭经历婚姻家庭纠纷的比例越低。例如，对于幸福感程度较低的被访者，其家庭发生过婚姻家庭纠纷的比例为11.5%，明显高于幸福感程度一般的被访者（7.6%）和幸福感程度较高的被访者（4.8%），这一差异在统计意义上极为显著。对此，一种可能的解释是，婚姻家庭纠纷的发生状况对被访者的主观幸福感产生了影响。

表9-10 主观幸福感与婚姻家庭纠纷交互表（2012"千人百村"）

| | | 是否经历过 | | 总计 |
		经历过	没有经历过	
幸福感程度低	频数	27	208	235
	在幸福感程度中的百分比	11.5%	88.5%	100.0%
	在经历情况中的百分比	31.8%	19.5%	20.4%
幸福感程度一般	频数	38	462	500
	在幸福感程度中的百分比	7.6%	92.4%	100.0%
	在经历情况中的百分比	44.7%	43.3%	43.4%
幸福感程度高	频数	20	397	417
	在幸福感程度中的百分比	4.8%	95.2%	100.0%
	在经历情况中的百分比	23.5%	37.2%	36.2%

续表

		是否经历过		总计
		经历过	没有经历过	
总计	频数	85	1 067	1 152
	在幸福感程度中的百分比	7.4%	92.6%	100.0%
	在经历情况中的百分比	100.0%	100.0%	100.0%

注：$R^2 = 9.916$，$p = 0.007 < 0.05$。

（2）邻里纠纷。

A. 政治面貌变量。

调查数据表明，政治身份为共产党员的被访者，其家庭经历过邻里纠纷的比例为5.7%，群众家庭经历过邻里纠纷的比例为6.5%，略高于党员家庭，但二者之间的差异不显著。

B. 宗教信仰变量。

表9-11的数据显示，在那些有宗教信仰的被访者家庭中，9.6%经历过邻里纠纷，这一比例高于没有宗教信仰的被访者家庭所经历的纠纷比例（5.9%），并且二者之间的差异是显著的。

表9-11 宗教信仰状况与邻里纠纷交互表（2012"千人百村"）

		是否经历过		总计
		经历过	没有经历过	
有宗教信仰	频数	39	366	405
	在宗教信仰中的百分比	9.6%	90.4%	100.0%
	在经历情况中的百分比	23.9%	15.7%	16.2%
无宗教信仰	频数	124	1 965	2 089
	在宗教信仰中的百分比	5.9%	94.1%	100.0%
	在经历情况中的百分比	76.1%	84.3%	83.8%
总计	频数	163	2 331	2 494
	在宗教信仰中的百分比	6.5%	93.5%	100.0%
	在经历情况中的百分比	100.0%	100.0%	100.0%

注：$R^2 = 7.577$，$p = 0.006 < 0.05$。

C. 家庭收入水平变量。

在家庭经济状况方面，家庭收入低于当地平均水平的被访者家庭经历过邻里纠纷的比例为7.2%，这一比例高于家庭收入处于当地平均水平以及家庭收入高于当地平均水平的被访者家庭经历过邻里纠纷的比例，后两者的比例分别为 6.3% 和 5.9%。这也就是说，随着家庭收入水平的提高，家庭经历邻里纠纷的比例呈微弱的下降趋势。当然，不同收入水平的家庭经历邻里纠纷的差异在统计上并不显著。

D. 主观幸福感变量。

随着幸福感程度的提高，家庭经历过邻里纠纷的比例逐渐降低（见表 9-12）。其中幸福感程度低的被访者，其家庭经历过邻里纠纷的比例高达 14.6%，大约是幸福感程度为一般的被访者家庭经历过邻里纠纷的比例的 2 倍，是幸福感程度较高的被访者家庭的比例的 5 倍多。这一差异同样是极为显著的。

表 9-12 主观幸福感与邻里纠纷交互表（2012"千人百村"）

| | | 是否经历过 | | 总计 |
		经历过	没有经历过	
幸福感程度低	频数	34	199	233
	在幸福感程度中的百分比	14.6%	85.4%	100.0%
	在经历情况中的百分比	41.0%	18.8%	20.4%
幸福感程度一般	频数	38	461	499
	在幸福感程度中的百分比	7.6%	92.4%	100.0%
	在经历情况中的百分比	45.8%	43.4%	43.6%
幸福感程度高	频数	11	401	412
	在幸福感程度中的百分比	2.7%	97.3%	100.0%
	在经历情况中的百分比	13.3%	37.8%	36.0%
总计	频数	83	1 061	1 144
	在幸福感程度中的百分比	7.3%	92.7%	100.0%
	在经历情况中的百分比	100.0%	100.0%	100.0%

注：$R^2 = 31.610$，$p = 0.000 < 0.05$。

（3）计划生育纠纷。

对于计划生育纠纷，表 9-13 的数据显示，随着子女数量的增加，其家庭经历过计划生育纠纷的比例逐渐增加。就儿子数量而言，家中没有儿子的被访者家庭经历过计划生育纠纷的比例是最低的（1.1%），家中有 1 个儿子的家庭经历过计划生育纠纷的比例提高到 2.1%，有 2 个及以上儿子的家庭的比例是相对最高的（2.3%）。同样，没有女儿的家庭经历过计划生育纠纷的比例（1.5%）略低于有1个女儿的家庭（1.8%），明显低于有2个及以上女儿的家庭（4.2%）。总体上，儿子数量不同的家庭经历过计划生育纠纷的比例在统计上没有显著差异，但女儿数量不同的家庭在经历计划生育纠纷的比例方面存在显著差异。

表9-13 子女数量与计划生育纠纷交互表（2012"千人百村"）

	儿子数量			女儿数量		
	0个	1个	2个及以上	0个	1个	2个及以上
经历过	1.1% (1)	2.1% (30)	2.3% (9)	1.5% (3)	1.8% (26)	4.2% (11)
没经历过	98.9% (92)	97.9% (1 428)	97.7% (387)	98.5% (1 390)	98.2% (1 390)	95.8% (248)
	$R^2=0.537$，$p=0.765>0.05$			$R^2=6.584$，$p=0.037<0.05$		

（4）干群纠纷。

A. 对村委会满意程度变量。

就被访者对村委会的满意程度来说，24.7%的被访者对村委会是非常满意的，33%对村委会比较满意，对村委会较不满意和非常不满意的比例分别为11.3%和6.0%。这表明超过一半的被访者对村委会持满意的态度。尤其值得注意的是，被访者对村委会的满意程度高于他们对乡镇政府和县政府的满意度。问卷让被访者对各级政府在多大程度上关心农民进行打分（100分制），其中村委会的得分是72.96分，高于乡镇政府的70.73分和县政府的71.72分，与市政府的得分（72.97分）接近（见图9-4）。

单位：分

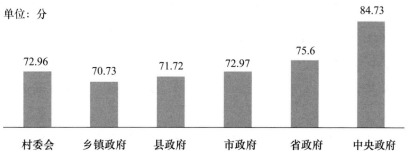

图9-4 村民对各级政府真心实意为农民服务状况的评价（2012"千人百村"）

在了解了被访者对村委会的满意度的基础上,我们将被访者家庭经历干群纠纷的情况与被访者对村委会的满意度进行交互分析,以考察二者之间是否存在关联。表9-14的数据显示,对村委会比较满意和非常满意的被访者,其家庭经历过干群纠纷的比例为1.4%,而对村委会较不满意和非常不满意的被访者,其家庭经历过干群纠纷的比例高达8.2%。据此可以推断,相较于对村委会满意程度较高的被访者,对村委会满意程度较低的被访者家庭经历干群纠纷的可能性更大。这一差异在统计上是显著的。

表9-14　经历干群纠纷的状况与被访者对村委会的满意程度
(2012"千人百村")

		是否经历过		总计
		经历过	没有经历过	
比较满意和非常满意	频数	21	1 433	1 454
	在满意程度中的百分比	1.4%	98.6%	100.0%
	在经历情况中的百分比	34.4%	62.1%	61.4%
中立	频数	7	508	515
	在满意程度中的百分比	1.4%	98.6%	100.0%
	在经历情况中的百分比	11.5%	22.0%	21.7%
较不满意和非常不满意	频数	33	368	401
	在满意程度中的百分比	8.2%	91.8%	100.0%
	在经历情况中的百分比	54.1%	15.9%	16.9%
总计	频数	61	2 309	2 370
	在满意程度中的百分比	2.6%	97.4%	100.0%
	在经历情况中的百分比	100.0%	100.0%	100.0%

注:$R^2=61.578$, $p=0.000<0.05$。

B. 对村委会干部的态度变量。

数据显示,被访者对村委会干部的态度与其家庭经历的干群纠纷状况存在明显的相关关系(见表9-15)。对村委会干部持尊敬或者中立态度的被访者,其家庭经历干群纠纷的比例为1.7%和1.8%,要远低于对村委会干部不尊敬的被访者家庭(9.5%)。也就是说,被访者对村委会村干部的态度越差,其家庭经历干群纠纷的比例越高。

表 9 – 15 对村委会干部的态度与干群纠纷交互表
（2012 "千人百村"）

| | | 是否经历过 | | 总计 |
		经历过	没有经历过	
尊敬（包含有点尊敬）	频数	24	1 426	1 450
	在尊敬程度中的百分比	1.7%	98.3%	100.0%
	在经历情况中的百分比	40.0%	62.1%	61.5%
中立	频数	12	644	656
	在尊敬程度中的百分比	1.8%	98.2%	100.0%
	在经历情况中的百分比	20.0%	28.0%	27.8%
不尊敬（包含不怎么尊敬）	频数	24	228	252
	在尊敬程度中的百分比	9.5%	90.5%	100.0%
	在经历情况中的百分比	40.0%	9.9%	10.7%
总计	频数	60	2 298	2 358
	在尊敬程度中的百分比	2.5%	97.5%	100.0%
	在经历情况中的百分比	100.0%	100.0%	100.0%

注：$R^2 = 55.479$，$p = 0.000 < 0.05$。

C. 对各级政府的信任程度变量。

问卷考察了被访者对村委会、村党支部的信任状况（见图 9 – 5），其中几乎完全不信任村委会、村党支部的被访者比例为 14.0%，对村委会、村党支部充分信任和部分信任的比例分别为 44.9%、41.1%。总体上，被访者几乎完全不信任村委会、村党支部的比例略高于对乡镇政府的不信任（13%），明显高于对上级政府部门的不信任（7.7%）。

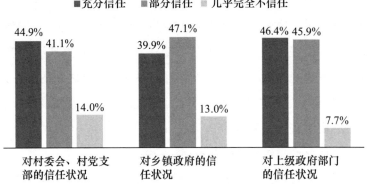

图 9 – 5 村民对各级政府部门的信任状况（2012 "千人百村"）

从被访者对各级政府的信任状况与其家庭经历干群纠纷的交互分析来看，被访者对村委会、村干部的信任程度以及对乡镇政府的信任程度与其家庭经历干群纠纷状况存在显著的相关关系，但对上级政府的信任程度与其家庭经历干群纠纷状况并不存在相关关系（见表9-16）。其中，对村委会、村党支部充分信任及部分信任的被访者家庭经历过干群纠纷的比例分别为1.4%和2.2%，对村委会、党支部几乎完全不信任的被访者家庭经历过干群纠纷的比例明显上升，达到了7.3%，即对村委会、党支部的信任程度不同的被访者家庭在经历干群纠纷方面存在明显的差异，信任程度越低，其经历过干群纠纷的比例越大。同样，随着被访者对乡镇政府的信任程度增加，被访者家庭经历过干群纠纷的比例也在逐渐下降，并且这一差异在统计意义上显著。

表9-16 对各级政府的信任程度与干群纠纷交互表（2012"千人百村"）

		经历过	没经历过	
对村委会、村党支部的信任程度	充分信任	1.4% (14)	98.6% (1 006)	$R^2=34.010$, $p=0.000<0.05$
	部分信任	2.2% (20)	97.8% (895)	
	几乎完全不信任	7.3% (22)	92.7% (280)	
对乡镇政府的信任程度	充分信任	1.5% (13)	98.5% (867)	$R^2=17.073$, $p=0.000<0.05$
	部分信任	2.2% (23)	97.8% (1 008)	
	几乎完全不信任	5.8% (16)	94.2% (260)	
对上级政府的信任程度	充分信任	2.7% (27)	97.3% (966)	$R^2=1.765$, $p=0.414>0.05$
	部分信任	2.2% (21)	97.8% (955)	
	几乎完全不信任	3.8% (6)	96.2% (151)	

（5）财产纠纷。

调查数据显示，家庭经历财产纠纷的情况在被访者的年龄、受教育程度、婚姻状况、政治面貌、收入水平这几个变量方面均没有呈现出显著的差异。另外，为了讨论家庭收入水平与财产类纠纷的发生状况之间的关系，我们对被访者2009年全年家庭总收入与被访者家庭经历过财产纠纷的次数进行了相关分析，得到皮尔逊相关系数为0.021（sig=0.911>0.05），表明家庭收入状况与家庭经历财产类纠纷之间并不存在相关关系。

在家庭子女的数量方面，随着儿子数量的增加，家庭经历财产纠纷的比例逐渐升高，其中没有儿子的家庭经历财产纠纷的比例为1.1%，有1个儿子的家庭经历财产纠纷的比例提高到 1.3%，有 2 个及以上的儿子的家庭经历财产纠纷的比例相对最高，为 1.5%。同样，随着女儿数量的增加，家庭经历财产纠纷的比例也逐渐升高。没有女儿的家庭经历财产纠纷的比例为 1.0%，有 1 个女儿的家庭经历财产纠纷的比例为 1.3%，有两个女儿的家庭经历财产纠纷的比例上升到 2.3%。尽管家庭子女的数量与家庭经历财产纠纷的比例之间存在上述差异，但这一差异在统计意义上不显著。

（6）土地方面纠纷。

调查资料显示，被访者家庭从集体承包的田地的平均面积为 6.83 亩，转出的田地的平均面积为 1.25 亩，转入的田地的平均面积为 1.8 亩，自己耕种的田地的平均面积为 6.02 亩。对被访者家庭的土地使用情况与其经历土地方面纠纷的次数之间进行相关关系分析，结果显示，家庭从集体承包的田地面积、转出的田地面积、转入的田地面积以及自己耕种的田地面积与家庭经历过的土地方面纠纷的次数之间并不存在明显的相关关系。

在户口类型变量方面，被访者或者被访者的配偶是农业户口且在农村有承包土地的家庭经历过土地方面纠纷的比例为 4.4%；相比之下，户口为非农业户口的家庭经历过土地方面纠纷的比例为 3.3%，但二者之间的差异在统计意义上并不显著。

（7）医疗纠纷。

数据显示，1959 年及之前出生的被访者，其经历过医疗纠纷的比例为 1.1%，1960—1979 年出生的被访者经历过医疗纠纷的比例为 1.7%，1980 年及之后出生的被访者经历过医疗纠纷的比例是 2.0%。也就是说，年轻者经历医疗纠纷的比例高于年长者，但是被访者的年龄与其是否经历过医疗纠纷之间并不存在明显的相关关系。

在家庭经济状况变量方面，数据表明，家庭经济水平越高，其经历过医疗纠纷的比例相对越大。其中，家庭经济状况低于当地平均水平的家庭经历过医疗纠纷的比例是 1.3%，经济状况处于当地平均水平的家庭经历过医疗纠纷比例提高到 1.6%，经济状况高于当地平均水平的家庭经历过医疗纠纷的比例相对最高，达到了 2.0%。需要说明的是，上述差异在统计意义上并不显著。

对于家庭成员中有因为长期的身心疾病、残疾或者年老体弱而需要照顾

的被访者，其家庭经历过医疗纠纷的比例为 2.2%，家庭中没有上述需要被
照顾者的被访者经历过医疗纠纷的比例下降到 1.2%，二者之间的差异在统
计意义上显著。

从医疗支出占家庭支出的情况来看，医疗支出占家庭支出比例较高的家
庭经历过医疗纠纷的比例为 1.9%，医疗支出占家庭支出比例一般的家庭经
历过医疗纠纷的比例降到 1.4%，医疗支出占家庭支出比例较低的家庭经历
过医疗纠纷的比例为 1.3%。

另外，从被访者是否参加医疗保险来看，没有参加医疗保险的家庭经历
过医疗纠纷所占比例低于参加过医疗保险的家庭，前者为 20.6%，后者为
79.4%。

更进一步的分析显示，被访者享有医疗保险（包括公共医疗保险、商业
保险）的家庭经历过医疗纠纷的比例为 1.2%，被访者不享有任何医疗保险
的家庭经历过医疗纠纷的比例高达 5.0%，二者相差 3.8%，这一差异在统计
意义上极为显著（见表 9 - 17）。

表 9 - 17　享有医疗保险情况与医疗纠纷交互表（2012 "千人百村"）

| | | 是否经历过 | | 总计 |
		经历过	没有经历过	
有医疗保险（包括公共医疗保险、商业保险）	频数	27	2 205	2 232
	在保险状况中的百分比	1.2%	98.8%	100.0%
	在经历情况中的百分比	79.4%	94.4%	94.1%
没有医疗保险	频数	7	132	139
	在保险状况中的百分比	5.0%	95.0%	100.0%
	在经历情况中的百分比	20.6%	5.6%	5.9%
总计	频数	34	2 337	2 371
	在保险状况中的百分比	1.4%	98.6%	100.0%
	在经历情况中的百分比	100.0%	100.0%	100.0%

注：$R^2 = 13.554$，$p = 0.000 < 0.05$。

是否享有医疗保险直接影响到被访者家庭就医经济压力的大小，就医经
济压力大的家庭在就医过程中更可能遇到医患冲突。表 9 - 18 的数据显示，
在医疗支出方面没有压力的被访者家庭经历医疗纠纷的比例仅为 0.5%，有
一点医疗支出压力、医疗支出压力一般以及医疗支出压力明显的被访者家庭

经历过医疗纠纷的比例逐渐提高，依次为 1.0％、1.4％和 1.7％，医疗支出压力非常大的被访者家庭经历过医疗纠纷的比例增长到 3.5％。总体上，随着家庭医疗支出压力逐渐增大，被访者家庭经历过医疗纠纷的比例逐步升高，这一变化趋势在统计意义上非常显著。

表 9-18　医疗支出压力与医疗纠纷交互表（2012"千人百村"）

		是否经历过		总计
		经历过	没有经历过	
医疗支出没有压力	频数	2	396	398
	在医疗支出压力中的百分比	0.5％	99.5％	100.0％
	在经历情况中的百分比	5.6％	17.2％	17.1％
医疗支出的压力很小	频数	5	495	500
	在医疗支出压力中的百分比	1.0％	99.0％	100.0％
	在经历情况中的百分比	13.9％	21.6％	21.4％
医疗支出的压力一般	频数	9	619	628
	在医疗支出压力中的百分比	1.4％	98.6％	100％
	在经历情况中的百分比	25.0％	26.9％	26.9％
医疗支出的压力明显	频数	8	459	467
	在医疗支出压力中的百分比	1.7％	98.3％	100.0％
	在经历情况中的百分比	22.2％	20.0％	20.0％
医疗支出的压力非常大	频数	12	329	341
	在医疗支出压力中的百分比	3.5％	96.5％	100.0％
	在经历情况中的百分比	33.3％	14.3％	14.6％
总计	频数	36	2 298	2 334
	在医疗支出压力中的百分比	1.5％	98.5％	100.0％
	在经历情况中的百分比	100.0％	100.0％	100.0％

注：$R^2=12.715$，$p=0.013<0.05$。

被访者家庭经历过医疗纠纷的状况与其对医疗机构的信任程度之间存在何种关系呢？交互分析的结果表明（见表 9-19），被访者家庭经历过医疗纠纷的比例越高，被访者对医疗机构的信任程度则越低。其中，对医疗机构充分信任的被访者，其家庭经历过医疗纠纷的比例为 1.2％；对医疗机构部分信任的被访者，其家庭经历过医疗纠纷的比例为 1.4％；对医疗机构几乎完全不信任的被访者，其家庭经历过医疗纠纷的比例上升到 4.8％，这一比例明显高于前两者。总体上，被访者家庭经历过医疗纠纷的状况与其对医疗机构的信任程度之间存在显著的相关关系。

表 9 - 19 对医疗机构、医生的信任程度与医疗纠纷交互表
(2012 "千人百村")

		经历过	没经历过	
对医疗机构的信任程度	充分信任	1.2% (12)	98.8% (1030)	$R^2=12.918$, $p=0.000<0.05$
	部分信任	1.4% (15)	98.6% (1080)	
	几乎完全不信任	4.8% (8)	95.2% (160)	
对医生的信任程度	充分信任	0.8% (9)	99.2% (1104)	$R^2=6.727$, $p=0.035<0.05$
	部分信任	2.1% (21)	97.9% (976)	
	几乎完全不信任	2.3% (3)	97.7% (129)	

同样，被访者对医生的信任程度与其家庭经历过医疗纠纷的状况之间也存在显著的相关关系，被访者对医生的信任程度越低，其家庭经历过医疗纠纷的比例相对越高。被访者对医生充分信任时，其家庭经历过医疗纠纷的比例只有0.8%；对医生部分信任时，这一比例上升为2.1%；对医生几乎完全不信任时，家庭经历过医疗纠纷的比例是最高的（2.3%）。

当然，究竟是被访者对医疗机构和医生的信任状况影响医疗纠纷的发生，还是被访者家庭经历过医疗纠纷的状况影响被访者对医疗机构和医生的信任，二者之间究竟存在怎样的因果关系，有待进一步的探讨。

三、小结

就农村地区纠纷发生状况而言，在村庄层面，用水方面纠纷、土地方面纠纷、邻里纠纷、婚姻家庭纠纷属于常发型纠纷，无论是纠纷发生的总数还是平均数，这几类纠纷都明显高于其他纠纷类型。此外，人身伤害纠纷、医疗纠纷发生的数量也相对较多，成为农村社会中需要关注的纠纷类型。相比之下，计划生育纠纷和干群纠纷这两类曾经在中国农村社会中经常发生的纠纷，其数量明显下降，已远不如以往那样突出。

在农村居民的个体层面，邻里纠纷、婚姻家庭纠纷、土地方面纠纷是农村居民经历最多的三类纠纷，其后依次是干群纠纷、计划生育纠纷、医疗纠纷、财产纠纷、债权债务纠纷、用水方面纠纷、人身伤害纠纷和环境纠纷。

将各种类型的纠纷与社会人口学变量进行交互分析，统计结果显示如下：

（1）在婚姻家庭纠纷方面：第一，女性经历婚姻家庭纠纷比例高于男性。第二，子女的性别结构和数量会对婚姻家庭纠纷的发生产生影响，例如，在所有没有女儿的被访者家庭中，随着儿子数量的增加，家庭经历此类纠纷的比例明显升高，其中没有儿子的家庭发生婚姻家庭纠纷的比例最低，有 1 个儿子的家庭经历过婚姻家庭纠纷的比例明显高于前者，有 2 个及以上儿子的家庭经历过婚姻家庭纠纷的比例最高。第三，家庭成员之间的经济互动状况与婚姻家庭纠纷的发生之间存在相关关系。随着家庭成员之间经济支持的减少，家庭经历过婚姻家庭纠纷的比例逐步上升。第四，幸福感程度越高的被访者，其家庭经历过婚姻家庭纠纷的比例越低。这一状况同样在邻里纠纷的交互分析中有所体现。

（2）在邻里纠纷方面：第一，有宗教信仰的被访者家庭经历过邻里纠纷的比例明显高于没有宗教信仰的被访者家庭经历过邻里纠纷的比例。第二，家庭经历过邻里纠纷的比例越低，被访者的主观幸福感程度越高。

（3）在计划生育纠纷方面，随着子女数量的增加，其家庭经历过计划生育纠纷的比例逐渐增加。

（4）在干群纠纷方面：第一，对村委会满意程度较低的被访者家庭经历干群纠纷的可能性更大。第二，被访者对村委会村干部的尊敬程度越低，其家庭经历干群纠纷的比例越高。第三，被访者对村委会、村干部的信任程度以及对乡镇政府的信任程度与其家庭经历干群纠纷的状况之间存在显著的相关关系，信任程度越低，其经历过干群纠纷的比例越大；而随着被访者对乡镇政府的信任程度增加，被访者家庭经历过干群纠纷的比例也逐渐下降。但需要说明的是，被访者对上级政府的信任程度与其家庭经历干群纠纷的状况间并不存在相关关系。

（5）在财产纠纷方面，对于中国农村社会而言：第一，被访者的年龄、受教育程度、婚姻状况、政治面貌、收入水平这几个变量与其家庭经历过财产纠纷的数量之间并不存在显著的相关关系。第二，随着儿子数量、女儿数量的增加，家庭经历过财产纠纷的比例逐渐升高，但家庭子女的数量与家庭经历过财产纠纷的比例之间的差异在统计意义上并不显著。

（6）在土地纠纷方面，家庭从集体承包的田地面积、转出的田地面积、转入的田地面积以及自己耕种的田地面积与家庭经历过的土地方面纠纷的数量之间并不存在显著的相关关系。

（7）在医疗纠纷方面：第一，家庭成员中有因为长期的身心疾病、残疾或者年老体弱而需要照顾的被访者家庭经历过医疗纠纷的比例高于家中没有上述需要被照顾者的被访者。第二，享有医疗保险（包括公共医疗保险、商业保险）的被访者家庭经历过医疗纠纷的比例明显高于不享有任何医疗保险的被访者家庭。第三，被访者家庭的医疗支出压力越大，其经历过医疗纠纷的比例则越高。第四，被访者家庭经历过医疗纠纷的比例越高，被访者对医疗机构的信任程度则越低。第五，被访者对医生的信任程度与其家庭经历过的医疗纠纷状况之间也存在显著的相关关系，被访者对医生信任程度越低，其家庭经历过医疗纠纷的比例相对越高。

第十章　农村的纠纷解决方式及问题

上一章详细描述了中国农村地区的纠纷发生状况，接下来，本章将以中国农村地区的纠纷解决为核心议题，具体围绕以下几个问题展开：第一，中国农村地区的纠纷是以什么样的方式得到解决的？第二，哪些因素（变量）影响农村居民对纠纷解决方式的选择？第三，农村地区的纠纷解决存在何种问题以及困境？

同样，在分析中国农村地区的纠纷解决方式之前，我们先梳理一下纠纷的一般解决方式。

一、纠纷的一般解决方式

布莱克把纠纷解决方式分为自我帮助、逃避、彼此不再打交道或者减少相互间的交往、协商、第三方调解以及忍让。① 埃尔曼把纠纷解决方式概括为两种，即通过冲突当事人协商自行解决（但并不排除作为协调人的第三方介入）和将冲突交付裁决、由不偏不倚的第三人做出裁决。另外，埃尔曼指出，在缺乏裁决机构或者蔑视诉讼的地方，人们倾向于通过协商来解决纠纷。②

具体到中国社会场景，徐昕把纠纷解决机制划分为公力救济、社会型救济和私力救济三种类型。③ 其中，私力救济可分为强制和交涉，公力救济可

① 布莱克. 社会学视野中的司法. 郭星华，等译. 北京：法律出版社，2002：82-84.
② 埃尔曼. 比较法律文化. 贺卫方，高鸿钧，译. 北京：清华大学出版社，2002：132.
③ 徐昕. 迈向社会和谐的纠纷解决//纠纷解决与社会和谐. 北京：法律出版社，2006：68.

分为司法救济和行政救济，社会型救济则包括调解和仲裁。① 江伟在《民事诉讼法学原理》一书中对纠纷解决方式也做了类似的划分，并指出"自力救济"是依靠纠纷主体自身的力量来解决纠纷，并且纠纷的解决不受严格的程序规则和实体规则约束、无须第三者介入，其实践形式主要包括自决与和解两种；"社会救济"是指纠纷双方在具有一定合意的基础上，纠纷主体依靠社会力量来解决纠纷，其主要形式是调解和仲裁；"公力救济"则是纠纷主体依靠国家公权力来解决纠纷，民事诉讼是其典型形式。② 在多种救济方式中，姚虹认为，虽然公力救济是当今法治社会权利维护的主导性途径，但是私力救济在纠纷解决中也扮演着极为重要的角色，究其原因是私力救济在人性、文化传统、社会关系以及司法效能心理评价方面都有深厚的社会基础。③

在 20 世纪 80 年代至 90 年代的法治现代化进程中，调解及其他非诉讼纠纷解决方式在中国逐渐式微，但是正如范愉所指出的，正式的司法程序在实践中难以满足社会纠纷解决的需求，社会需要建立一种在法治基础上的多元化纠纷解决机制。"20 世纪 90 年代后期开始，人民调解的改造和转型出现了一些新的迹象，其他非诉讼纠纷解决机制也正在进行重构……人民调解已经进入了一种现代化的转型，开始融入世界性的 ADR 潮流之中，并在中国当前纠纷解决机制的重构中扮演新的角色。"④

需要注意的是，中国的调解研究大多都带有对中国法律现代性的关注。例如，苏力强调调解或"私了"作为规避法律的方式而存在的合理性及其在制度创新中的意义。⑤ 与该观点不同的是，王亚新认为我国的审判方式需要从"调解型"模式向"判决型"模式转变⑥，季卫东认为"盲目的优先调解会妨害现代意义的法制建设"⑦。

---

① 徐昕. 论私力救济. 北京：中国政法大学出版社，2005.

② 江伟. 民事诉讼法学原理. 北京：中国人民大学出版社，1999.

③ 姚虹. 私力救济的现实基础及其法律规制. 学术交流，2006 (4).

④ 范愉. 当代中国非诉讼纠纷解决机制的完善与发展. 学海，2003 (1)；范愉. 浅谈当代"非诉讼纠纷解决"的发展及其趋势. 比较法研究，2003 (4)；范愉. 非诉讼纠纷解决机制研究. 北京：中国人民大学出版社，2000.

⑤ 苏力. 法治及其本土资源. 北京：中国政法大学出版社，1996.

⑥ 王亚新. 论民事、经济审判方式的改革. 中国社会科学，1994 (1).

⑦ 季卫东. 法制与调解的悖论. 法学研究，1989 (5).

强世功认为，判决与调解虽然是两种法定的纠纷解决方式，但是法律对采取判决或调解的具体情景并没有做出具体的规定。因此，"一个特定的案件最终是采取判决还是调解来解决，可能取决于法官对案件的把握和他对判决和调解这两种技术的娴熟程度，以及他所具有的法律思维（legal thinking）"①。强世功通过对陕北一个"法律不入之地"的考察，认为从日常生活的管理（如计划生育）到社会生活的规划（如社区建设、农田基建），国家的影子是无所不在的，而法律实际上也是伴随着国家权力而进入乡村社会的。在这一过程中，国家的管理权力和法律权力是平行推进的。

针对中国社会转型的现实情况，一些学者对替代性纠纷解决机制在中国的发展状况、困境及出路等问题进行了探讨。其中洪浩对中国农村民事纠纷的解决方式进行了研究，认为非诉讼的纠纷解决方式与转型期农村民事纠纷的特点相契合，这些纠纷解决方式具有高效率、低成本、全面性、易执行的优点，因此，非诉讼的纠纷解决方式对于农村民事纠纷的解决具有积极意义。尽管如此，洪浩指出非诉讼的纠纷解决方式也存在一些不足之处，如规范性缺失带来的公平危机、法律效力不明以及规避和侵蚀国家法等。②

黄长营则指出，当前诉讼外的纠纷解决方式（如仲裁和调解）的效率并不高，在诉讼案件快速增长的情况下，非诉讼的纠纷解决方式必须解决其自身的效率问题，这是法律资源的有限性、市场经济的高效率以及社会的稳定发展所提出的要求，而解决效率问题可采取的思路是：构建效率与公正有机结合的模式；劳动仲裁附设法院，原则上一裁终结；仲裁机构归口于法院；确立人民调解协议的法律效力。③

另外，蔡杰等学者强调，法律诉讼作为国家治理乡土社会的正式途径与民间自身的纠纷解决机制，在实践中会产生新的冲突，这种冲突构成了乡土

---

① 强世功. "法律不入之地"的民事调解：一起"依法收贷"案的再分析. 比较法研究，1998（3）.
② 洪浩. 非讼方式：农村民事纠纷解决的主要途径. 法学，2006（11）.
③ 黄长营. 替代性纠纷解决机制效率研究. 河北法学，2007（1）.

社会法律实践的一个重要面向，并促使诉讼这种正式的纠纷解决方式被迫在乡土社会中发生流变。在一个对现代性法律缺少充分信仰的乡土社会，现代性的诉讼被乡土社会重新分割改造，诉讼及支撑诉讼的现代性法律知识和制度被抵御、侵蚀、蜕变和整合，而这种冲突是乡土社会对国家权力的再建构，因此，在讨论"乡土社会现代性诉讼制度为什么不能建立"问题时，不应局限于单向化的"守法-违法"或是"争讼-无讼"的理论范式，而应以一个多元的分析路径来考察。①

梁开银提出了民事纠纷解决方式的路径选择问题，认为伴随着城乡一体化、村庄共同体虚无化以及人际关系理性化，中国农村社会结构发生了深刻变革，农村法治建设和民事纠纷解决机制需要对这些变革做出回应，即建构起以国家诉讼为顶点、以调解和其他 ADR 形式为底角的三角格局，以凸显法治理念和国家权威。②

当然，对于多元化的纠纷解决方式，农村居民如何进行选择是一个极为复杂的问题。郭星华等对中国农村居民经历纠纷的现状与类型进行实证研究，指出农村居民在选择纠纷解决方式时既有行为习惯的影响，也有理性的权衡，此外，在当代中国农村，大传统、小传统和国家法律这三种规范共同制约人们的社会行为。③

二、中国农村社会的纠纷解决状况

问卷询问了被访者最终采取了何种方式解决纠纷，这些方式包括忍忍算了、双方协商、找村干部帮助解决、上访和打官司。另外，问卷还询问了被访者选择该种纠纷解决方式时的主观意愿情况（是自己主动的，还是迫不得已，还是听从别人建议）以及对该纠纷解决方式的满意程度。下面，我们逐个对各类纠纷的解决情况进行一般性描述分析。

---

① 蔡杰，刘磊. 乡土社会冲突与诉讼的再冲突解析. 江苏社会科学，2001（5）.
② 梁开银. 现代乡村社会结构变迁与民事纠纷解决路径选择. 社会主义研究，2005（6）.
③ 郭星华，王平. 中国农村的纠纷与解决途径：关于中国农村法律意识与法律行为的实证研究. 江苏社会科学，2004（2）.

（一）纠纷解决状况的一般性描述分析

1. 婚姻家庭纠纷的解决状况

从问卷填答的结果来看，63 起婚姻家庭纠纷是通过"忍忍算了"解决的，69 起是通过双方协商解决的，通过找村干部帮助解决和打官司解决的婚姻家庭纠纷各 5 件。这也就是说，对于婚姻家庭纠纷，44.4%的被访者家庭是"忍忍算了"，48.6%是"双方协商"解决，"找村干部帮忙"和"打官司"的比例都只有 3.5%。这意味着，农村居民在处理婚姻家庭纠纷时大部分是采取内部协商或者消极规避的方式，很少将该类纠纷放置到社会公共空间中加以解决，正式的纠纷解决方式更是较少被使用。对于这一状况，我们并不难理解。除了正式的纠纷解决方式的可获取性、使用成本之类的因素，婚姻家庭纠纷被视为家庭私人领域中的事情。一方面，在"家丑不可外扬"观念的影响下，这类纠纷（即使是家庭暴力）很可能被压制在家庭内部；另一方面，在家庭自治以及尊重家庭隐私的趋势下，外部力量越来越缺少干预家庭内部事务的合法性，公权力通常只关注家庭纠纷有没有涉及暴力、谋杀这些越轨行为，一般不愿被琐碎的家庭纷争所累。

此外，问卷调查数据显示，73.5%的被访者是自己主动选择上述纠纷解决方式的，17.6%的被访者在选择纠纷解决方式时并不是自愿的，而是迫不得已，8.8%的被访者在选择纠纷解决方式时参考了别人的建议。

从表 10-1 的交互结果来看，对于四种纠纷解决方式，被访者自己主动选择的比例都是最高的，其中被访者自己主动选择"忍忍算了"和"双方协商"的比例高于后两者。另外，就迫不得已选择某种纠纷解决方式而言，迫不得已打官司的比例是四种纠纷解决方式中最高的（40.0%），其次是找村干部帮忙解决（25.0%），再次是忍忍算了（16.9%）和双方协商解决（16.4%）。总体上，在婚姻家庭纠纷的解决中，忍忍算了、双方协商这两种纠纷解决方式更多是出于纠纷当事人自己的主动选择，而被动选择找村干部帮忙解决和打官司的比例相对更高一点，但上述差异在统计意义上并不显著。

表 10-1　婚姻家庭纠纷解决方式与被访者选择该方式的意愿情况
（2012 "千人百村"）

| | | 选择纠纷解决方式的意愿情况 | | | 总计 |
		自己主动	迫不得已	别人建议	
忍忍算了	频数	43	10	6	59
	在解决方式中的百分比	72.9%	16.9%	10.2%	100.0%
	在选择意愿中的百分比	43.5%	41.7%	50.0%	43.7%
双方协商	频数	51	11	5	67
	在解决方式中的百分比	76.1%	16.4%	7.5%	100.0%
	在选择意愿中的百分比	51.5%	45.8%	41.7%	49.6%
找村干部帮忙解决	频数	2	1	1	4
	在解决方式中的百分比	50.0%	25.0%	25.0%	100.0%
	在选择意愿中的百分比	2.0%	4.2%	8.3%	3.0%
打官司	频数	3	2	0	5
	在解决方式中的百分比	60.0%	40.0%	0.0%	100%
	在选择意愿中的百分比	3.0%	8.3%	0.0%	3.7%
总计	频数	99	24	12	135
	在解决方式中的百分比	73.3%	17.8%	8.9%	100.0%
	在选择意愿中的百分比	100.0%	100.0%	100.0%	100.0%

注：$R^2 = 3.964$，$p = 0.682 > 0.05$。

对于婚姻家庭纠纷解决方式的满意度评价的统计结果显示（见表
10-2），60.6%的被访者对选择的纠纷解决方式满意，26.5%的被访者的
态度是中立的，12.9%的被访者表示不满意。进一步的交互分析表明，被
访者对找村干部帮忙解决婚姻家庭纠纷的满意程度相对最高（75.0%），其
次是双方协商（66.2%），再次是忍忍算了（56.9%），满意程度相对最低
的是打官司（20.0%）。另外，被访者对这四种纠纷解决方式的满意程度的
差异在统计意义上显著。据此，我们在一定程度上可以推断，对于婚姻家
庭纠纷，打官司这种正式的纠纷解决方式的效果往往并不好。

表 10 - 2　婚姻家庭纠纷解决方式与对该方式的满意程度
（2012 "千人百村"）

		对纠纷解决方式的满意情况			总计
		满意	不满意	一般	
忍忍算了	频数	33	5	20	58
	在解决方式中的百分比	56.9%	8.6%	34.5%	100.0%
	在满意程度中的百分比	41.2%	29.4%	57.1%	43.9%
双方协商	频数	43	9	13	65
	在解决方式中的百分比	66.2%	13.8%	20.0%	100.0%
	在满意程度中的百分比	53.7%	52.9%	37.1%	49.3%
找村干部帮忙解决	频数	3	0	1	4
	在解决方式中的百分比	75.0%	0.0%	25.0%	100.0%
	在满意程度中的百分比	3.8%	0.0%	2.9%	3.0%
打官司	频数	1	3	1	5
	在解决方式中的百分比	20.0%	60.0%	20.0%	100.0%
	在满意程度中的百分比	1.3%	17.7%	2.9%	3.8%
总计	频数	80	17	35	132
	在解决方式中的百分比	60.6%	12.9%	26.5%	100.0%
	在满意程度中的百分比	100.0%	100.0%	100.0%	100.0%

注：$R^2 = 14.471$，$p = 0.025 < 0.05$。

对被访者选择婚姻家庭纠纷解决方式的主观意愿情况与被访者对该纠纷解决方式的满意程度进行交互分析，结果如表 10 - 3 所示。越是被访者主动选择的纠纷解决方式，被访者对其满意程度越高。其中，被访者对自己主动选择的纠纷解决方式表示满意的比例高达 71.7%；对于听从别人建议所选择的纠纷解决方式，被访者的满意比例下降到 40.0%；对于迫不得已选择的纠纷解决方式，被访者表示满意的比例是最低的，只有 20.8%。总体上，上述差异在统计意义上非常显著。

表 10 - 3 选择婚姻家庭纠纷解决方式的意愿与对该方式的满意程度
(2012 "千人百村")

| | | 对纠纷解决方式的满意情况 | | | 总计 |
		满意	不满意	一般	
自己主动	频数	71	7	21	99
	在选择意愿中的百分比	71.7%	7.1%	21.2%	100.0%
	在满意程度中的百分比	88.7%	41.2%	58.3%	74.5%
迫不得已	频数	5	10	9	24
	在选择意愿中的百分比	20.8%	41.7%	37.5%	100.0%
	在满意程度中的百分比	6.3%	58.8%	25.0%	18.0%
听别人建议	频数	4	0	6	10
	在选择意愿中的百分比	40.0%	0.0%	60.0%	100.0%
	在满意程度中的百分比	5.0%	0.0%	16.7%	7.5%
总计	频数	80	17	36	133
	在选择意愿中的百分比	60.1%	12.8%	27.1%	100.0%
	在满意程度中的百分比	100.0%	100.0%	100.0%	100.0%

注：$R^2 = 34.741$，$p = 0.000 < 0.05$。

2. 邻里纠纷的解决情况

对于邻里纠纷，被访者选择最多的解决方式是双方协商（49.4%），其次是忍忍算了（31.8%），再次是找村干部帮助解决（16.4%），打官司的比例最低，只有 2.6%。与婚姻家庭纠纷解决方式的结构相比，在邻里纠纷的解决方式中，选择忍忍算了的比例有所下降，而选择找村干部帮助解决的比例明显上升。

被访者在选择邻里纠纷解决方式时，60.5% 是根据自己的意愿自主选择，25.0% 是迫不得已的被动选择，14.5% 是听从了别人的建议。

表 10 - 4 的数据显示，对于四种邻里纠纷解决方式，被访者选择它们时在主观意愿上存在显著差异。其中，迫不得已选择通过打官司来解决邻里纠纷的被访者比例高达 75.0%，这一比例明显高于其他三类纠纷。对于选择找村干部帮忙解决邻里纠纷，40.0% 的被访者是迫不得已，32.0% 是自己主动，

28.0%是听别人建议。相比之下，迫不得已选择忍忍算了和双方协商的被访者比例分别为27.1%和16.0%，该比例明显低于迫不得已选择打官司和找村干部帮忙解决的比例。总体上，被访者在选择上述四种邻里纠纷解决方式时主动程度从高到低依次是双方协商、忍忍算了、找村干部帮忙解决和打官司，并且这一差异在统计意义上显著。

表 10-4 邻里纠纷解决方式与被访者选择该方式的意愿情况
(2012"千人百村")

		选择纠纷解决方式的意愿情况			总计
		自己主动	迫不得已	别人建议	
忍忍算了	频数	28	13	7	48
	在解决方式中的百分比	58.3%	27.1%	11.6%	100.0%
	在选择意愿中的百分比	30.4%	34.2%	31.8%	31.6%
双方协商	频数	55	12	8	75
	在解决方式中的百分比	73.3%	16.0%	10.7%	100.0%
	在选择意愿中的百分比	59.8%	31.6%	36.4%	49.4%
找村干部帮忙解决	频数	8	10	7	25
	在解决方式中的百分比	32.0%	40.0%	28.0%	100.0%
	在选择意愿中的百分比	8.7%	26.3%	31.8%	16.4%
打官司	频数	1	3	0	4
	在解决方式中的百分比	25.0%	75.0%	0.0%	100.0%
	在选择意愿中的百分比	1.1%	7.9%	0.0%	2.6%
总计	频数	92	38	22	152
	在解决方式中的百分比	60.5%	25.0%	14.5%	100.0%
	在选择意愿中的百分比	100.0%	100.0%	100.0%	100.0%

注：$R^2=19.520$，$p=0.003<0.05$。

就对纠纷解决方式的满意程度来说，表10-5的数据显示，47.9%的被访者对所选择的纠纷解决方式持满意态度，36.3%持中立态度，15.8%表示不满意。交互分析显示，被访者对打官司不满意的比例高达75.0%，其次是忍忍算了（23.9%），对双方协商和找村干部帮助解决的不满意程度比较接近，分别为9.5%和9.0%。总体上，从被访者对纠纷解决方式的满意程度来看，双方协商最高，其次是找村干部帮助解决，再次是忍忍算了，满意程度最低的是打官司。被访者对四种纠纷解决方式的满意程度之间的差异具有统计上的显著性。

表 10-5　邻里纠纷解决方式与对该方式的满意程度
（2012"千人百村"）

| | | 对纠纷解决方式的满意情况 | | | 总计 |
		满意	不满意	一般	
忍忍算了	频数	12	11	23	46
	在解决方式中的百分比	26.1%	23.9%	50.0%	100.0%
	在满意程度中的百分比	17.1%	47.9%	43.4%	31.5%
双方协商	频数	48	7	19	74
	在解决方式中的百分比	64.8%	9.5%	25.7%	100.0%
	在满意程度中的百分比	68.6%	30.4%	35.8%	50.7%
找村干部帮忙解决	频数	10	2	10	22
	在解决方式中的百分比	45.5%	9.0%	45.5%	100.0%
	在满意程度中的百分比	14.3%	8.7%	18.9%	15.1%
打官司	频数	0	3	1	4
	在解决方式中的百分比	0.0%	75.0%	25.0%	100.0%
	在满意程度中的百分比	0.0%	13.0%	1.9%	2.7%
总计	频数	70	23	53	146
	在解决方式中的百分比	47.9%	15.8%	36.3%	100.0%
	在满意程度中的百分比	100.0%	100.0%	100.0%	100.0%

注：$R^2 = 29.614$，$p = 0.000 < 0.05$。

表 10-6 的数据描述了被访者对纠纷解决方式的满意程度与其选择该方式的主动性之间的交互关系，结果显示，越是被访者主动选择的邻里纠纷解决方式，被访者对该纠纷解决方式的满意程度就会越高。其中被访者对自己主动选择的邻里纠纷解决方式的满意比例为 68.9%，对听从别人建议所选择的邻里纠纷解决方式的满意比例降到 25.0%，对迫不得已而选择的纠纷解决方式的满意比例仅为 8.3%，上述差异具有统计上的显著性。

表 10-6　选择邻里纠纷解决方式的意愿与对该方式的满意程度
（2012 "千人百村"）

| | | 对纠纷解决方式的满意情况 | | | 总计 |
		满意	不满意	一般	
自己主动	频数	62	4	24	90
	在选择意愿中的百分比	68.9%	4.4%	26.7%	100.0%
	在满意程度中的百分比	88.6%	17.4%	45.3%	61.6%
迫不得已	频数	3	17	16	36
	在选择意愿中的百分比	8.3%	47.2%	44.5%	100.0%
	在满意程度中的百分比	4.3%	73.9%	30.2%	24.7%
听别人建议	频数	5	2	13	20
	在选择意愿中的百分比	25.0%	10.0%	65.0%	100.0%
	在满意程度中的百分比	7.1%	8.7%	24.5%	13.7%
总计	频数	70	23	53	146
	在选择意愿中的百分比	47.9%	15.8%	36.3%	100.0%
	在满意程度中的百分比	100.0%	100.0%	100.0%	100.0%

注：$R^2 = 60.065$，$p = 0.000 < 0.05$。

3. 计划生育纠纷的解决状况

对于计划生育纠纷，被访者选择最多的解决方式是与对方协商（43.3%），其次是忍忍算了（32.4%），选择找村干部帮助解决的比例为21.6%。值得注意的是，选择通过打官司来解决计划生育纠纷的被访者为零，另外，有2.7%的被访者选择上访的方式来解决计划生育纠纷。

在选择计划生育纠纷的解决方式时，迫不得已才选择的比例高达58.3%，只有25.0%是自己主动选择的，另外，16.7%是听从别人的建议。

在满意程度方面，只有11.1%的被访者对选择的计划生育纠纷解决方式表示满意，表示不满意的比例高达58.3%，另有30.6%的被访者对此持中立态度。

4. 干群纠纷的解决状况

在处理干群纠纷时，被访者选择最多的是忍忍算了（41.1%），其次是双方协商（21.4%）和找村干部帮助解决（21.4%），另外，选择上访的比例达到了12.5%，高于选择打官司的比例（3.6%）。

在选择干群纠纷解决方式的意愿方面,56.4%的被访者是迫不得已,36.4%是自己主动,7.2%是听从别人建议。进一步的交互分析结果显示,在处理干群纠纷时,对于选择忍忍算了的被访者,82.6%是迫不得已,只有13.0%是自己主动选择;在选择找村干部帮助解决的被访者中,54.5%是迫不得已,36.3%是自己主动选择;在选择双方协商解决的被访者中,36.4%是迫不得已,54.5%是自己主动选择;选择打官司的被访者全部都是自己主动的;对于选择通过上访来解决干群纠纷的被访者,57.1%是自己主动选择上访,28.6%是迫不得已选择上访,另有14.3%是听从别人建议选择上访。

对于所选择的干群纠纷解决方式,仅有14.8%的被访者表示满意,高达61.1%的被访者表示不满意,持中立态度的被访者比例为24.1%。

对干群纠纷解决方式与被访者对该方式的满意程度进行交互分析,结果如表10-7所示,对上访表示满意的被访者为零,表示不满意的被访者比例高达71.4%;满意忍忍算了的被访者的比例为4.3%,不满意忍忍算了的被访者比例也高达73.9%;对于双方协商解决干群纠纷,20.0%的被访者表示满意,50.0%的被访者表示一般,30.0%表示不满意,不满意的比例明显低于被访者对忍忍算了和找村干部帮助解决的不满意比例;对于选择找村干部帮助解决干群纠纷,27.3%的被访者表示满意,这一比例高于被访者对双方协商、忍忍算了以及上访的满意比例,另外,9.1%的被访者表示一般,对此表示不满意的被访者比例达到了63.6%。需要注意的是,在两起通过打官司解决的干群纠纷中,被访者都对该纠纷解决方式表示满意。总体上,被访者对忍忍算了和上访的不满意程度最高,其次是找村干部帮助解决,对双方协商的不满意比例明显低于前三者。上述差异在统计意义上显著。

表 10-7　干群纠纷解决方式与对该方式的满意程度
(2012 "千人百村")

		对纠纷解决方式的满意情况			总计
		满意	不满意	一般	
	频数	1	17	5	23
忍忍算了	在解决方式中的百分比	4.3%	73.9%	21.8%	100.0%
	在满意程度中的百分比	12.5%	53.1%	38.5%	43.4%

续表

| | | 对纠纷解决方式的满意情况 | | | 总计 |
		满意	不满意	一般	
双方协商	频数	2	3	5	10
	在解决方式中的百分比	20.0%	30.0%	50.0%	100.0%
	在满意程度中的百分比	25.0%	9.4%	38.5%	18.9%
找村干部帮忙解决	频数	3	7	1	11
	在解决方式中的百分比	27.3%	63.6%	9.1%	100.0%
	在满意程度中的百分比	37.5%	21.9%	7.6%	20.8%
上访	频数	0	5	2	7
	在解决方式中的百分比	0.0%	71.4%	28.6%	100.0%
	在满意程度中的百分比	0.0%	15.6%	15.4%	13.2%
打官司	频数	2	0	0	2
	在解决方式中的百分比	100.0%	0.0%	0.0%	100.0%
	在满意程度中的百分比	25.0%	0.0%	0.0%	3.7%
总计	频数	8	32	13	53
	在解决方式中的百分比	15.1%	60.4%	24.5%	100.0%
	在满意程度中的百分比	100.0%	100.0%	100.0%	100.0%

注：$R^2 = 21.527$，$p = 0.006 < 0.05$。

同样，被访者对干群纠纷解决方式的选择越是自己主动做出的，其对该纠纷解决方式的满意程度越高。根据表 10-8 的数据，对于自己主动选择的干群纠纷解决方式，被访者表示满意的比例为 38.9%，对于听取别人建议而选择的干群纠纷解决方式，被访者表示满意的比例下降到 25.0%，相比之下，被访者对迫不得已而选择的干群纠纷解决方式的满意比例为零，不满意的比例高达 87.1%。这些差异在统计意义上非常显著。

表 10-8　选择干群纠纷解决方式的意愿与对该方式的满意程度
（2012 "千人百村"）

| | | 对纠纷解决方式的满意情况 | | | 总计 |
		满意	不满意	一般	
自己主动	频数	7	4	7	18
	在选择意愿中的百分比	38.9%	22.2%	38.9%	100.0%
	在满意程度中的百分比	87.5%	12.5%	53.8%	34.0%

续表

| | | 对纠纷解决方式的满意情况 | | | 总计 |
		满意	不满意	一般	
迫不得已	频数	0	27	4	31
	在选择意愿中的百分比	0.0%	87.1%	12.9%	100.0%
	在满意程度中的百分比	0.0%	84.4%	30.8%	58.5%
听别人建议	频数	1	1	2	4
	在选择意愿中的百分比	25.0%	25.0%	50.0%	100.0%
	在满意程度中的百分比	12.5%	3.1%	15.4%	7.5%
总计	频数	8	32	13	53
	在选择意愿中的百分比	15.1%	60.4%	24.5%	100.0%
	在满意程度中的百分比	100.0%	100.0%	100.0%	100.0%

注：$R^2 = 24.805$，$p = 0.000 < 0.05$。

5. 财产纠纷的解决状况

双方协商是被访者首选的财产纠纷解决方式，其比例为37.9%，而被访者选择忍忍算了、找村干部帮助解决以及打官司来解决财产纠纷的比例都是一样的，均为20.7%。总体上，被访者对上述四种纠纷解决方式的选择相对均衡一些。

就选择财产纠纷解决方式的意愿而言，一半以上的被访者是自己主动选择的（55.2%），迫不得已进行选择的被访者比例为41.4%，听从别人建议的被访者比例仅为3.4%。

对于所选择的财产纠纷解决方式，被访者表示满意的比例为27.6%，表示一般的比例为24.1%，另外，有接近一半的被访者明确表示不满意（48.3%）。

6. 债权债务纠纷的解决状况

对于债权债务纠纷，被访者首选的纠纷解决方式是双方协商（45.8%），其次是忍忍算了（33.3%），再次是打官司（16.7%），选择找村干部帮助解决的比例仅为4.2%。

在债权债务纠纷解决方式的选择上，34.8%是被访者自己主动选择的，47.8%是迫不得已选择的，17.4%是听从别人建议所选择的。

对于所选择的债权债务纠纷解决方式的满意状况，39.2%的被访者表示满意，不满意的比例为30.4%，满意程度为一般的比例也为30.4%。

7. 土地方面纠纷的解决状况

在处理土地纠纷方面，被访者选择比例最高的纠纷解决方式是双方协商（43.9%），其次是找村干部帮助解决（25.8%），再次是忍忍算了（15.7%），另外，选择打官司的比例有 13.5%，选择上访的比例最低（1.1%）。

对于土地方面纠纷解决方式的选择，55.1%是被访者自己主动选择的，32.6%是迫不得已，12.3%是听从别人建议。

在满意度方面，大约 1/3 的被访者对所选择的土地方面纠纷解决方式表示满意（32.6%），大约 1/3 表示满意程度一般（32.5%），大约 1/3 对所选择的纠纷解决方式表示不满意（34.9%）。

进一步的交互分析显示（见表 10 - 9），被访者对于自己主动选择的土地方面纠纷解决方式表示满意的比例为 43.8%，对听从别人建议而选择的纠纷解决方式表示满意的比例不到前者的一半（20.0%），对迫不得已而选择的纠纷解决方式表示满意的比例更低（17.9%），这一差异在统计意义上显著。也就是说，被访者选择土地方面纠纷解决方式的主观意愿或者主动性状况影响其对土地方面纠纷解决方式的满意度评价。

表 10 - 9　选择土地方面纠纷解决方式的意愿与对该方式的满意程度
（2012 "千人百村"）

| | | 对纠纷解决方式的满意情况 | | | 总计 |
		满意	不满意	一般	
自己主动	频数	21	13	14	48
	在选择意愿中的百分比	43.8%	27.0%	29.2%	100.0%
	在满意程度中的百分比	75.0%	43.3%	50.0%	55.8%
迫不得已	频数	5	16	7	28
	在选择意愿中的百分比	17.9%	57.1%	25.0%	100.0%
	在满意程度中的百分比	17.9%	53.4%	25.0%	32.6%
听别人建议	频数	2	1	7	10
	在选择意愿中的百分比	20.0%	10.0%	70.0%	100.0%
	在满意程度中的百分比	7.1%	3.3%	25.0%	11.6%
总计	频数	28	30	28	86
	在选择意愿中的百分比	32.6%	34.8%	32.6%	100.0%
	在满意程度中的百分比	100.0%	100.0%	100.0%	100.0%

注：$R^2 = 15.746$，$p = 0.003 < 0.05$。

8. 用水方面纠纷的解决状况

与土地方面纠纷的解决方式一样，双方协商也是被访者选择解决用水方面纠纷最多的方式，但与解决土地方面纠纷不同的是，被访者找村干部帮助解决用水方面纠纷的比例只有 12.0%，选择忍忍算了的比例则达到了 36.0%，而被访者找村干部帮助解决土地方面纠纷的比例为 25.8%，是前者的两倍多，选择忍忍算了的比例仅为 15.7%，不到前者的一半。

另外，被访者迫不得已选择用水方面纠纷解决方式的比例超过一半（54.2%），这一比例远高于被访者迫不得已选择土地方面纠纷解决方式的比例。

被访者对所选择的用水方面纠纷的解决方式表示不满的比例为 52.2%，该比例也高于被访者对土地方面纠纷解决方式的不满意比例。

9. 环境纠纷的解决状况

对于环境纠纷，双方协商亦是被访者选择最多的纠纷解决方式（40.0%），其次是忍忍算了（33.3%），再次是找村干部帮助解决（20.0%），除此之外，有 6.7% 的被访者选择通过上访来解决环境纠纷。

在选择环境纠纷的解决方式时，被访者自己主动选择的比例为 50.0%，迫不得已做出选择的比例为 35.7%，在别人的建议下做出选择的比例为 14.3%。

就满意程度来说，一半以上的被访者对所选择的环境纠纷解决方式表示不满（53.3%），表示满意的比例只有 26.7%，持一般态度的比例为 20%。

10. 人身伤害纠纷的解决状况

被访者在处理人身伤害纠纷时，42.1% 选择了双方协商解决，选择通过打官司来解决的比例上升到第二位（26.3%），之后是忍忍算了（15.8%）和找村干部帮助解决（15.8%）。

被访者在选择人身伤害纠纷的解决方式时，30.0% 是自己主动选择，65.0% 是迫不得已选择，5.0% 是听从别人的建议而做出的选择。

对于所选择的人身伤害纠纷解决方式，让被访者感到满意的比例为 20.0%，被访者觉得一般和不满意的比例分别为 25.0% 和 55.0%。

11. 医疗纠纷的解决状况

对于医疗纠纷的解决，42.3%的被访者选择忍忍算了，34.6%选择找对方协商，15.4%选择找村干部帮助解决，另外，有7.7%的被访者选择通过打官司来解决医疗纠纷。

在选择医疗纠纷的解决方式时，只有22.2%是自己主动选择的，70.4%的选择是迫不得已的，7.4%的选择是听从别人建议的。

对于所选择的医疗纠纷解决方式，被访者认为满意的比例为21.4%，认为一般的比例为14.3%，表示不满意的比例为64.3%。

进一步的交互分析显示，在处理医疗纠纷方面，被访者对忍忍算了表示不满意的比例为72.7%，满意的比例为零；对双方协商方式不满意的比例为55.6%，满意的比例为33.3%；对找村干部帮助解决不满意的比例为零，满意的比例为100%；对打官司不满意的比例为100%，满意的比例为零。这也就是说，被访者对于医疗纠纷解决方式的满意程度从高到低依次是找村干部帮助解决、双方协商、忍忍算了和打官司，并且这一差异具有统计意义。

此外，对于自己主动选择的医疗纠纷解决方式，被访者表示满意的比例为66.7%；对于听从别人的建议而选择的医疗纠纷解决方式，被访者表示满意的比例为50.0%；对于迫不得已而选择的纠纷解决方式，被访者表示满意的比例仅为5.3%。这一差异在统计意义上显著。

（二）纠纷解决状况的比较分析

1. 纠纷解决方式的比例

图10-1综合呈现了各种类型纠纷的解决方式状况。第一，双方协商在所有类型的纠纷解决中都占有重要比重，尤其在婚姻家庭纠纷、邻里纠纷、计划生育计划、财产纠纷、债权债务纠纷、土地方面纠纷、用水方面纠纷、环境纠纷以及人身伤害纠纷中，被访者选择最多的纠纷解决方式都是双方协商。

第二，在所有的纠纷解决中，忍忍算了也是被访者常选择的一种纠纷解决方式，尤其在处理干群纠纷、医疗纠纷时，被访者选择忍忍算了的比例最高，另外，在婚姻家庭纠纷、邻里纠纷、计划生育纠纷等纠纷中，选择忍忍算了的比例也非常高，占到了第二位。

第三，在邻里纠纷、土地方面纠纷、干群纠纷、计划生育纠纷、环境纠纷以及财产纠纷的解决中，找村干部帮助解决是一个重要的纠纷解决方式，尤其在处理土地方面纠纷时，被访者选择找村干部帮助解决的比例仅次于选择双方协商解决，另外，在干群纠纷的解决当中，被访者选择找村干部帮助解决与选择双方协商的比例相等。

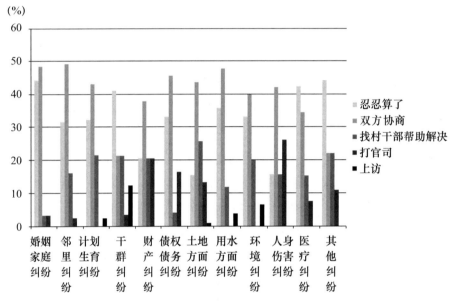

图 10-1　所有类型的纠纷的解决方式比较（2012 "千人百村"）

第四，打官司在财产纠纷、债权债务纠纷、土地方面纠纷、人身伤害纠纷的解决中占有一定的比例。其中，在人身伤害纠纷的处理中，被访者选择打官司的比例处于第二位；在财产纠纷的处理中，被访者选择打官司的比例与选择忍忍算了、找村干部帮助解决的比例相等，均处于第二位。此外，需要注意的是，没有一例计划生育纠纷、用水方面纠纷以及环境纠纷是通过打官司的方式解决的。

第五，上访在干群纠纷的解决中占有一定的比例。另外，计划生育纠纷、土地方面纠纷、用水方面纠纷以及环境纠纷各有 1 例是通过上访的方式解决的。

2. 被访者选择纠纷解决方式的主动程度比较

被访者迫不得已选择纠纷解决方式的比例从高到低依次为医疗纠纷

（70.4%）、人身伤害纠纷（65.0%）、计划生育纠纷（58.3%）、干群纠纷（56.4%）、用水方面纠纷（54.2%）、债权债务纠纷（47.8%）、财产纠纷（41.4%）、环境纠纷（35.7%）、土地方面纠纷（32.6%）、邻里纠纷（25.0%）和婚姻家庭纠纷（17.6%）（见图10-2）。

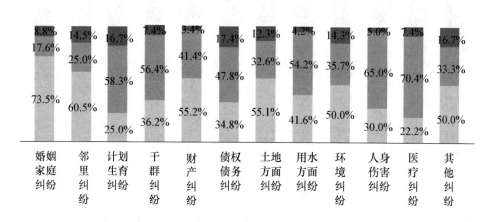

图 10-2 被访者选择纠纷解决方式的主动程度（2012 "千人百村"）

3. 被访者对纠纷解决方式的满意程度

图10-3显示了被访者对所选择的纠纷解决方式的满意程度。其中，对于婚姻家庭纠纷，被访者表示所选择的纠纷解决方式令人满意的比例为59.1%，这一比例在所有的纠纷类型中是最高的，其次是邻里纠纷（47.6%），之后依次是债权债务纠纷（39.2%）、土地方面纠纷（32.6%）、用水方面纠纷（30.4%）、财产纠纷（27.6%）、环境纠纷（26.7%）、医疗纠纷（21.4%）、人身伤害纠纷（20.0%）、干群纠纷（14.8%）和计划生育纠纷（11.1%）。总体上，一半以上的被访者对婚姻家庭纠纷的解决状况表示满意，接近一半的被访者对邻里纠纷的解决状况表示满意，二者的比例远高于被访者对其他类型纠纷的解决状况的满意比例。另外，被访者对医疗纠纷和人身伤害纠纷的解决状况表示满意的比例仅为1/5，对医疗纠纷解决状况表示不满意的比例高达64.3%（这一比例是被访者对纠纷解决状况表示不满意的比例中最高的），对人身伤害纠纷的不满意比例也达到了55.0%。除此之

外，被访者对计划生育纠纷和干群纠纷的解决状况的满意比例非常低，前者只有 11.1%，后者为 14.8%，被访者对二者解决状况不满意的比例分别为58.3%和 61.1%，在所有的纠纷类型中位于第三位和第二位，仅次于医疗纠纷的不满意比例。

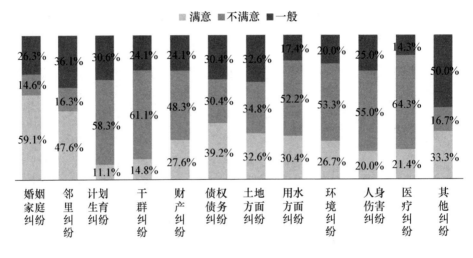

图 10-3　对选择的纠纷解决方式的满意程度（2012"千人百村"）

（三）从村庄层面看村干部参与纠纷调解的状况

上面的数据都是从农村居民个人的角度来考察农村纠纷解决方式的选择等问题的，图 10-4 则从村庄层面展示了村干部参与村庄各类纠纷解决的比例。其中，88.9%的村干部参与过土地方面纠纷的调解，这是村干部参与调解的比例最高的纠纷类型；村干部参与计划生育纠纷调解和邻里纠纷调解的比例都是 85.7%，该比例仅次于村干部参与土地方面纠纷调解的比例；处于第三位的是婚姻家庭纠纷和财产纠纷，村干部参与调解的比例都是80.0%；其后按比例从高到低依次是用水方面纠纷（77.3%）、医疗纠纷（76.9%）、债权债务纠纷（68.8%）、人身伤害纠纷（68.4%）、干群纠纷（57.1%）和环境纠纷（55.6%）。由此可见，村干部参与村庄里各类纠纷调解工作的比例都是比较高的，尤其是涉及发生在村民之间的纠纷，如土地方面纠纷和邻里纠纷。

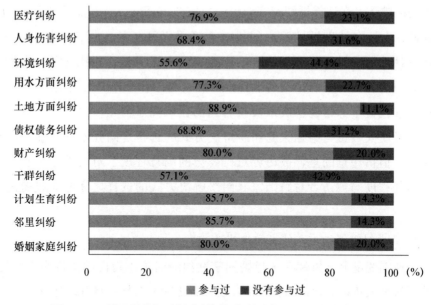

图 10-4　村干部参与过村庄纠纷调解的比例（2012"千人百村"）

三、农村居民选择纠纷解决方式的相关分析

此处，我们主要对被访者选择的纠纷解决方式以及被访者对所选择的解决解决方式的满意程度与被访者的性别、年龄、婚姻状况、受教育程度、家庭收入水平等变量进行了交互分析。由于在部分纠纷类型中，被访者填答采取何种方式解决纠纷的有效样本数比较小，如财产纠纷解决方式（有效样本29）、债权债务纠纷解决方式（有效样本24）、用水方面纠纷解决方式（有效样本25）、环境纠纷解决方式（有效样本15）、人身伤害纠纷解决方式（有效样本19）和医疗纠纷解决方式（有效样本26），所以我们只选择了几类有效样本量相对较大的纠纷进行交互分析——婚姻家庭纠纷解决方式（有效样本142）、邻里纠纷解决方式（有效样本154）、干群纠纷解决方式（有效样本56）和土地方面纠纷解决方式（有效样本88）。

（一）婚姻家庭纠纷解决方式

1. 纠纷解决方式的选择

相关分析的结果显示，性别、年龄、婚姻状况、受教育程度以及政治面

貌不同的被访者在选择婚姻家庭纠纷解决方式方面并不存在显著的差异。尽管如此，女性在处理婚姻家庭纠纷时选择忍忍算了的比例比男性高一些，而且女性选择找村干部帮助解决的比例也略高于男性，相比之下，男性选择双方协商和打官司的比例高于女性；群众选择忍忍算了的比例高于党员，党员选择找村干部帮助解决以及打官司的比例高于群众。另外，家庭收入水平以及子女数量与婚姻家庭纠纷解决方式的选择之间并不存在显著的相关关系。值得注意的是，被访者对村委会的满意程度、对村委会和村党支部的信任程度与被访者对婚姻家庭纠纷解决方式的选择之间亦无显著的相关关系。

2. 选择纠纷解决方式的主动性状况

在性别变量上，男性在选择婚姻家庭纠纷时迫不得已的比例高于女性，女性听从别人建议的比例高于男性，但二者之间的差异不具有统计意义。

在政治面貌方面，群众在选择婚姻家庭纠纷时迫不得已的比例为20.0%，党员迫不得已的比例为6.8%，党员听从别人建议的比例为20.0%，群众为8.2%，但总体上二者之间的差异不显著。

在家庭收入水平方面，低于当地平均收入水平的家庭，自己主动选择婚姻家庭纠纷解决方式的比例为67.2%，迫不得已做选择的比例为25.5%，7.3%听从别人的建议；处于当地平均收入水平的家庭，有75.0%自己主动选择婚姻家庭纠纷的解决方式，迫不得已做选择的比例下降到15.6%，听从别人建议的比例上升到9.4%；对于收入水平高于当地平均水平的家庭，自己主动选择婚姻家庭纠纷解决方式的比例上升到87.5%，迫不得已的比例为0%，听从别人建议的比例也有所上升（12.5%）。尽管如此，上述差异在统计上均不显著。

有无孩子对被访者选择婚姻家庭纠纷解决方式的主动性有影响。对于有孩子的家庭，被访者自己主动选择婚姻家庭纠纷解决方式的比例为75.9%，迫不得已做选择的比例为15.1%，相比之下，对于没有孩子的家庭，被访者自己主动选择纠纷解决方式的比例为55.6%，迫不得已做选择的比例达到44.4%。

3. 对选择的纠纷解决方式的满意程度

被访者的性别、政治面貌、婚姻状况、年龄、受教育程度、有无子女以

及家庭收入在当地的水平与被访者对婚姻家庭纠纷解决方式的满意程度之间
并无明显的相关关系。当然，一些变量的内部差异还是存在的，尽管这些差
异在统计意义上不显著。例如，群众对婚姻家庭解决解决方式不满意的比例
为 16.1%，高于党员的 7.1%；男性对婚姻家庭纠纷解决方式满意的比例为
67.2%，不满意的比例为 12.1%，而女性满意的比例比男性低 13%，不满意
的比例（16.5%）高于男性；家庭收入水平越高，对所选择的婚姻家庭纠纷
解决方式的不满意比例越低，对于家庭收入低于当地平均水平的被访者，其
不满意的比例为 19.3%，家庭收入处于当地平均水平的被访者不满意比例为
12.7%，家庭收入高于当地平均水平的被访者不满意比例只有 6.3%。

（二）邻里纠纷解决方式

1. 纠纷解决方式的选择

在处理邻里纠纷时，党员找村干部帮助解决的比例为 33.3%，这一比例
约为群众的两倍（16.3%），群众忍忍算了的比例为 32.5%，党员忍忍算了
的比例（20.0%）低于群众。

未婚的被访者处理邻里纠纷时更可能选择忍忍算了（43.5%），找村干部
帮助解决的比例为 4.3%，相比之下，已婚的被访者忍忍算了的比例为
30.2%，找村干部帮助解决的比例上升到 17.1%。

另外，被访者对村委会信任程度越高，其找村干部帮助解决邻里纠纷的
比例越大。其中，对村委会充分信任的被访者找村干部帮助解决邻里纠纷的
比例为 23.6%，对村委会部分信任的被访者找村干部帮助解决邻里纠纷的比
例为 11.9%，对村委会几乎完全不信任的被访者找村干部帮助解决邻里纠纷
的比例为 11.5%。

表 10-10 的数据显示，收入水平越高的家庭在遇到邻里纠纷时忍忍算了
的比例越低。家庭收入水平低于当地平均水平的被访者选择忍忍算了的比例
为 38.9%，家庭收入水平处于当地平均水平的被访者忍忍算了的比例为
31.6%，家庭收入高于当地平均水平的被访者忍忍算了的比例只有
10.0%，相比之下，家庭收入高于当地平均水平的被访者找村干部帮助解
决邻里纠纷的比例是最高的（35.0%），家庭收入处于当地平均水平和低于
当地平均水平的被访者找村干部帮助解决的比例只有 13.9% 和 13.0%。上

述差异具有统计意义。

表 10 - 10　家庭收入水平与邻里纠纷解决方式的选择
(2012 "千人百村")

		选择的纠纷解决方式				总计
		忍忍算了	双方协商	找村干部帮助解决	打官司	
低于当地平均水平	频数	21	23	7	3	54
	在解决方式中的百分比	38.9%	42.6%	13.0%	5.5%	100.0%
	在收入水平中的百分比	43.8%	30.3%	28.0%	75.0%	35.3%
处于当地平均水平	频数	25	42	11	1	79
	在解决方式中的百分比	31.6%	53.2%	13.9%	1.3%	100.0
	在收入水平中的百分比	52.1%	55.3%	44.0%	25.0%	51.6%
高于当地平均水平	频数	2	11	7	0	20
	在解决方式中的百分比	10.0%	55.0%	35.0%	0.0%	100.0%
	在收入水平中的百分比	4.2%	14.5%	28.0%	0.0%	13.1%
总计	频数	48	76	25	4	153
	在解决方式中的百分比	31.4%	49.7%	16.3%	2.6%	100.0%
	在收入水平中的百分比	100.0%	100.0%	100.0%	100.0%	100.0%

注：$R^2 = 12.520$，$p = 0.05$。

2. 对选择的纠纷解决方式的满意程度

被访者对纠纷解决方式的满意程度在性别、政治面貌、受教育程度、婚姻状况、年龄等变量上并不存在显著的差异。

需要强调的是，家庭收入水平越高，被访者对选择的纠纷解决方式的满意比例相对越高。其中，家庭收入水平低于当地平均水平的被访者对所选的纠纷解决方式不满的比例为 18.9%、满意的比例为 39.6%；家庭收入水平处于当地平均水平的被访者对选择的纠纷解决方式不满意的比例为 16.2%、满意的比例为 45.9%；家庭收入水平高于当地平均水平的被访者对选择的纠纷解决方式表示满意的比例高达 73.3%、不满意的比例仅为 10.5%。

(三) 干群纠纷解决方式

1. 纠纷解决方式的选择

女性在处理干群纠纷时找村干部帮助解决的比例为 40.0%，男性找村干部帮助解决的比例只有 11.1%。相比之下，男性选择上访的比例为 16.7%，女性上访的比例只有 5.0%。

从政治面貌来看，共产党员遇到干群纠纷时忍忍算了的比例为 20.0%，而群众选择忍忍算了的比例高达 44.2%，是共产党员的两倍多。

另外，被访者对村委会的满意程度、对村干部的态度、对村委会的信任程度与其选择干群纠纷解决方式之间不存在显著的相关关系。

2. 对选择的纠纷解决方式的满意程度

被访者对所选择的干群纠纷解决方式的满意程度在年龄、婚姻状况、受教育程度以及家庭收入水平之间不存在显著的相关关系。

对于所选择的干群纠纷解决方式，群众不满意的比例达到 61.9%，明显高于共产党员的不满比例（25.0%），有一半的共产党员对所选择的干群纠纷解决方式表示满意，而群众对此满意的比例只有 11.9%，二者持中立态度的比例大体相当。

被访者对村干部越尊重，其对干群纠纷解决方式的满意程度越高。其中，尊敬和有点尊敬村干部的被访者对所选择的干群纠纷解决方式表示满意的比例为 29.4%，这一比例高于对村干部态度一般以及不怎么尊敬的被访者，后面二者的满意比例分别只有 8.3% 和 4.3%。同样，对村委会比较满意和非常满意的被访者对干群纠纷解决方式表示满意的比例为 47.1%，相比之下，对村委会态度中立以及不满意的被访者对所选择的纠纷解决方式不满意的比例分别为 60.0% 和 67.7%。

（四）土地方面纠纷解决方式

1. 纠纷解决方式的选择

对于土地方面纠纷的解决方式的选择，男性和女性并不存在明显的差异；不同年龄段、不同收入水平的被访者在选择土地方面纠纷解决方式上也无明显差异。另外，群众忍忍算了的比例高于党员。

2. 对选择的纠纷解决方式的满意程度

被访者的性别、年龄、婚姻状况、政治面貌以及受教育程度与其对土地方面纠纷解决方式的满意度评价之间不存在显著的相关关系。

数据显示，家庭收入水平不同的被访者对土地方面纠纷解决方式的满意程度存在显著差异。其中，家庭收入低于当地平均水平以及处于当地平均水平的被访者对土地方面纠纷解决方式的满意比例分别为 38.5％和 37.2％，相比之下，家庭收入高于当地平均水平的被访者对所选择的土地方面纠纷解决方式表示满意的比例仅为 12.5％。

四、农村社会纠纷解决中存在的问题及对策

（一）存在的问题

1. 非正式的纠纷解决方式是中国农村纠纷解决的主要方式

对于所考察的各类纠纷，双方协商解决、忍忍算了以及找村干部帮助解决是最为常见的纠纷解决方式，而农村居民选择通过打官司的方式来解决纠纷的比例相对较小，即使对于像人身伤害纠纷（26.3％）、债权债务纠纷（20.7％）以及医疗纠纷（7.7％）这类很可能成为司法案件的纠纷，其多数也是通过非正式的纠纷解决方式来解决的。

另外，需要注意的是，在每类纠纷的处理当中，均有相当比例的纠纷当事人选择"忍忍算了"。也就是说，相当数量的纠纷只是被消极地压制，而没有得到实质的解决。当然，在这种消极回避中，当事人之间的紧张或对抗暂时得到了缓解，甚至部分冲突就此停息，但是忍耐"没有解决冲突、不满或者纠纷，因为当事人一方倾向于对纠纷中的问题视而不见，它通常取决于相对弱势一方的决定或者牵涉到纠纷解决会涉及的社会成本、经济成本或者心理成本"[①]。这意味着，消极忍让并不能真正纾解隐忍一方（通常是弱势一方）的不满情绪，更无法从根本上解决矛盾，而在隐忍的过程中，这些被压制的不满情绪不断积蓄，转变成怨恨，极易引发暴力事件。

2. 纠纷当事人被迫选择纠纷解决方式的比例较大

数据显示，除了婚姻家庭纠纷和邻里纠纷之外，农村居民迫不得已选择其他纠纷的解决方式的比例均超过了 1/3，尤其是农村居民在处理干群纠纷

---

① 瓦戈. 法律与社会：第 9 版. 梁坤，邢朝国，译. 北京：中国人民大学出版社，2011：206.

（56.4％）、计划生育纠纷（58.3％）、人身伤害纠纷（65％）和医疗纠纷（70.4％）时迫不得已选择某一纠纷解决方式的比例非常高。另外，从具体的纠纷解决方式来看，农村居民迫不得已选择忍忍算了的比例较高，其次是迫不得已找村干部帮助解决。例如，在干群纠纷的处理当中，82.6％的农村居民是迫不得已选择忍忍算了，54.5％迫不得已找村干部帮助解决；在计划生育纠纷的处理当中，农村居民迫不得已选择忍忍算了的比例高达75.0％，迫不得已找村干部帮助解决和双方协商的比例也都达到了50.0％；在人身伤害纠纷的处理中，农村居民迫不得已忍忍算了的比例为66.7％；农村居民在处理医患纠纷时迫不得已忍忍算了的比例高达90.9％，迫不得已与对方协商解决的比例也有55.6％。

由此可见，有相当一部分的纠纷当事人并不是自己主动选择相关的纠纷解决方式，这一状况在忍忍算了、找村干部帮助解决、双方协商以及打官司中均存在，尤其需要我们注意的是，选择忍让的纠纷当事人很多时候是迫不得已的。

可以肯定的是，纠纷当事人迫不得已选择纠纷解决方式会产生诸多负面影响。例如，前面的交互分析表明，纠纷当事人在选择纠纷解决方式时的主观意愿状况明显会影响他们对所选择的纠纷解决方式的满意程度，即纠纷当事人对自己迫不得已选择的纠纷解决方式的满意程度明显低于对自己主动选择的纠纷解决方式的满意程度。

3. 纠纷当事人对所选择的纠纷解决方式的满意程度不高

除婚姻家庭纠纷和邻里纠纷之外，农村居民对其他各类纠纷的解决方式不满意的比例都比较高，其中农村居民对债权债务纠纷（30.4％）和土地方面纠纷（34.9％）的解决方式的不满意比例超过1/3，对财产纠纷（48.3％）解决方式的不满意比例接近1/2，对用水方面纠纷（52.2％）、环境纠纷（53.3％）、人身伤害纠纷（55％）以及计划生育纠纷（58.3％）的不满意比例均超过1/2，对干群纠纷（61.1％）以及医疗纠纷（64.3％）的解决方式的不满意比例甚至超过3/5。

另外，就具体的纠纷解决方式来说，纠纷当事人对通过打官司的方式来解决婚姻纠纷的不满比例为60.0％；在邻里纠纷的解决中，纠纷当事人对打官司的不满比例高达75.0％，对忍忍算了的不满比例为23.9％；在干群纠纷

的解决中，纠纷当事人对忍忍算了的不满比例达到了73.9%，对上访的不满
比例为71.4%，对找村干部帮助解决的不满比例为63.6%，对双方协商的不
满比例为30.0%；在财产纠纷的解决中，纠纷当事人对忍忍算了、找村干部
帮助解决以及打官司的不满比例均为66.7%；在债权债务纠纷的解决中，纠
纷当事人对忍忍算了和打官司的不满比例都高达75.0%；在土地方面纠纷的
解决中，纠纷当事人对打官司的不满比例为60.0%，对找村干部帮助解决的
不满比例为39.1%，对忍忍算了的不满比例为30.8%；在用水方面纠纷的解
决中，纠纷当事人对忍忍算了的不满比例为77.8%，对找村干部帮助解决的
不满比例为33.3%；在人身伤害纠纷的解决中，纠纷当事人对打官司的不满
比例为60.0%，对双方协商和找村干部帮助解决的不满比例都为50.0%；在
医疗纠纷的解决中，纠纷当事人对打官司的不满比例为100%，对忍忍算了
的不满比例为72.7%，对双方协商的不满比例为55.6%。

这些数据告诉我们，有相当一部分的农村居民对于纠纷解决方式较不满
意，甚至在一些纠纷类型中，农村居民对纠纷解决方式的不满意比例相当高。

（二）解决对策

对于农村纠纷解决中存在的上述问题，一个重要的应对措施是建立和完
善多元纠纷解决机制，让纠纷当事人有自主选择的可能性，尤其是降低正式
纠纷解决方式的使用成本，提高其解决纠纷的效率。另外，对于特定类型的
纠纷，如干群纠纷、计划生育纠纷、医疗纠纷等，可设立专门的、中立的纠
纷处理机构。简言之，通过多种措施促进农村居民使用正式的纠纷解决机制，
可以缓解农村居民迫不得已选择纠纷解决方式的状况，提高农村居民对所选
择的纠纷解决方式的满意程度。

五、小结

就农村地区的纠纷解决方式而言，双方协商、忍忍算了以及找村干部帮
助解决是最为常见的纠纷解决方式。换言之，非正式的纠纷解决方式在农村
居民的纠纷处理当中扮演了重要的角色。从纠纷类型来看：（1）在婚姻家庭
纠纷、邻里纠纷、计划生育计划、财产纠纷、债权债务纠纷、土地方面纠纷、

用水方面纠纷、环境纠纷以及人身伤害纠纷中，被访者选择最多的纠纷解决方式都是双方协商。（2）处理干群纠纷、医疗纠纷时，被访者选择忍忍算了的比例最高，另外，在婚姻家庭纠纷、邻里纠纷、计划生育纠纷中，选择忍忍算了的比重也非常大。（3）在邻里纠纷、土地方面纠纷、干群纠纷、计划生育纠纷以及财产纠纷的解决中，找村干部帮助解决是一个重要的纠纷解决方式，尤其在处理土地方面纠纷时，被访者选择找村干部帮助解决的比例仅次于选择双方协商解决。对村干部进行问卷调查的数据进一步表明，村干部参与村庄里各类纠纷调解工作的比例比较高，尤其是村民之间的纠纷，如土地方面纠纷和邻里纠纷。（4）打官司在财产纠纷、债权债务纠纷、土地方面纠纷、人身伤害纠纷的解决中占有一定的比例。

在选择纠纷解决方式的主观意愿方面，有相当比例的农村居民在选择纠纷解决方式时是迫不得已的，尤其是迫不得已选择忍忍算了的比例非常高，另外，迫不得已选择找村干部帮助解决、双方协商以及打官司的比例也较高。就纠纷类型来说，农村居民在选择纠纷解决方式时迫不得已的比例最高的是医疗纠纷，其次是人身伤害纠纷，之后从高到低依次为计划生育纠纷、干群纠纷、用水方面纠纷、债权债务纠纷、财产纠纷、环境纠纷、土地方面纠纷、邻里纠纷和婚姻家庭纠纷。

此外，农村居民总体上对所选择的纠纷解决方式的满意程度不高。除了对婚姻家庭纠纷和邻里纠纷的解决方式的满意程度相对高一点之外，纠纷当事人对其他纠纷解决方式的满意程度均比较低，如对医疗纠纷和人身伤害纠纷的解决方式表示满意的仅有 1/5，对计划生育纠纷及干群纠纷的解决方式表示满意的比例只有 11.1% 和 14.8%。按照纠纷类型，纠纷当事人的满意比例从高到低依次是婚姻家庭纠纷、邻里纠纷、债权债务纠纷、土地方面纠纷、用水方面纠纷、财产纠纷、环境纠纷、医疗纠纷、人身伤害纠纷、干群纠纷和计划生育纠纷。

研究还发现，纠纷当事人选择纠纷解决方式的主观意愿状况（自己主动选择、迫不得已选择、听从别人建议选择）与其对纠纷解决方式的满意程度之间存在显著的相关关系，这一点值得进行深入探讨。

附录一　"千人百村"实际调查样本

省份编号	来源	抽样样本
11	福建	［福建省　福州市　闽清县　坂东镇　杨坂村委会］
11	福建	［福建省　龙岩市　新罗区　雁石镇　楼墩村委会］
11	福建	［福建省　宁德市　霞浦县　水门畲族乡　湖里村委会］
11	福建	［福建省　泉州市　晋江市　东石镇　潘山村委会］
11	福建	［福建省　泉州市　洛江区　罗溪镇　三村村委会］
11	福建	［福建省　泉州市　石狮市　永宁镇　山边村委会］
11	福建	［福建省　三明市　尤溪县　坂面乡　际头村委会］
11	福建	［福建省　漳州市　云霄县　马铺乡　乌螺村委会］
12	广西	［广西壮族自治区　百色市　平果县　黎明乡　爱桃村委会］
12	广西	［广西壮族自治区　贵港市　平南县　六陈镇　龙凤村村委会］
12	广西	［广西壮族自治区　柳州市　融安县　板榄镇　古龙村委会］
12	广西	［广西壮族自治区　南宁市　横县　良圻农场　八分场生活区］
12	广西	［广西壮族自治区　南宁市　横县　马山乡　象旺村委会］
12	广西	［广西壮族自治区　南宁市　横县　云表镇　福塘村委会］
12	广西	［广西壮族自治区　南宁市　马山县　周鹿镇　坛利村委会］
12	广西	［广西壮族自治区　南宁市　青秀区　刘圩镇　团黄村委会］
12	广西	［广西壮族自治区　钦州市　灵山县　檀圩镇　四联村委会］
12	广西	［广西壮族自治区　钦州市　灵山县　檀圩镇　四联村委会］
13	河北	［河北省　保定市　北市区　百楼乡　西大夫庄村村委会］
13	河北	［河北省　保定市　北市区　韩庄乡　北高庄村村委会］
13	河北	［河北省　邯郸市　临漳县　西羊羔乡　北村村委会］
13	河北	［河北省　邯郸市　临漳县　习文乡　洛安台村委会］
13	河北	［河北省　秦皇岛市　山海关区　孟姜镇　大毛山村委会］

续表

省份编号	来源	抽样样本
13	河北	［河北省　秦皇岛市　山海关区　石河镇　长桥店村委会］
13	河北	［河北省　石家庄市　行唐县　九口子乡　下庄村委会］
13	河北	［河北省　石家庄市　行唐县　翟营乡　北翟营村委会］
13	河北	［河北省　张家口市　怀安县　太平庄乡　辛窑村委会］
13	河北	［河北省　张家口市　怀安县　头百户镇　任家窑村委会］
14	河南	［河南省　安阳市　安阳县　许家沟乡　下庄村民委员会］
14	河南	［河南省　安阳市　滑县　白道口镇　李村村委会］
14	河南	［河南省　南阳市　内乡县　板场乡　符庄村民委员会］
14	河南	［河南省　南阳市　西峡县　石界河乡　阳盘村委会］
14	河南	［河南省　商丘市　民权县　伯党乡　翟庄村委会］
14	河南	［河南省　商丘市　睢县　尤吉屯乡　冯庄村委会］
14	河南	［河南省　新乡市　原阳县　阳阿乡　焦楼村委会］
14	河南	［河南省　许昌市　禹州市　张得乡　大周村委会］
14	河南	［河南省　驻马店市　遂平县　褚堂乡　屈庄村委会］
14	河南	［河南省　驻马店市　新蔡县　关津乡　沈庄村委会］
15	湖北	［湖北省　黄冈市　蕲春县　向桥乡　百罗村委会］
15	湖北	［湖北省　荆州市　公安县　毛家港镇　农科所生活区］
15	湖北	［湖北省　荆州市　石首市　天鹅洲开发区　天鹅洲新和农业队］
15	湖北	［湖北省　十堰市　房县　姚坪乡　西坡村委会］
15	湖北	［湖北省　十堰市　郧县　安阳镇　老虎道村委会］
15	湖北	［湖北省　武汉市　新洲区　旧街街道办事处　杨家山村委会］
15	湖北	［湖北省　襄樊市　宜城市　刘猴镇　石河村委会］
15	湖北	［湖北省　孝感市　安陆市　孛畈镇　月岭村村民委员会］
15	湖北	［湖北省　孝感市　安陆市　陈店乡　伍店村村民委员会］
15	湖北	［湖北省　宜昌市　兴山县　水月寺镇　郑家堉村委会］
16	辽宁	［辽宁省　朝阳市　朝阳县　台子乡　恒河子村民委员会］
16	辽宁	［辽宁省　朝阳市　朝阳县　长在营子乡　南塔子村民委员会］
16	辽宁	［辽宁省　大连市　庄河市　吴炉镇　桥上村委会］
16	辽宁	［辽宁省　丹东市　凤城市　东汤镇　土城村委会］
16	辽宁	［辽宁省　丹东市　凤城市　刘家河镇　尖山子村委会］
16	辽宁	［辽宁省　阜新市　彰武县　东六家子镇　红星村委会］

续表

省份编号	来源	抽样样本
16	辽宁	[辽宁省 锦州市 凌河区 锦州北山农工商总公司 小齐农业分场生活区]
16	辽宁	[辽宁省 锦州市 凌河区 锦州北山农工商总公司 郑家农业分场生活区]
17	宁夏	[宁夏回族自治区 固原市 原州区 彭堡镇 石碑村委会]
17	宁夏	[宁夏回族自治区 固原市 原州区 张易镇 黎套村委会]
17	宁夏	[宁夏回族自治区 吴忠市 红寺堡区 红寺堡开发区太阳山镇 水套村委会]
17	宁夏	[宁夏回族自治区 银川市 贺兰县 常信乡 于祥村委会]
17	宁夏	[宁夏回族自治区 银川市 贺兰县 立岗镇 幸福村委会]
17	宁夏	[宁夏回族自治区 银川市 西夏区 兴泾镇 泾河村委会]
17	宁夏	[宁夏回族自治区 银川市 西夏区 镇北堡镇 三闸村委会]
17	宁夏	[宁夏回族自治区 中卫市 海原县 甘城乡 吴池村委会]
17	宁夏	[宁夏回族自治区 中卫市 海原县 关桥乡 马湾村委会]
18	山东	[山东省 德州市 陵县 义渡口乡 北吕家村委会]
18	山东	[山东省 菏泽市 鄄城县 彭楼镇 郭北口村委会]
18	山东	[山东省 济南市 济阳县 崔寨镇 徐家村委会]
18	山东	[山东省 济宁市 嘉祥县 纸坊镇 王庙村委会]
18	山东	[山东省 聊城市 高唐县 赵寨子乡 西韩村委会]
18	山东	[山东省 临沂市 莒南县 板泉镇 王彭蒋村委会]
18	山东	[山东省 青岛市 莱西市 沽河街道办事处 甲瑞村委会]
18	山东	[山东省 威海市 文登市 泽库镇 周家村委会]
18	山东	[山东省 威海市 文登市 张家产镇 西水道村委会]
18	山东	[山东省 潍坊市 高密市 大牟家镇 展家村民委员会]
19	重庆	[重庆市 巴南区 丰盛镇 油房村委会]
19	重庆	[重庆市 城口县 蓼子乡 长元村村委会]
19	重庆	[重庆市 涪陵区 百胜镇 花庙村委会]
19	重庆	[重庆市 涪陵区 焦石镇 向阳村委会]
19	重庆	[重庆市 梁平县 城东乡 云佛村村委会]
19	重庆	[重庆市 黔江区 石会镇 会西村委会]
19	重庆	[重庆市 铜梁县 侣俸镇 石河村委会]
19	重庆	[重庆市 永川区 双石镇 脚盆井村委会]

续表

省份编号	来源	抽样样本
19	重庆	［重庆市　酉阳土家族苗族自治县　可大乡　程香村委会］
19	重庆	［重庆市　云阳县　江口镇　六坪村委会］
20	典型村	［山东省　烟台市　龙口市　东江镇　南山村村委会］
20	典型村	［河南省　漯河市　临颍县　城关镇　南街村］
20	典型村	［山西省　晋中市　昔阳县　大寨镇　大寨村村委会］
20	典型村	［江西省　南昌市　青山湖区　湖坊镇　进顺村村委会］
20	典型村	［上海市　闵行区　七堡镇　九星村村委会］
20	典型村	［云南省　昆明市　官渡区　六甲乡　福保村村委会］
20	典型村	［浙江省　金华市　东阳市　南马镇　花园村村委会］
20	典型村	［浙江省　宁波市　奉化市　萧王庙镇　腾头村村委会］
20	典型村	［江苏省　江阴市　华士镇　华西村村委会］

附录二 "千人百村"村民调查问卷

问卷编号 _____

中国人民大学
"千人百村"社会调查问卷

_____省 _____县 _____乡镇

_____村 第_____村小组

调查员_____

初审_____

复审_____

总检_____

访问日期：_____月_____日

访问时间：_____时_____分至_____时_____分

中国人民大学

"千人百村"社会调查问卷

先生/女士：您好！

我是中国人民大学"千人百村"社会调查项目的调查员，我们想调查了解农村居民生活的状况。您是我们选中的调查对象之一。您的合作对我们了解有关信息和制定社会政策，有十分重要的意义。

问卷中问题的回答，没有对错之分，您只要根据平时的想法和做法回答就行。我们这次调查的结果主要用于科学研究，请您放心！调查不会透露任何您的私人信息，您的回答绝对不会给您带来任何麻烦。恳请给予合作。

谢谢！

A1-1、首先，我们想了解一下您和您家人的一些情况。[调查员注意：此表中只填答与被访者共同生活的家庭人员的情况]

序号	与您关系	性别	年龄	婚姻状况	最高学历	目前劳动或工作状态	主要职业	劳动或工作部门	职位
	00-自己 01-父亲 02-母亲 03-祖父母 04-外祖父母 05-配偶 06-儿子 07-女婿 08-女儿 09-儿媳 10-兄弟姐妹 11-孙子、孙女 12-配偶的父亲 13-配偶的母亲 14-继子女 15-其他亲属 16-其他非亲属	1-男 2-女		1-未婚 2-已婚（有配偶） 3-离婚未再婚 4-离婚后再婚 5-丧偶未再婚 6-丧偶后再婚 a-拒绝回答	1-不识字 2-小学未毕业 3-小学 4-初中 5-中专 6-技校或职业学校 7-普通高中 8-职业高中 9-大专及以上 a-拒绝回答 c-不知道	1-在家劳动或工作 2-主要靠在家劳动，偶尔外出打工 3-主要靠外在家工作，偶尔在家劳动或工作 4-长期在外打工 5-年幼未参加劳动或正在上学 6-在军队中服役 7-在家做家务 8-去世 9-丧失劳动能力 a-拒绝回答	1-种地农民 2-医疗、农技、教育等方面技术人员 3-工人、服务业人员、营业员 4-办公室职员 5-管理人员 6-手工业者 7-厂长、经理 8-个体户 9-私营业主 0-学生 a-拒绝回答 b-不适用 c-不知道	1-农村种地 2-机关事业单位 3-村办企业 4-乡镇企业 5-私营企业 6-外资企业 7-集体企业 8-国有企业 9-其他 a-拒绝回答 b-不适用 c-不知道（如果去世或退休，请填去世前情况）	1-普通人 2-班组长 3-村干部、村支部委员 4-村长、村支书 5-一般乡镇干部 6-乡镇正副书记、正副乡长 7-县或县以上机关一般干部 8-县或县级以上机关中科级以上干部 9-企业中层干部 10-厂长、经理 11-其他 a-拒绝回答 b-不适用 c-不知道
1.	al_101	al_102	al_103	al_104	al_105	al_106	al_107	al_108	al_091
	00 自己本人								
2.	al_201	al_202	al_203	al_204	al_205	al_206	al_207	al_208	al_209
3.	al_301	al_302	al_303	al_304	al_305	al_306	al_307	al_308	al_309

4.	a1_401	a1_402	a1_403	a1_404	a1_405	a1_406	a1_407	a1_408	a1_409
5.	a1_501	a1_502	a1_503	a1_504	a1_505	a1_506	a1_507	a1_508	a1_509
6.	a1_601	a1_602	a1_603	a1_604	a1_605	a1_606	a1_607	a1_608	a1_609
7.	a1_701	a1_702	a1_703	a1_704	a1_705	a1_706	a1_707	a1_708	a1_709
8.	a1_801	a1_802	a1_803	a1_804	a1_805	a1_806	a1_807	a1_808	a1_809
9.	a1_901	a1_902	a1_903	a1_904	a1_905	a1_906	a1_907	a1_908	a1_909
10.	a1_1001	a1_1002	a1_1003	a1_1004	a1_1005	a1_1006	a1_1007	a1_0808	a1_1009

社会人口属性

A1-2. 性别〔访问员记录〕

男 1

女 2

A1-3. 您的出生日期是什么？〔记录公历年。如果被访者以农历、生肖或其他方式报告自己的出生年，请换算成公历后再记录〕

记录：〔＿＿｜＿＿｜＿＿｜＿＿〕年〔＿＿｜＿＿〕月〔＿＿｜＿＿〕日

A1-4. 您的民族是：

汉　　　　　　　　　　　　1

蒙　　　　　　　　　　　　2

满　　　　　　　　　　　　3

回　　　　　　　　　　　　4

藏　　　　　　　　　　　　5

壮　　　　　　　　　　　　6

维　　　　　　　　　　　　7

其他（请注明：＿＿＿＿＿）　8

A1-5. 您的宗教信仰：

不信仰宗教　　　　　　　　01

信仰宗教

佛教　　　　　　　　　　　11

道教　　　　　　　　　　　12

民间信仰（拜妈祖、关公等）　13

回教/伊斯兰教　　　　　　　14

天主教　　　　　　　　　　15

基督教　　　　　　　　　　16

东正教　　　　　　　　　　17

其他基督教　　　　　　　　18

犹太教　　　　　　　　　　19

印度教　　　　　　　　　　20

其他（请注明：＿＿＿＿＿）　21

A1-6a. 您目前的最高教育程度是（包括目前在读的）：

没有受过任何教育 01

私塾 02

小学 03

初中 04

职业高中 05

普通高中 06

中专 07

技校 08

大学专科（成人高等教育） 09

大学专科（正规高等教育） 10

大学本科（成人高等教育） 11

大学本科（正规高等教育） 12

研究生及以上 13

其他（请注明：_____） 14

A1-6b. 您已完成的最高学历是在哪一年获得的（"已完成"指获得毕业证）？

记录：[____|____|____|____] 年

A1-7a. 您个人去年全年的总收入是多少？［记录具体数字，并高位补零］

百万位 十万位 万位 千位 百位 十位 个位

| _____ || _____ || _____ || _____ || _____ || _____ || _____ | 元

9999997.［不适用］// 9999998.［不知道］//9999999.［拒绝回答］

A1-7b. 您个人去年全年的职业收入是多少？［记录具体数字，并高位补零］

百万位 十万位 万位 千位 百位 十位 个位

| _____ || _____ || _____ || _____ || _____ || _____ || _____ | 元

9999997.［不适用］// 9999998.［不知道］//9999999.［拒绝回答］

A1-8. 请问，您递交过加入中国共产党的申请书吗？

未递交过 1

递交过，第一次递交申请书是：[＿＿|＿＿|＿＿|＿＿] 年 2

A1-9. 您目前的政治面貌是：

共产党员，入党时间是：[＿＿|＿＿|＿＿|＿＿] 年 1

民主党派 2

共青团员 3

群众 4

A1-10. 您现在这座住房的套内建筑面积是：[＿＿|＿＿|＿＿|＿＿] 平方米

A1-11. 您现在这座房子的产权（部分或全部产权）属于谁（多选）：

自己所有 1

配偶所有 2

子女所有 3

父母所有 4

配偶父母所有 5

子女配偶所有 6

没有产权 7

其他（请注明：＿＿＿＿＿＿） 8

生活方式

A2-1. 过去一年，您对以下媒体的使用情况是：

	从不	很少	有时	经常	总是
报纸	1	2	3	4	5
杂志	1	2	3	4	5
广播	1	2	3	4	5
电视	1	2	3	4	5
互联网（包括手机上网）	1	2	3	4	5
手机定制消息	1	2	3	4	5

A2-2. 在以上媒体中，哪个是您最主要的信息来源？（请将具体数字填写在横线上）

记录：[____]

A2-3. 过去一年，您是否经常在空闲时间从事以下活动：

	每天	一周数次	一月数次	一年数次或更少	从不
看电视或者看碟	1	2	3	4	5
出去看电影	1	2	3	4	5
逛街	1	2	3	4	5
读书	1	2	3	4	5
参加文化活动，比如听音乐会，看演出和展览	1	2	3	4	5
与不住在一起的亲戚聚会	1	2	3	4	5
与朋友聚会	1	2	3	4	5
在家听音乐	1	2	3	4	5
参加体育锻炼	1	2	3	4	5
观看体育比赛	1	2	3	4	5
做手工（比如刺绣）	1	2	3	4	5
上网	1	2	3	4	5

A2-4. 人们在空闲时从事不同的活动。过去一年，您是否经常在您的空闲时间做下面的事情：

	从不	很少	有时	经常	总是
社交	1	2	3	4	5
休息放松	1	2	3	4	5
学习充电	1	2	3	4	5

A2-5. 在过去的 12 个月，总共有多少个晚上您因为出去度假或者探亲访友而不在家过夜？

从未	1
1-5 个晚上	2
6-10 个晚上	3
11-20 个晚上	4
21-30 个晚上	5
超过 30 个晚上	6

社会态度

A3-1. 总的来说,您是否同意在这个社会上,绝大多数人都是可以信任的?

完全不同意	1
比较不同意	2
无所谓同意不同意	3
比较同意	4
完全同意	5

A3-2. 总的来说,您是否同意在这个社会上,您一不小心,别人就会想办法占您的便宜?

完全不同意	1
比较不同意	2
无所谓同意不同意	3
比较同意	4
完全同意	5

A3-3. 总的来说,您认为当今的社会是不是公平的?

完全不公平	1
比较不公平	2
居中	3
比较公平	4
完全公平	5

A3-4. 总的来说,您认为您的生活是否幸福?

很不幸福	1
比较不幸福	2
居于幸福与不幸福之间	3
比较幸福	4
完全幸福	5

A3-5. 如果没有政策限制的话,您希望有几个孩子?(请将具体数字填写在横线上)

记录:[＿＿|＿＿] 孩子

其中 [___|___] 个儿子

[___|___] 个女儿

无所谓儿子女儿   97

A3-9. 您是否同意以下说法：

	完全 不同意	比较 不同意	无所谓同意 不同意	比较 同意	完全 同意
男人以事业为重，女人 以家庭为重	1	2	3	4	5
男性能力天生比女性强	1	2	3	4	5
干得好不如嫁得好	1	2	3	4	5
在经济不景气时，应该 先解雇女性员工	1	2	3	4	5
夫妻应该均等分摊家务	1	2	3	4	5

阶级认同

A4-1. 在我们的社会里，有些群体居于顶层，有些群体则处于底层。下面是一个从上往下看的图。"10"分代表最顶层，"1"分代表最底层。

A4-1a. 您认为您自己目前在哪个等级上？（注意："10"分代表最顶层，"1"分代表最底层）

记录：[___|___] 分

A4-1b. 您认为您10年前在哪个等级上？（注意："10"分代表最顶层，"1"分代表最底层）

记录：[____|____] 分

A4-1c. 您认为您 10 年后将在哪个等级上？（注意："10"分代表最顶层，"1"分代表最底层）

记录：[____|____] 分

A4-1d. 您认为在您 14 岁时，您的家庭处在哪个等级上？（注意："10"分代表最顶层，"1"分代表最底层）

记录：[____|____] 分

家庭

A5-1. 您家 2009 年全年家庭总收入是多少？［记录具体数字，并高位补零］

百万位　十万位　万位　　千位　　百位　　十位　　个位

| _____ || _____ || _____ || _____ || _____ || _____ || _____ |　元

9999997.［不适用］// 9999998.［不知道］//9999999.［拒绝回答］

A5-2. 在您全家全年的总收入中，以下各类收入各有多少？［记录具体数字，并高位补零］

	百万	十万	万位	千位	百位	十位	个位	
农、林、牧、渔业收入	____	____	____	____	____	____	____	元
非农职业收入（不包括流动人口外出的收入）	____	____	____	____	____	____	____	元
非农兼营收入（包括农村副业）	____	____	____	____	____	____	____	元
流动人口外出带来的收入	____	____	____	____	____	____	____	元
离退休人员收入	____	____	____	____	____	____	____	元
财产性收入（包括存款利息，投资红利，股票、基金、债券等金融收入、出租房屋收入等）	____	____	____	____	____	____	____	元
政府转移性收入（政府补贴、救济等）	____	____	____	____	____	____	____	元
赠予或遗产性收入	____	____	____	____	____	____	____	元
出售财产收入	____	____	____	____	____	____	____	元
出租或转包土地收入	____	____	____	____	____	____	____	元
其他收入（请注明_____）	____	____	____	____	____	____	____	元

A5-3. 您家的家庭经济状况在当地属于哪一档?

远低于平均水平	1
低于平均水平	2
平均水平	3
高于平均水平	4
远高于平均水平	5

A5-4. 请问您有几个子女(包括继子继女在内,没有请填0)?

记录:[___|___] 个儿子　　　　[___|___] 个女儿

A5-5. 您目前的婚姻状况是:

未婚	1
同居	2
已婚	3
分居未离婚	4
离婚	5
丧偶	6

A5-6. 您第一次结婚的时间?

记录:[___|___|___|___] 年　　　　　9997　从未结婚

A5-7. 请问目前您或者您配偶是否为农业户口(或者户口所在地为农村),且在农村(包括家乡和其他地方)有承包的旱地、水田、山林、水面等土地?

是	1
否	2

A5-8. 请您谈谈您家目前土地的使用情况

	从集体承包 (亩)	转出 (亩)	转入 (亩)	自己耕种 (亩)	闲置 (亩)
田地	_|_|_|_ • _	_|_|_|_ • _	_|_|_|_ • _	_|_|_|_ • _	_|_|_|_ • _
山林、牧场	_|_|_|_ • _	_|_|_|_ • _	_|_|_|_ • _	_|_|_|_ • _	_|_|_|_ • _
水面、滩涂	_|_|_|_ • _	_|_|_|_ • _	_|_|_|_ • _	_|_|_|_ • _	_|_|_|_ • _
其他	_|_|_|_ • _	_|_|_|_ • _	_|_|_|_ • _	_|_|_|_ • _	_|_|_|_ • _

A5-9. 请您谈谈您家目前的劳动力情况 [在这里,家指的是与被访者

在同一个户口本上的所有人]。

16~65 岁有劳动能力的人有： [___|___] 人

全部和部分参与农业生产的劳动力： [___|___] 人

长年（至少连续六个月）在外打工的劳动力： [___|___] 人

短期（连续不到六个月）在外打工的劳动力： [___|___] 人

A5-10. 您家去年有劳动收入的家庭成员一共有几人（包括您自己）？
[将具体数字填写在横线上，并高位补零]

记录：[___|___] 人

A5-11. 在您全家去年全年的总支出中，以下各类支出各有多少？[记录具体数字，并高位补零]

	百万	十万	万位	千位	百位	十位	个位	
食品支出	__	__	__	__	__	__	__	元
服装支出	__	__	__	__	__	__	__	元
住房支出								
居住支出（房屋维修、水电、煤气等）								元
购房、建房、租房（含装修）支出	__	__	__	__	__	__	__	元
家庭设备、用品及服务								
耐用消费品支出								元
日用消费品支出								元
交通通信支出								元
文化休闲娱乐支出								元
教育支出								
子女教育支出	__	__	__	__	__	__	__	元
成人教育培训支出								元
医疗支出								
个人自付医疗支出								元
非个人自付医疗支出								元
人情送礼支出								元
赡养及赠予支出								元
家庭经营费用支出								元
购买生产资料支出	__	__	__	__	__	__	__	元

A5 - 12. 您感到这些支出分别对家庭造成多大的压力：

	没有压力	很少	一般	明显	非常大的压力
食品支出	1	2	3	4	5
服装支出	1	2	3	4	5
住房支出	1	2	3	4	5
家庭设备、用品及服务	1	2	3	4	5
交通通信支出	1	2	3	4	5
文化休闲娱乐支出	1	2	3	4	5
教育支出	1	2	3	4	5
医疗支出	1	2	3	4	5
人情送礼支出	1	2	3	4	5
赡养及赠予支出	1	2	3	4	5

教育现实状况

B1－1. 您家里有人正在上学吗?

有   1

没有（跳答 B2 部分）   2

B1－2. 如果有，分别是你的什么人?

序号	与您的关系 子女 兄弟姊妹 孙儿孙女 其他	性别 1. 男 2. 女 1		年龄		正在上的学校 属于 小学 初中 高中 中专、技校 大专 大学 研究生		家里每年负担的费用 分别是多少元?				
1	b12＿11	b12＿12		b12＿13		b12＿14		b12＿15				
2	b12＿21	b12＿22		b12＿23		b12＿24		b12＿25				
3	b12＿31	b12＿32		b12＿33		b12＿34		b12＿35				
4	b12＿41	b12＿42		b12＿43		b12＿44		b12＿45				

B1－3. 您家里正在上学的孩子所上的学校是?

村里的学校   1

所属镇、县里的学校   2

所属市里的学校   3

别的市的学校   4

其他（＿＿＿＿＿＿）   5

B1－4. 现在您家里有没有孩子到了上学年龄而没有上学?

0. 没有

1. 有，有＿＿＿＿＿个，主要原因是＿＿＿＿＿＿ ［请调查员填写］

B1－5. 考虑到您的教育背景，您认为自己目前的收入是否公平?

不公平   1

不太公平   2

一般   3

比较公平   4

公平   5

B1-6. 您家庭成员上学的支出占家庭支出的比例和现实是?

教育支出占家庭支出比例高,为上学需到处借钱   1

教育支出占家庭支出比例较高,勉强能维持   2

一般   3

教育支出占家庭支出比例较低,教育支出压力较小   4

教育支出占家庭支出比例低   5

B1-7. 经济开支上出现不能供应孩子正常读书时,是否会仍旧愿意加强孩子教育投资?

是   1

否   2

说不清   3

B1-8. 针对目前的情况,您觉得下列选项您的态度是?(单选)

	非常赞同	比较赞同	中立	比较不赞同	非常不赞同	
农村孩子的升学机会太少	1	2	3	4	5	B18_1
学校目前存在乱收费现象	1	2	3	4	5	B18_2
学校教师水平令人满意	1	2	3	4	5	B18_3
学费太贵	1	2	3	4	5	B18_4
学生学习压力太重	1	2	3	4	5	B18_5
政府对农村学校投入太少	1	2	3	4	5	B18_6

B1-9. 您认为下列选项中符合您目前状况的是?(单选)

	非常赞同	比较赞同	中立	比较不赞同	非常不赞同	
我了解学校的软硬件环境,经常和老师沟通,对孩子学习的事情都非常清楚	1	2	3	4	5	B19_1
我经常与我孩子的老师进行沟通	1	2	3	4	5	B19_2
我对于孩子在学校的事情不是很清楚,只是偶尔和老师沟通	1	2	3	4	5	B19_3

续表

	非常赞同	比较赞同	中立	比较不赞同	非常不赞同		
我一般只是从孩子的考试成绩上来认识孩子的学习状况	1	2	3	4	5	B19_4	
孩子学习什么样子我并不在乎	1	2	3	4	5	B19_5	

教育意愿

B2-1. 如果您的孩子正处于以下阶段，您愿意让他/她上学吗？

序号	状态	是否支持其上学 1. 是 2. 否	
1	即将上小学	B21_1	
2	小升初	B21_2	
3	准备上高中	B21_3	
4	准备上大学	B21_3	
5	打算读研	B21_4	

B2-2. 在您看来，以下各因素对一个人获得事业成功的重要性如何？（每行单选）

影响事业成功的因素	非常赞同	比较赞同	中立	比较不赞同	非常不赞同		
父母的受教育程度越高，自己的生活状况越好	1	2	3	4	5	B22_1	
自己的受教育程度越高，自己的生活状况越好	1	2	3	4	5	B22_2	
自己的受教育程度越高，子女的生活状况越好	1	2	3	4	5	B22_3	
教育是一个人走向成功的唯一途径	1	2	3	4	5	B22_4	
自己生活状况不好的原因在于受教育程度不高	1	2	3	4	5	B22_5	
教育对一个人生活状况的影响并不重要	1	2	3	4	5	B22_6	

B2-3. 您觉得要有怎样的教育程度才能有一个好的收入？

小学以下   1

小学毕业   2

初中毕业 3

高中毕业 4

本科毕业 5

研究生及以上 6

其他（_____） 7

B2-4. 在教育方面您最关心的问题是？

学校的教学环境和硬件设施 1

老师的教学水平 2

学生的成绩 3

学费 4

其他（_____） 5

B2-5. 您认为一个关心孩子学习的家长应该做到哪些？

关心孩子学习的行动	非常赞同	比较赞同	中立	比较不赞同	非常不赞同	
了解学校的软硬件环境，经常和老师沟通，对孩子学习的事情都非常清楚	1	2	3	4	5	B25_1
经常与我孩子的老师进行沟通	1	2	3	4	5	B25_2
对于孩子在学校的事情不是很清楚，只是偶尔和老师沟通	1	2	3	4	5	B25_3
一般只是从孩子的考试成绩上来认识孩子的学习状况	1	2	3	4	5	B25_4
孩子学习什么样子并不在乎	1	2	3	4	5	B25_5

B2-6. 您更愿意让您的孩子上哪儿的学校？

村里的学校 1

所属镇、县里的学校 2

所属市里的学校 3

别的市的学校 4

其他（_____） 5

健康状况

C1-1. 您目前的身高是：[＿＿|＿＿|＿＿] 厘米

C1-2. 您目前的体重是：[＿＿|＿＿|＿＿] 斤（注意：单位是斤，即500 克，不是公斤，即 1 000 克）

C1-3. 您觉得您目前的身体健康状况是：

很不健康	1
比较不健康	2
一般	3
比较健康	4
很健康	5

C1-4. 在过去的四周中，是否由于健康问题，影响到您的工作或其他日常活动：

总是	1
经常	2
有时	3
很少	4
从不	5

C1-5. 在过去的四周中，您感到心情抑郁或沮丧的情形是：

总是	1
经常	2
有时	3
很少	4
从不	5

下面是一些关于您日常活动的问题，您的健康状况是否限制了您参加这些活动？如果是，您受限制的程度如何？

C1-6. 一般活动，如挪动桌子，使用吸尘器，做农活等：

是的，非常受限	1
是的，有些受限	2
不，一点也不受限	3

C1-7. 爬几层楼：

是的，非常受限	1
是的，有些受限	2
不，一点也不受限	3

在过去的四周中，您的健康问题对您的工作或者其他日常活动的影响程度如何？

C1-8. 由于健康问题，您无法完成预期的工作或日常活动：

总是	1
经常	2
有时	3
很少	4
从来没有	5

C1-9. 在过去的四周中，病痛在多大程度上影响您的正常工作（包括家务活和工作）？

毫无影响	1
稍微有点影响	2
影响一般	3
有比较大的影响	4
有非常大的影响	5

C1-10. 在过去的四周中，您的身体健康或情绪问题对您的社会活动（如拜访朋友、亲戚等）的影响程度如何？

总是	1
经常	2
有时	3
很少	4
从来没有	5

C1-11. 您抽烟的频率如何？

每天抽	1
一周几次	2
一个月几次	3

| 一年几次甚至更少 | 4 |
| 我不抽烟 | 5 |

C1-12. 您喝酒的频率如何？

每天喝	1
一周几次	2
一个月几次	3
一年几次甚至更少	4
我不喝酒	5

医疗状况

C2-1. 您是否患有慢性病或者有长期的健康问题？

| 是 | 1 |
| 否 | 2 |

C2-2. 您患有哪些慢性病？请选出所有符合您自身情况的选项。（多选）

高血压	1
糖尿病	2
心脏病	3
呼吸道疾病（哮喘、长期咳嗽）	4
其他（请注明：＿＿＿＿＿＿＿）	5
没有任何慢性病	6

C2-3. 在过去的一年中，您就医（包括看牙医）的频率如何？（这里指的是您自己生病或受伤。不包括在医院陪伴或探望病人）

一周数次	1
大概一周一次	2
大概一月一次	3
一年几次	4
大概一年一次	5
从未	6

C2-4. 在过去的一年里，当您生病了或受伤（包括感冒）时，是否有

意不去看医生？

是	1
否	2
在过去一年里我没有生病或受伤	3

C2-5. 为什么？请圈选所有合适的选项（多选）

等候时间太长了	1
费用太高	2
附近没有医院或诊所	3
不知道去哪里就医	4
就医交通不便	5
不喜欢去看医生	6
没有时间看医生	7
没有必要去看医生	8
没有医疗保险	9
其他（请注明：_____）	10

C2-6. 您享有下列哪种形式的医疗保险？

只有公共医疗保险	1
公共医疗保险和商业保险	2
只有商业保险	3
没有医疗保险	4
不确定	5

C2-7. 在过去的一年里，您是否接受过下列治疗？

	是	否
针灸（拔火罐）	1	2
中草药治疗	1	2
指压法或按摩	1	2

C2-8. 在过去的一年里，当您有需要的时候，您的家人和亲属是否做了以下这些事情？

	总是	经常	有时	很少	从不	没有这些需要	身边没有这样的人
倾听个人问题或者个人关心的事情	1	2	3	4	5	6	7
提供经济上的支持	1	2	3	4	5	6	7
做一些家庭杂事（例如：家务、照顾小孩、护理）	1	2	3	4	5	6	7

C2-9. 在过去的一年时间里，当您有需要的时候，您的朋友、同事、邻居是否做了以下这些事情？

	总是	经常	有时	很少	从不	没有这些需要	身边没有这样的人
倾听个人问题或者个人关心的事情	1	2	3	4	5	6	7
提供经济上的支持	1	2	3	4	5	6	7
做一些家庭杂事（例如：家务、照顾小孩、护理）	1	2	3	4	5	6	7

C2-10. 在您同住和不同住的家庭成员中，有没有人因为长期的身心疾病、残疾，或者年老体弱，而需要照顾？

是　　　　　　　　　　　　　1

否　　　　　　　　　　　　　2

C2-11. 您是否是其中一位的主要照料者？

是　　　　　　　　　　　　　1

否　　　　　　　　　　　　　2

C2-12. 您目前是否参加了以下社会保障项目？

	参加了	没有参加	不适用
新型农村合作医疗	1	2	3
农村基本养老保险	1	2	3

医疗意愿

C3-1. 您的家庭成员中是否有人长期患病？

序号	与您的关系 子女 兄弟姊妹 孙儿孙女 其他		性别 1. 男 2. 女 1		年龄		正在上的学校 属于 小学 初中 高中 中专、技校 大专 大学 研究生		家里每年负担的费用 分别是多少元?				
1	c31 _ 11		c31 _ 12		c31 _ 13		c31 _ 14		c31 _ 15				
2	c31 _ 21		c31 _ 22		c31 _ 23		c31 _ 24		c31 _ 25				
3	c31 _ 31		c31 _ 32		c31 _ 33		c31 _ 34		c31 _ 35				
4	c31 _ 41		c31 _ 42		c31 _ 43		c31 _ 44		c31 _ 45				

C3-2. 您家里所有人一年的医疗支出占家庭支出的情况是?

医疗支出占家庭支出比例高,为治病需到处借钱	1
医疗支出占家庭支出比例较高,勉强能维持	2
一般	3
医疗支出占家庭支出比例较低,看病压力较小	4
医疗支出占家庭支出比例低	5

您是否担心下列情况发生在您或者您家人身上?

C3-3. 当需要医疗服务的时候,不能获得

非常担心	1
有点担心	2
不是很担心	3
完全不担心	4

C3-4. 当患重病的时候,付不起医药费用

非常担心	1
有点担心	2
不是很担心	3
完全不担心	4

养老现实状况

D1-1. 您的家庭成员是否参加了农村基本养老保险？

序号	家庭成员 1. 您 2. 配偶 3. 父亲 4. 母亲		是否参加农村基本养老保险？ 1. 是　2. 否	
1	D11_1a		D11_1b	
2	D11_2a		D11_2b	
3	D11_3a		D11_3b	
4	D11_4a		D11_3b	
5	D11_5a		D11_4b	

D1-2a. 您或您家人的养老方式是

与子女同住（至 D1-3）	1
与老伴同住或独处	2
养老院（至 D1-3）	3
其他（＿＿＿＿＿＿）	4

D1-2b. 如果您家老人与子女分住，老人住处与子女住处距离为 ［＿＿|＿＿|＿＿|＿＿］ 公里。

D1-2c. 您家中的老人在完成下列活动时是否有困难？

序号	活动	是否有困难 1. 是 2. 否	
01	洗澡	d12c_01	
02	穿/脱衣服	d12c_02	
03	下床或从椅子上站起来	d12c_03	
04	在房间里走动	d12c_04	
04	上厕所	d12c_04	
06	吃饭	d12c_06	
07	搬起 10 公斤重的东西（比如大米）	d12c_07	
08	爬一层楼的楼梯	d12c_08	
09	弯腰、蹲下或跪坐	d12c_09	

续表

序号	活动	是否有困难 1. 是 2. 否	
10	步行 500 米	d12c_10	
11	做饭	d12c_11	
12	做家务	d12c_12	
13	管理家中的钱财	d12c_13	
14	生病去卫生院或医院	d12c_14	

D1-3. 不与家中的老人一起居住的子女多久来看望老人一次?

每天 1

每周 2

每月 3

遇到有事的情况或老人要求 4

D1-4. 您家庭每个月的养老支出大概是〔___|___|___|___〕元。

D1-5. 您家庭成员养老的支出占家庭支出的比例和现实是?

养老支出占家庭支出比例高,为赡养老人需到处借钱 1

养老支出占家庭支出比例较高,勉强能维持 2

一般 3

养老支出占家庭支出比例较低,养老支出压力较小 4

养老支出占家庭支出比例低 5

D1-6. 家中的老人的主要经济来源是?

当前劳动收入 1

退休金或者早期个人积蓄 2

子女提供 3

救济与社会养老保险金 4

其他(_____) 5

D1-7. 家中的老人的支出主要用于?

基本生活支出 1

治病吃药 2

休闲娱乐 3

补贴子女 4

其他（_____）　　　　　　　　　　　5

D1-8. 如果家中的老人感到身体不适通常会？

不诊治硬挺过去　　　　　　　　　　　　　1

自己买药吃或用偏方　　　　　　　　　　　2

去本村卫生院看　　　　　　　　　　　　　3

去正规医院看　　　　　　　　　　　　　　4

其他（_____）　　　　　　　　　　　5

D1-9. 家中的老人的医疗费主要由谁付？

老人自己付　　　　　　　　　　　　　　　1

自己和子女各付一部分　　　　　　　　　　2

全部子女付　　　　　　　　　　　　　　　3

医疗保险、社区或政府补助　　　　　　　　4

其他（_____）　　　　　　　　　　　5

D1-10. 家中的老人生病由谁照顾？

配偶　　　　　　　　　　　　　　　　　　1

子女及孙子女　　　　　　　　　　　　　　2

其他亲戚　　　　　　　　　　　　　　　　3

邻居　　　　　　　　　　　　　　　　　　4

雇人照顾　　　　　　　　　　　　　　　　5

无人照顾　　　　　　　　　　　　　　　　6

其他（_____）　　　　　　　　　　　7

养老观念

D2-1. 下面我想问一下您对于年老的看法，请问您对大多大程度上同意下面的说法。

	完全同意	同意	既不同意也不反对	不同意	完全不同意
我担心当我年老时生活不能够自理	1	2	3	4	5
我担心当我年老时不得不让别人替我拿主意	1	2	3	4	5
在经济上依赖别人是我对年老最大的担心之一	1	2	3	4	5

D2-2.　您认为有子女的老人的养老应该主要由谁负责？

主要由政府负责	1
主要由子女负责	2
主要由老人自己负责	3
政府/子女/老人责任均摊	4

D2-3.　您有关注过农村养老的问题吗？

经常关注	1
偶尔关注	2
从未	3

D2-4.　您对养老院的态度是

欢迎	1
持欢迎态度但有所顾虑	2
无所谓	3
抵触	4

D2-5.　据您了解，目前养老院存在的主要问题是

服务态度差	1
设施不好	2
费用过高	3
冷清	4
其他（＿＿＿＿＿）	5

D2-6a.　是否愿意让您或您亲人到养老院接受基本养老保障？（忽略经济成本，如果你要工作……）

愿意（至 D2-6b）	1
不愿意（至 D2-6c）	2

D2-6b.　如果愿意，为什么？

环境舒适，日常照料好，医疗护理专业	1
能减轻自己负担	2
老人独自在家不安全	3
在外工作不方便照顾老人	4
其他（＿＿＿＿＿）	5

D2-6c. 如果不愿意，为什么？

养老院硬件环境不行，老人住着不舒服	1
养老院花费太贵	2
老人自己不愿意去	3
将老人送去养老院会被别人说闲话	4
其他（＿＿＿＿＿＿）	5

D2-7. 如果完全由个人缴纳养老保险费用，您的参保意愿是？

愿意	1
不愿意	2
说不清	3

D2-8. 如果政府、集体、个人三方各承担农村养老保险三分之一的费用，您的参保意愿是？

愿意	1
不愿意	2
说不清	3

D2-9. 对于国家对农村养老保险出台的政策制度，您的看法是？

效果很好，有利于农民生活得更好	1
没什么用处，老人生活和以前差不多	2
效果不好，老人生活水平下降了	3
不了解这些政策	4
其他（＿＿＿＿＿＿）	5

纠纷问题

E1-1. 总的来说，您对村委会是否满意？

1. 非常满意

2. 比较满意

3. 中立

4. 较不满意

5. 非常不满意

a 拒绝回答

c 不知道

E1-2. 总的来讲，人们对村委会干部的态度

尊敬

有点尊敬

中立

不怎么尊敬

不尊敬

a 拒绝回答

c 不知道

E1-3. 您认为各级政府在多大的程度上关心农民？以"真心实意服务农民"为满分 100 分，以"完全不关心农民"为 0 分。

A	村委会	_____分
B	乡镇政府	_____分
C	县政府	_____分
D	市政府	_____分
E	省政府	_____分
F	中央政府	_____分

E1-4. 您对下面一些机构团体或职业是充分信任、部分信任还是几乎完全不信任？

		充分信任	部分信任	几乎完全不信任	拒答
A	银行和金融机构	1	2	3	a
B	大企业、大公司	1	2	3	a
C	学校等教育机构	1	2	3	a
D	电视、报刊等媒体	1	2	3	a
E	医疗机构	1	2	3	a
F	最高法院	1	2	3	a
G	地方法院	1	2	3	a
H	科学家群体	1	2	3	a
I	全国人大	1	2	3	a
J	地方人大	1	2	3	a
K	部队	1	2	3	a
L	律师	1	2	3	a
M	基层法律工作者	1	2	3	a
N	医生	1	2	3	a
O	村委会、村党支部	1	2	3	a
P	乡镇政府	1	2	3	a
Q	上级政府部门	1	2	3	a
R	妇联	1	2	3	a
S	消费者协会	1	2	3	a
T	信访局	1	2	3	a
U	检察	1	2	3	a
V	公安	1	2	3	a
W	红十字会	1	2	3	a
X	环保组织	1	2	3	a

E1-5. 在过去2年中，您或您的家人是否遇到如下纠纷问题，你们是怎样解决的？

		是否经历过是否	经历过几次（直接写次数）	采取何种方式最终解决了纠纷？ 1. 忍忍算了 2. 双方协商 3. 找村干部帮助解决 4. 上访打官司	选择这种方式是出于： 1. 自己主动 2. 迫不得已 3. 别人建议	对这一方式解决纠纷的过程 1. 满意 2. 不满意 3. 一般	对这一方式解决纠纷的过程 1. 满意 2. 不满意 3. 一般
1	婚姻家庭纠纷						
2	邻里纠纷						
3	计划生育纠纷						
4	干群纠纷						
5	财产纠纷						
6	债权债务纠纷						
7	土地方面纠纷						
8	用水方面纠纷						
9	环境纠纷						
10	人身伤害纠纷						
11	医疗纠纷						
12	其他纠纷（请注明：_____）						

联系方式

谢谢您参与我们的调查。我们诚挚地希望能与您保持联系，希望您能告诉我们您的联系方式，以便将来可以把我们的研究成果报告给您，并且在年节时给您寄上一份贺卡或小礼物。我们会严格遵守科学研究的伦理及中国有关法律的规定，为您提供的所有信息保密。除本研究目的之外，不向任何单位和个人泄露，并愿意为此承担法律责任。谢谢您的理解和配合。

Z1. 您的姓名是：

Z2. 您的手机号码是：〔___|___|___|___|___|___|___|___|___〕

Z3. 您家的固定电话号码是：〔___|___|___|___|___|___|___〕

区号是：〔___|___|___|___〕

E4. 您的 E-mail 地址是：

E5. 您的邮寄地址是：___省___市___县（区）___乡镇/街道___

邮政编码是：〔___|___|___|___|___|___

E8. 如果我们希望与您保持长期联系的话，请问最好的方式是什么？

记录：〔   〕

谢谢您接受我的调查！

附录：属相及出生年对照表

属相	对应年份及可能的年龄范围							
	77～88 岁	65～76 岁	53～64 岁	41～52 岁	29～40 岁	17～28 岁	5～16 岁	0～4 岁
鼠	1924	1936	1948	1960	1972	1984	1996	2008
牛	1925	1937	1949	1961	1973	1985	1997	2009
虎	1926	1938	1950	1962	1974	1986	1998	2010
兔	1927	1939	1951	1963	1975	1987	1999	2011
龙	1928	1940	1952	1964	1976	1988	2000	2012
蛇	1929	1941	1953	1965	1977	1989	2001	
马	1930	1942	1954	1966	1978	1990	2002	
羊	1931	1943	1955	1967	1979	1991	2003	
猴	1932	1944	1956	1968	1980	1992	2004	
鸡	1933	1945	1957	1969	1981	1993	2004	
狗	1934	1946	1958	1970	1982	1994	2006	
猪	1935	1947	1959	1971	1983	1995	2007	

附录三 "千人百村"村庄调查问卷

问卷编号 _____

中国人民大学
"千人百村"调查社区问卷

访谈地点：（记录地点的名称）
省/自治区/直辖市名称：_____
市/县名称：_____
乡/镇/名称：_____
村委会名称：_____

调查员_____
初审_____
复审_____
总检_____
访问日期：_____月_____日
访问时间：_____时_____分至_____时_____
请记录当前时间： [____|____] 月 [____|____] 日 [____|____] 时
[____|____]
中国人民大学

"千人百村"社会调查问卷

先生/女士：您好！

我是中国人民大学"千人百村"社会调查项目的调查员，来贵村进行一项农村民生状况调查。您的合作对我们了解有关信息和制定社会政策，有十分重要的意义。

问卷中问题的回答，没有对错之分，您只要根据平时的想法和做法回答就行。我们这次调查的结果主要用于科学研究，请您放心！根据《中华人民共和国统计法》第三章第十四条，我们会对您提供的所有信息绝对保密。我们在以后的科学研究、政策分析以及观点评论中发布的是大量问卷的信息汇总，而不是您村委会/居委会或个人的具体信息，不会造成您村委会/居委会和个人信息的泄漏。请您放心。

调查不会透露任何您的私人信息，您的回答绝对不会给您带来任何麻烦。恳请给予合作，谢谢！

1. 您村所在地在地理上属于：

丘陵山区　　　　　　　　　　　1

山区　　　　　　　　　　　　　2

高原　　　　　　　　　　　　　3

平原　　　　　　　　　　　　　4

草原　　　　　　　　　　　　　5

岛屿　　　　　　　　　　　　　6

其他（请注明：＿＿＿＿＿＿＿）　7

2. 您村所在地距最近的集镇的距离是：[＿＿|＿＿|＿＿|＿＿] 公里

3. 您村所在地距最近的县城（市区）的距离是：[＿＿|＿＿|＿＿|＿＿]
公里

4. 您村所在地是否属于矿产资源区？

是　　　　　　　　　　　　　　1

否　　　　　　　　　　　　　　2

5. 您村所在地是否属于风景区？

是　　　　　　　　　　　　　　1

否　　　　　　　　　　　　　　2

6. 您村所在地是否属于自然灾害频发区？

是　　　　　　　　　　　　　　1

否　　　　　　　　　　　　　　2

7. 您村有几个大姓？[＿＿|＿＿|＿＿] 个（没有明显的大姓请填 0，并
跳问 31）

8. 您村最大的姓氏人口占总人口的比例是：[＿＿|＿＿|＿＿]%

9. 您村人均耕地面积是多少？　　　　[＿＿|＿＿|＿＿·＿＿] 亩/人

10. 您村人均山地面积是多少？　　　　[＿＿|＿＿|＿＿·＿＿] 亩/人

11. 您村人均林地面积是多少？　　　　[＿＿|＿＿|＿＿·＿＿] 亩/人

12. 您村人均水面面积是多少？　　　　[＿＿|＿＿|＿＿·＿＿] 亩/人

13. 您村人均牧场面积是多少？　　　　[＿＿|＿＿|＿＿·＿＿] 亩/人

14. 您村从事农业（包括农林牧渔）劳动的劳动力占劳动力总数的比例
为：[＿＿|＿＿]%

其中，女性占农业劳动力的比例为：[＿＿|＿＿]%

15. 您村外出务工的劳动力占劳动力总数的比例为：[＿＿|＿＿]%

16. 您村去年的农业（包括农林牧渔）总产值是：[＿＿|＿＿|＿＿|＿＿|＿＿|＿＿ · ＿＿] 万元

17. 您村去年的非农业总产值是：[＿＿|＿＿|＿＿|＿＿|＿＿|＿＿ · ＿＿] 万元

18. 您村去年的人均年收入是：[＿＿|＿＿|＿＿|＿＿|＿＿|＿＿] 元

19. 您村现有几个村办集体企业？[＿＿|＿＿|＿＿] 个，

去年的总产值是：[＿＿|＿＿|＿＿|＿＿|＿＿|＿＿ · ＿＿] 万元

20. 您村现有几个私营企业？[＿＿|＿＿|＿＿] 个

21. 您村委会去年的村级经济总收入为：[＿＿|＿＿|＿＿|＿＿|＿＿|＿＿ · ＿＿] 万元

22. 您村委会去年的村级总支出为：[＿＿|＿＿|＿＿|＿＿|＿＿|＿＿ · ＿＿] 万元

23. 您村辖区内是否有以下机构或设施？

	有	没有
便利店（小商店/小卖部）	1	2
超级市场	1	2
百货商场	1	2
农贸市场	1	2
银行/信用社	1	2
医院/医疗服务站/卫生室/诊所	1	2
幼儿园	1	2
小学	1	2
体育健身场所	1	2
老年活动室	1	2
图书室（馆）	1	2
公园	1	2
养老院	1	2

24. 您村离以下设施和机构有多远？（从村委会的办公地点出发，离最近的那个设施）

最近的小学：　　　　　[＿＿|＿＿|＿＿] 公里

最近的初中：　　　　　[＿＿|＿＿|＿＿] 公里

最近的高中：　　　　　[＿＿|＿＿|＿＿] 公里

最近的医院/卫生院：　[＿＿|＿＿|＿＿] 公里

最近的百货商场：　　　[＿＿|＿＿|＿＿] 公里

最近的邮局：　　　　　[＿＿|＿＿|＿＿] 公里

最近的银行：　　　　　[＿＿|＿＿|＿＿] 公里

最近的公共汽车站：　　[＿＿|＿＿|＿＿] 公里

最近的长途汽车站：　　[＿＿|＿＿|＿＿] 公里

最近的火车站：　　　　[＿＿|＿＿|＿＿] 公里

25. 您村最近的一次村/居委会（社区）选举是在哪一年？

记录：[＿＿|＿＿|＿＿|＿＿] 年

9997　没有举行过选举→跳问 20

26. 请问在这次选举中选民参加投票的比例是多少？

记录：[＿＿|＿＿]%

27. 您村以下事件发生在哪一年？

通电：　　　　　　[＿＿|＿＿|＿＿|＿＿] 年

通邮：　　　　　　[＿＿|＿＿|＿＿|＿＿] 年

通公路：　　　　　[＿＿|＿＿|＿＿|＿＿] 年

通互联网：　　　　[＿＿|＿＿|＿＿|＿＿] 年

通电话：　　　　　[＿＿|＿＿|＿＿|＿＿] 年

通广播：　　　　　[＿＿|＿＿|＿＿|＿＿] 年

通有线/卫星电视：[＿＿|＿＿|＿＿|＿＿] 年

通自来水：　　　　[＿＿|＿＿|＿＿|＿＿] 年

实施村居直选：　　[＿＿|＿＿|＿＿|＿＿] 年

实行包产到户：　　[＿＿|＿＿|＿＿|＿＿] 年

村改居：　　　　　[＿＿|＿＿|＿＿|＿＿] 年

1978　[在 1978 年以前]　//9996.[目前还没有]

//9997.[不适用]// 9998.[不知道]　//9999.[拒绝回答]

28. 您村是否有以下组织？

	有	没有
物业管理公司	1	2
业主委员会	1	2
居（村）民志愿者组织	1	2
农业协会（互助组）	1	2
居（村）民文体组织	1	2

29. 您村参加新型农村合作医疗的人占总人口的比例大约是 |___|___|
___ · ___%

30. 您村老年人的养老模式主要依靠：

家庭养老   1

养老院养老   2

两者的结合   3

31. 据您了解，您村在此之前的一年内发生纠纷的情况如何？

		您了解的全村大概有多少次？（直接写次数）	您是否参与了调解？ 1. 是 2. 否	最终采取何种方式解决了纠纷？ 1. 不了了之 2. 双方协商 3. 找村干部帮助解决 4. 上访打官司
1	婚姻家庭纠纷			
2	邻里纠纷			
3	计划生育纠纷			
4	干群纠纷			
5	财产纠纷			
6	债权债务纠纷			
7	土地方面纠纷			
8	用水方面纠纷			
9	环境纠纷			
10	人身伤害纠纷			
11	医疗纠纷			
12	其他纠纷 （请注明：_____）			

32. 您认为您村义务教育面临的最大问题是：

经费不足 1

师资力量薄弱 2

学生到校困难（交通） 3

辍学现象严重 4

其他（请注明：_____） 5

33. 您认为您村村民面临的最突出的医疗卫生问题是：

诊所医院不足 1

医疗费过高 2

看病难 3

医疗水平和质量太低 4

其他（请注明：_____） 5

34. 您认为目前您村老年人面临的最大困难是：

经济生活困难 1

看病难 2

行动缺少扶助 3

精神上的孤独 4

其他（请注明：_____） 5

F：被访者基本信息

F1. 您在村委会/居委会（社区）的职务是？

村委会/居委会（社区）主任（主席/村长）1

书记 2

村委会/居委会（社区）其他干部或工作人员

（请注明：_____） 3

F2. 您目前的最高教育程度是（包括目前在读的）：

没有受过任何教育 1

私塾 2

小学 3

初中 4

普通高中 5

职业高中/中专/技校   6

大学专科   7

大学本科   8

研究生及以上   9

其他（请注明：_____）   10

F3. 您目前的政治面貌是：

共产党员   1

民主党派   2

共青团员   3

群众   4

F4. 请问您的姓名是：［   ］

F5. 请问您的联系电话是：

手机：［___｜___｜___｜___｜___｜___｜___｜___｜___｜___｜___］

固话：区号［___｜___｜___｜___］＋电话号码［___｜___｜___｜___｜___｜___｜___｜___］

F6. 请问您的通信地址是：

［   ］

［   ］

邮编：［___｜___｜___｜___｜___｜___］

F7. 请问您的电子邮件是：［   ］

F8. 请问你们村委会的联系电话是：

固话：区号［___｜___｜___｜___］＋电话号码［___｜___｜___｜___｜___｜___｜___｜___］

⑦请记录当前时间：［___｜___］月［___｜___］日［___｜___］时［___｜___］分

谢谢您接受我的调查！

附录四 "千人百村"调查实践活动剪影

图片 1 2012 年中国人民大学"千人百村"调查实践活动出征仪式

图片 2 郑杭生教授在出征仪式上讲话

图片3 学生在进行"千人百村"调查抽样

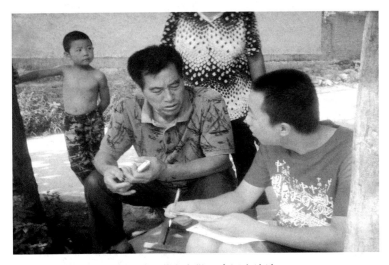

图片4 学生在做入户调查访谈

图片5 参与"千人百村"调查实践活动的小组合影

图片6 参与调查实践活动的学生提交调查资料

主要参考文献

埃尔曼. 比较法律文化. 贺卫方，高鸿钧，译. 北京：清华大学出版社，2002.

布莱克. 社会学视野中的司法. 郭星华，等译. 北京：法律出版社，2002.

蔡杰，刘磊. 乡土社会冲突与诉讼的再冲突解析. 江苏社会科学，2001 (5).

陈静. 试析中国养老观的演变. 人民论坛，2012 (27).

陈柏峰. 调解，实践与经验研究：对调解研究的一个述评. 清华法律评论（第 2 卷第 2 辑). 北京：清华大学出版社，1998.

春杨. 晚清乡土社会民事纠纷调解制度研究. 北京：北京大学出版社，2009.

董磊明. 宋村的调解：巨变时代的权威与秩序. 北京：法律出版社，2008.

杜鹏，武超. 中国老年人的主要经济来源分析. 人口研究，1998 (4).

范愉. 当代中国非诉讼纠纷解决机制的完善与发展. 学海，2003 (1).

范愉. 非诉讼纠纷解决机制研究. 北京：中国人民大学出版社，2000.

费孝通. 江村经济. 北京：商务印书馆，2007.

费孝通. 乡土中国. 北京：三联书店，1985.

高见泽磨. 现代中国的纠纷与法. 何勤华，等译. 北京：法律出版社，2003.

郭星华，王平. 中国农村的纠纷与解决途径：关于中国农村法律意识与法律行为的实证研究. 江苏社会科学，2004 (2).

洪浩. 非讼方式：农村民事纠纷解决的主要途径. 法学，2006（11）.

黄长菅. 替代性纠纷解决机制效率研究. 河北法学，2007（1）.

季卫东. 法制与调解的悖论. 法学研究，1989（5）.

江伟. 民事诉讼法学原理. 北京：中国人民大学出版社，1999.

金泽，邱永辉. 家教蓝皮书：中国宗教报告（2008）. 北京：社会科学文献出版社，2008.

李培林. 现代性与中国经验. 社会，2008（3）.

梁开银. 现代乡村社会结构变迁与民事纠纷解决路径选择. 社会主义研究，2005（6）.

刘海年，杨一凡. 中国珍稀法律典籍集成：乙编 第一册. 北京：科学出版社，1994.

卢海元. 实物换保障：农村社会养老保险制度的创新之路. 湖湘论坛，2003（1）.

陆益龙. 从乡村集市变迁透视农村市场发展：以河北定州庙会为例. 江海学刊，2012（3）.

陆益龙. 多元城镇化道路与中国农村发展. 新华文摘，2010（10）.

陆益龙. 流动的村庄：乡土社会的双二元格局与不确定性：皖东 T 村的社会形态. 中国农业大学学报（社会科学版），2008（1）.

陆益龙. 农户的耕地使用行为及其影响：基于 2006CGSS 的实证分析. 江苏社会科学，2012（2）.

陆益龙. 生育兴趣：农民生育心态的再认识：皖东 T 村的社会人类学考察. 人口研究，2001（2）.

陆益龙. 乡村居民的阶级意识和阶层认同：结构抑或建构：基于 2006CGSS 的实证分析. 江苏社会科学，2010（1）.

陆益龙. 乡土中国的转型与后乡土性特征的形成. 人文杂志，2010（5）.

陆益龙，等. 思想动态和文化领域里的发展. 中国人民大学社会发展报告. 北京：中国人民大学出版社，2012.

麦高温. 中国人生活的明与暗. 北京：时事出版社，1998.

孟德拉斯. 农民的终结. 李培林，译. 北京：社会科学文献出版社，1991.

穆光宗. 3+2 养老工程：中国特色的综合养老之路. 经济日报. 1998-09-14.

穆光宗. 中国传统养老方式的变革与展望. 中国人民大学学报，2000 (5).

穆光宗. 老龄人口的精神赡养问题. 中国人民大学学报，2004 (4).

强世功. "法律不入之地"的民事调解：一起"依法收贷"案的再分析. 比较法研究，1998 (3).

中国老龄科学研究中心. 中国城乡老年人口一次性抽样调查数据分析. 北京：中国标准出版社，2003.

施坚雅. 中国农村的市场和社会结构. 史建云，等译. 北京：中国社会科学出版社，1998.

瓦戈. 法律与社会：第 9 版. 梁坤，邢朝国，译. 北京：中国人民大学出版社，2011.

舒尔茨. 改造传统农业. 梁小民，译. 北京：商务印书馆，2006.

苏力. 法治及其本土资源. 北京：中国政法大学出版社，1996.

王斯福. 什么是村落?. 中国农业大学学报（社会科学版），2007 (1).

王雅林，生活方式研究的理论定位与当代意义：兼论马克思关于生活方式论述的当代价值. 社会科学研究，2004 (2).

王亚新. 论民事、经济审判方式的改革. 中国社会科学，1994 (1).

卫生部统计信息中心. 2008 中国卫生服务调查研究：第四次家庭健康询问调查分析报告. 北京：中国协和医科大学出版社，2009.

吴理财. 乡村文化"公共性消解"加剧. 人民论坛，2012 (4).

徐昕. 论私力救济. 北京：中国政法大学出版社，2005.

徐昕. 纠纷解决与社会和谐. 北京：法律出版社，2006.

阎云翔. 中国社会的个体化. 陆洋，译. 上海：上海译文出版社，2012.

杨复兴. 论新型农村养老保障模式的基本架构. 经济问题探索，2005 (3).

杨善华，刘小京. 近期中国农村家族研究的若干理论问题. 中国社会科学，2000 (5).

姚虹. 私力救济的现实基础及其法律规制. 学术交流，2006 (4).

于建嵘. 农民有组织抗争及其政治风险——湖南省 H 县调查. 战略与管理, 2003 (3).

折晓叶. 村庄的再造：一个"超级村庄"的社会变迁. 北京：中国社会科学出版社，1997.

郑凤田，等. 风险、社会保障与农村宗教信仰. 经济学（季刊），2010 (3).

郑杭生. 中国特色社会学理论的探索. 北京：中国人民大学出版社，2005.

周跃锋，刘敏. 对我国农村养老模式的探讨. 改革与战略，2010 (3).

朱虹. 乡村宗族文化兴起的社会学分析. 学海，2001 (5).

朱四光，等. 北方 9 种粮油作物生产成本及效益的调查分析. 农业经济，2011 (1).

Becker G. Investment in human capital: a theoretical analysis. Journal of political economy 1962 (5).

Coleman J S, et al. Equality of education opportunity. Washington: Government Printing Office, 1966.

Laura N, Todd H. The disputing process-law in ten societies. New York: Columbia University Press. 1978.

O'Brien K, Li L J. Rightful resistance in rural China. Cambrideg: Cambridge University Press, 2006.

图书在版编目（CIP）数据

百姓民生：百村调查报告 / 陆益龙等著 . -- 北京：
中国人民大学出版社，2024.9. -- （农村社会与乡村振
兴研究丛书）. -- ISBN 978-7-300-33276-5

Ⅰ.D668

中国国家版本馆 CIP 数据核字第 20248WZ106 号

"十四五"时期国家重点出版物出版专项规划项目
农村社会与乡村振兴研究丛书

百姓民生

百村调查报告

陆益龙 等　著

Baixing Minsheng

出版发行	中国人民大学出版社				
社　　址	北京中关村大街 31 号		**邮政编码**	100080	
电　　话	010 - 62511242（总编室）		010 - 62511770（质管部）		
	010 - 82501766（邮购部）		010 - 62514148（门市部）		
	010 - 62515195（发行公司）		010 - 62515275（盗版举报）		
网　　址	http://www.crup.com.cn				
经　　销	新华书店				
印　　刷	唐山玺诚印务有限公司				
开　　本	720 mm×1000 mm　1/16		**版　　次**	2024 年 9 月第 1 版	
印　　张	21 插页 2		**印　　次**	2024 年 9 月第 1 次印刷	
字　　数	328 000		**定　　价**	99.00 元	